权威·前沿·原创

皮书系列为
"十二五""十三五""十四五"时期国家重点出版物出版专项规划项目

BLUE BOOK

智库成果出版与传播平台

中国社会科学院创新工程学术出版资助项目

社会心态蓝皮书
BLUE BOOK OF SOCIAL MENTALITY

中国社会心态研究报告（2023）
ANNUAL REPORT ON SOCIAL MENTALITY OF CHINA (2023)

主　编／王俊秀
副主编／谭旭运

社会科学文献出版社
SOCIAL SCIENCES ACADEMIC PRESS (CHINA)

图书在版编目（CIP）数据

中国社会心态研究报告.2023/王俊秀主编；谭旭运副主编.--北京：社会科学文献出版社，2024.3
（社会心态蓝皮书）
ISBN 978-7-5228-3341-5

Ⅰ.①中… Ⅱ.①王… ②谭… Ⅲ.①社会心理-研究报告-中国-2023 Ⅳ.①C912.6

中国国家版本馆CIP数据核字（2024）第049768号

社会心态蓝皮书
中国社会心态研究报告（2023）

主　　编 / 王俊秀
副 主 编 / 谭旭运

出 版 人 / 冀祥德
责任编辑 / 张　媛
责任印制 / 王京美

出　　版 / 社会科学文献出版社·皮书分社（010）59367127
　　　　　 地址：北京市北三环中路甲29号院华龙大厦　邮编：100029
　　　　　 网址：www.ssap.com.cn
发　　行 / 社会科学文献出版社（010）59367028
印　　装 / 天津千鹤文化传播有限公司
规　　格 / 开本：787mm×1092mm　1/16
　　　　　 印张：17.5　字数：261千字
版　　次 / 2024年3月第1版　2024年3月第1次印刷
书　　号 / ISBN 978-7-5228-3341-5
定　　价 / 168.00元

读者服务电话：4008918866

版权所有 翻印必究

本报告数据来源由中国社会科学院社会学研究所社会心理学研究中心承担中国社会科学重大经济社会调查项目"中国社会心态调查（2024-2025）"（项目编号：2024ZDDC004）支持。

社会心态蓝皮书编委会

主　　编　王俊秀

副 主 编　谭旭运

本书作者　（按文序排列）

　　　　　　王俊秀　吴　芸　张　跃　谭旭运　陈满琪
　　　　　　张岚清　云　庆　马墨琳　高文珺　张　衍
　　　　　　刘娅萱　应小萍　彭雨婷　吕　逸

主要编撰者简介

王俊秀 中国社会科学院研究生院发展社会学博士。温州医科大学精神医学学院特聘教授，中国社会科学院社会学研究所社会心理学研究中心主任，研究员，中国社会科学院大学教授，博士生导师，中国社会科学院国家治理智库研究员。中国社会心理学会副会长，北京市社会心理学会副会长。主持完成国家社会科学基金重大项目"社会心理建设：社会治理的心理学路径"（项目批准号 16ZDA231），主持完成十多项中国社会科学院重大项目和创新工程项目。目前主持教育部哲学社会科学研究重大课题攻关项目"新冠肺炎疫情对国民社会心态影响研究"（项目批准号 21JZD038）。主要研究领域为社会心态与社会心理服务体系建设、社会发展与社会空间研究、风险社会与风险认知、医学相关问题的社会心理研究等，专注于社会治理的社会心理学路径探索。出版著作《社会心理建设：社会心态培育的路径》和《社会心理建设：社会场域治理的路径》（2023）、《中国睡眠研究报告（2023）》、《中国睡眠研究报告（2022）》、《中国社会心态 10 年》（2021）、《公共风险：概念、理论与实证》（2020）、*Development of a Society on Wheels: Understanding the Rise of Automobile-dependency in China*（Springer 2019）、《社会心态理论前沿》（2018）、《精神文明与社会心态：北京市西城区的实践》（2017）、《社会心态理论：一种宏观社会心理学范式》（2014）等。主编《中国社会心态研究报告》（2011~2022）和《中国民众美好生活研究报告》（2020~2022），主编"社会心理建设丛书"。在《社会学研究》《心理学报》等国内外期刊发表 100 多篇论文和研究报告。

谭旭运 北京师范大学应用心理学博士，中国社会科学院社会学研究所社会心理学研究室副主任，副研究员，硕士生导师。中国社会心理学会副秘书长，*Journal of Pacific Rim Psychology* 编委。目前主持国家社会科学基金重点项目"共同富裕目标下的社会心态特征与演变趋势"（项目编号23ASH004）、中国社会科学院重大创新项目"人类命运共同体理念的文化心理根基与践行路径"（项目编号2023YZD050）。另主持并完成国家社会科学基金青年项目、中国社会科学院青年科研启动项目、中国博士后科学基金面上项目各1项。主要研究领域为转型期社会心态，共同富裕、共同体理念的社会心理机制和路径等。出版著作《获得感：一种社会心理分析》《腐败问题的社会心理学研究》，在 *Political Psychology*、*Social Indicators Research*、《社会学研究》、《中国社会心理学评论》等国内外期刊发表独立作者或第一作者文章20余篇。

摘 要

本书是中国社会科学院社会学研究所社会心理学研究中心"社会心态蓝皮书课题组"年度研究成果《中国社会心态研究报告》的第十二本。本书主题是青年社会心态，撰写者主要来自中国社会科学院社会学研究所社会心理学研究中心，全书从青年基本社会心态、青年共同富裕社会心态两方面探索青年群体面对百年未有之大变局时已显现的社会心态，以及面对共同富裕时的社会心态。

本书发现，青年美好生活需要与体验处于中等偏上水平，总体美好生活需要有待满足；"00后"、家庭月收入5000元以下、低主观社会阶层青年是需被关注的对象，个体物质失调对青年群体社会心态的影响最大，家庭关系失调对青年群体社会心态的影响正在减弱。向上流动预期与体验仍占青年人群主流，但有四成青年的流动预期与体验处于失衡或双低状态，社会流动预期与体验可有效提升青年人群的主观幸福感与奋斗信念，且该积极效应对于低阶层青年与农村青年作用更大。青年群体压力来源广泛，最集中体现在物价、医疗和交通问题上。民众消费结构基本合理，其中教育与培训费用普遍较高，青年群体的住房消费偏高，消费活跃度与消费信心在不同群体间差异较大。青年群体的公平感更高，对共同富裕内涵的认知差距较小，但更认同第二、三次分配的作用，对共同富裕的信心更加分化。青年人的整体慈善公益意愿较高，文化创新维度的得分尤其突出，慈善公益行为整体得分中等，社会安全感、生活满意度、社会公平感以及共同富裕信心等社会心理因素也对慈善意愿起正向预测作用。

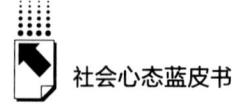

本书针对上述发现提出了相应的政策建议，如调整青年对经济社会发展的预期，建立民众合理的共同富裕认知，深化青年对于现代慈善公益理念的认识，塑造有利于积极社会心态形成的社会发展环境，优化消费结构，提升民众的生活质量，进而增强幸福感。

关键词： 青年社会心态　共同富裕认知　价值观　社会参与

目 录

Ⅰ 总报告

B.1 现代化新征程中青年社会心态及其培育
.... 王俊秀 吴芸 张跃 谭旭运 / 001

Ⅱ 青年基本社会心态

B.2 青年美好生活满足度对社会心态的影响分析
.... 陈满琪 张岚清 / 039
B.3 涵养社会心态，激励青年奋斗：社会流动预期与体验的
功能及其机制 .... 张 跃 / 059
B.4 消费行为、消费信心及其社会心态基础 .... 云 庆 / 085
B.5 青年生活压力应对的社会心态基础分析 .... 马墨琳 高文珺 / 106
B.6 民众积极社会心态特点与影响因素 .... 高文珺 / 128

Ⅲ 青年共同富裕心态

B.7 青年群体的公平感和共同富裕认知 .... 张 衍 / 148

社会心态蓝皮书

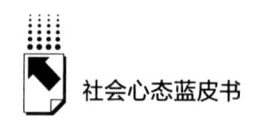

B.8 青年慈善公益意愿和行为的特点与影响因素
　　　……………………………………… 刘娅萱　谭旭运 / 171
B.9 社会参与和共同富裕的关系分析……………… 应小萍　彭雨婷 / 196
B.10 县域民众共同富裕信心与慈善意愿的特征及关系
　　　——以福建晋江为例 ……………………… 吕　逸　谭旭运 / 218

Abstract …………………………………………………………………… / 252
Contents …………………………………………………………………… / 254

皮书数据库阅读使用指南

总报告
General Report

B.1 现代化新征程中青年社会心态及其培育*

王俊秀　吴芸　张跃　谭旭运**

摘　要： 青年，作为未来的领导者和建设者，是推进中国式现代化的实践主体与生力军，也是实现中华民族伟大复兴的先锋力量。充分了解当前中国青年的社会心态，对更有针对性地解决新时代青年面临的问题与挑战有重要意义。本报告首先通过比较2019年、2020年、2022年中国社会心态调查数据，考察了中国青年近年来在社会需要、社会认知及社会行为三方面的基本情况与变化趋势，并将青年的社会心态与中国整体的社会心态进行了对比分析。其次，本报告从不同角度全面分析当前青年人群社会心态的关键特征，来揭示培育积极

---

* 本报告为中国社会科学院重大经济社会调查项目"中国社会心态调查（2024-2025）"（项目编号：2024ZDDC004）、教育部哲学社会科学研究重大课题攻关项目"新冠肺炎疫情对国民社会心态影响研究"（项目编号21JZD038）的阶段性成果。
** 王俊秀，中国社会科学院社会学研究所社会心理学研究中心主任、研究员，中国社会科学院大学教授，博士生导师；吴芸，博士，中国社会科学院社会学研究所博士后，研究方向为智能时代的儿童青少年心理健康与发展；张跃，博士，中国社会科学院社会学研究所博士后，研究方向为社会心态、社会阶层与阶层流动心理学、系统合理化；谭旭运，博士，中国社会科学院社会心理与行为实验室副研究员，中国社会科学院社会学研究所社会心理学研究中心副研究员，研究方向为社会心态、主观社会阶层与流动感知、获得感。

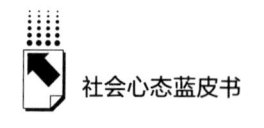

有为之青年的社会心态基础。最后，在梳理总结青年社会心态现状与困境的基础上，提出相应的引导建议，如引导释放青年多样化消费活力，进一步积极缓解青年群体在物价、医疗和交通等方面的生活压力，推进青年发展友好型社会建设，更加重视低龄青年群体的积极社会心态的引导和培育，促进青年社会参与意愿向实际参与行为转化等。

关键词： 社会心态　青年　社会需要　社会认知　社会行为

青年强，则国家强。党的二十大报告明确指出，作为未来的领导者和建设者，"青年一代的理想信念、精神状态、综合素质，是一个国家发展活力的重要体现，也是一个国家核心竞争力的重要因素"。国家的持续发展与繁荣依赖于青年一代的价值取向、能力和参与度，同时，国家发展也是青年成长、发展的基本前提和坚强后盾。

20世纪80年代以来，我国经历了经济的持续高速增长，从就业结构、生活方式、行为选择、价值观念的深刻变化（李培林，2020），到数字技术开始全面、深度地融入和重构人们的生活，中国青年的社会生活体验也在发生剧烈的变化。在全球结构性变迁的趋势下，青年人一方面面临劳动力市场不稳定化和非正式化转型带来的就业挑战，另一方面还要承担高涨的生活方式成本带来的巨大压力（刘能，2023）。近年来，"内卷""躺平""丧文化"这一类网络流行语频频出现，并持续扩展为社会热议的话题，在部分青年群体中引起强烈共鸣，反映出在快速社会转型过程中青年消极社会心态弥散的迹象。青年群体社会心态的失衡可能会导致青年人悲观、消极的价值观和人生观，加剧焦虑、抑郁等心理健康问题，阻碍他们建立和维持健康的人际关系，降低他们对政治和社会生活的参与度。然而，囿于信息在网络环境中传播的复杂性和不确定性，尽管这些在青年群体中凸显出的困境与冲突值得我们警醒，但目前尚不清楚这些社会现象在多大程度上真实地反映当前中国青年在现实生活中的社会心态。因此，有必要对当前青年人的社会心态进行系统的调研，以更充分地了解过去几年里，青年在社会态度、情感、需要等方面的特征及变化，为进一步培育青年积极的社会心态、促进青年的良性发展提供有意义的参考。

鉴于此，在2023年中国社会心态调查报告中，我们将重点关注青年群体的社会心态。具体地，在第一部分的内容中，我们将基于以往构建的社会心态指标体系来系统分析中国青年社会心态的基本情况与变化趋势。第二部分则从不同角度全面分析当前青年人群社会心态的关键特征，来揭示培育积极有为之青年的社会心态基础。第三部分在梳理总结青年社会心态现状与困境的基础上，提出相应的引导建议。

一 青年社会心态的基本特点

社会心态，是在一段时间内弥散在整个社会或社会群体/类别中的社会共识、心境和情绪状态。它来自社会成员的个人知觉、感受、价值观念、情绪体验，经过与其他社会成员相应的心理活动汇集融合后，重新形成个人社会心理活动的底色（杨宜音等，2016）。不同的研究者对社会心态的操作化和测量有不同的侧重。王俊秀、杨宜音等（2018）提出了一个较为全面的社会心态指标体系，其中包括社会需要（包括社会和个体需要）、社会认知（包括态度与评价、群体与关系认知、社会思维）、社会情绪（包括基本情绪、次级情绪、情绪氛围）、社会价值（包括个体与社会价值观）及社会行为（包括理性与非理性行为）五个维度。

基于这一指标体系，在本报告中，我们通过对比2019年度[①]、2020年度[②]、

[①] 2019年青年社会心态数据来源于2019年中国社会心态调查（Chinese Social Mentality Survey 2019），由中国社会科学院社会学研究所社会心理学研究中心于2019年10月至2020年2月完成。采用CAPI调查方式进行入户访问，采用多阶段混合抽样的方法，分4个阶段在全国30个省区市的151个县（市、区）的314个城镇居（村）民委员会，对其中在现地址居住6个月及以上的18~70周岁居民进行抽样调查，最终获得有效问卷9261份。其中，男性占44.0%，女性占56.0%，平均年龄41.51±13.94岁。

[②] 2020年青年社会心态数据来源于2020年中国社会心态调查（Chinese Social Mentality Survey 2020），由中国社会科学院社会学研究所社会心理学研究中心于2020年9月至2021年4月完成。根据第六次全国人口普查数据，在全国31个省区市进行分层抽样和PPS概率抽样，抽取604个县（市、区）的314个城镇社区和290个农村社区，对其中在现地址居住6个月及以上的18~70周岁居民进行抽样调查，最终获得有效问卷10195份。其中，男性占43.3%，女性占56.7%，平均年龄41.61±13.02岁。

2022年度①收集的共17237名18~44周岁青年（$M_{年龄}$ = 32.86岁，SD = 6.98，男性7770人，女性9467人）的社会心态调查数据，来分析中国青年在过去几年里，在社会需要、社会认知及社会行为三方面的社会心态变化。

各年度青年社会心态数据的样本特征见表1。

表1　2019年、2020年、2022年中国青年社会心态调查数据样本特征

单位：人，%

变量		2019年(N=5220)		2020年(N=6000)		2022年(N=6017)	
		频数	占比	频数	占比	频数	占比
性别	男	2343	44.9	2560	42.7	2867	47.6
	女	2877	55.1	3440	57.3	3150	52.4
民族	汉族	4922	94.3	5607	93.5	5796	96.3
	少数民族	298	5.7	393	6.6	221	3.7
户口	农村户口	2998	57.4	3721	62.0	2993	49.7
	城市户口	2221	42.5	2278	38.0	3022	50.2
宗教信仰	无宗教信仰	4487	86.0	5514	91.9	5341	88.8
	有宗教信仰	733	14.0	486	8.1	676	11.2
受教育水平	小学及以下	226	4.3	336	5.6	48	0.8
	初中	917	17.6	1442	24.0	461	7.7
	高中（中专、职高、技校）	1764	33.8	1851	30.9	2213	36.8
	大学专科	1211	23.2	1238	20.6	1826	30.3
	大学本科	1001	19.2	1090	18.2	1410	23.4
	研究生	93	1.8	39	0.7	58	1.0
个人月收入	1000元及以下	645	12.4	652	10.9	309	5.1
	1001~5000元	2757	52.8	3579	59.7	3175	52.8
	5001~10000元	1457	27.9	1465	24.4	2268	37.7
	1万元以上	361	6.9	304	5.1	265	4.4

---

① 2022年青年社会心态数据来源于2022年中国社会心态调查（Chinese Social Mentality Survey 2022），由中国社会科学院社会学研究所社会心理学研究中心于2022年7月至2023年5月完成。根据第六次全国人口普查数据，在全国30个省区市进行分层抽样和PPS概率抽样，抽取145个县（市、区）的314个城镇社区，对其中在现地址居住6个月及以上的18~70周岁居民进行抽样调查，最终获得有效问卷10071份。其中，男性占45.0%，女性占55.0%，平均年龄42.05±11.88岁。

续表

变量		2018~2019年(N=5220)		2020~2021年(N=6000)		2022~2023年(N=6017)	
		频数	占比	频数	占比	频数	占比
家庭月收入	2000元及以下	242	4.6	176	2.9	34	0.6
	2001~6000元	1167	22.4	1311	21.9	862	14.3
	6001~10000元	1189	22.8	1788	29.8	2774	46.1
	1万~1.5万元	1159	22.2	1331	22.2	1245	20.7
	1.5万~3万元	780	14.9	779	13.0	889	14.8
	3万元以上	683	13.1	615	10.3	213	3.5
婚姻状况	未婚	1527	29.3	1602	26.7	1483	24.6
	初婚有配偶	3442	65.9	4127	68.8	4413	73.3
	再婚有配偶	98	1.9	53	0.9	30	0.5
	离婚	77	1.5	89	1.5	58	1.0
	丧偶	8	0.2	9	0.2	8	0.1
	其他(如同居)	68	1.3	120	2.0	25	0.4
子女养育	无子女需要养育	1988	38.1	2209	36.8	1967	32.7
	怀孕中	101	1.9	60	1.0	61	1.0
	有一个子女	1877	36.0	2609	43.5	2688	44.7
	有两个或以上子女	1240	23.8	1116	18.6	1296	21.5
	其他	14	0.3	6	0.1	5	0.1
赡养老人	无老人需要赡养	1339	25.7	3791	63.2	1251	20.8
	赡养一个老人	650	12.5	612	10.2	713	11.8
	赡养两个及以上老人	3231	61.9	1597	26.6	4053	67.4
年龄		32.05±6.99岁		32.41±6.99岁		34.01±6.81岁	

注：部分变量存在缺失值，缺失值未列出。

（一）社会需要

社会心理需要是社会心态的深层心理基础，它是人们对某种物质和精神目标渴求的心理活动，是人类行为的重要驱动力。在一定时期、一定规模群体中表现出共性的心理需求，是社会治理必须关注的社会心理规律，理解和满足这些需求对于促进青年的个人福祉与社会的和谐稳定至关重要（陈雪

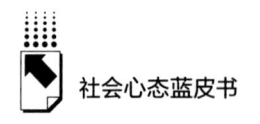

峰、傅小兰，2022）。社会心理需要的不满足，不仅可能在个人层面影响青年的心理健康和发展，还可能在社会层面给社会的文化建设、经济发展、社会结构和功能带来负面的影响。

1. 美好生活需要与体验

本研究采用"美好生活需要量表"和"美好生活体验量表"来考察青年在个人物质层面、家庭和人际关系层面以及国家和社会环境层面，对理想中美好生活的理解与生活现状的评价。其中，个人物质层面包括有钱花、得到享受、富足的物质生活、去旅游、满意的收入5个题项（需要：$\alpha s = 0.60 \sim 0.80$，体验：$\alpha s = 0.81 \sim 0.85$）；家庭和人际关系层面包括家人团圆、家庭温馨、相亲相爱的家人、亲密爱人、爱情甜蜜5个题项（需要：$\alpha s = 0.73 \sim 0.87$，体验：$\alpha s = 0.75 \sim 0.82$）；国家和社会环境层面包括世界和平、社会和谐、社会稳定、司法公正、社会文明、民主制度、国家富强和安全的生活环境8个题项（需要：$\alpha s = 0.80 \sim 0.92$，体验：$\alpha s = 0.82 \sim 0.90$）。量表采用7点计分（1 = 非常不重要/不符合，7 = 非常重要/符合），评分越高说明青年对该层面重要性或体验的评价越高。

如图1所示，整体而言，2019年、2020年、2022年的数据显示，青年对于各层面美好生活的需要均处于较高水平（$Ms = 5.54 \sim 6.04$）。将各维度的得分转换为3点计分（1 = 不重要，2 = 中立，3 = 重要），并计算各得分段人数占比发现，绝大多数青年认同满足个人物质（占比≥87.8%）、家庭和人际关系（占比≥93.6%）、国家和社会环境层面（占比≥93.4%）的需要对实现美好生活的重要性。对比不同年度的美好生活需要发现，青年在认同国家和社会环境对实现美好生活重要性的评分上无显著差异。但过去几年里，青年在家庭和人际关系层面的需要评分呈现逐年下降的趋势（$MDs \geq 0.34$，$ps \leq 0.024$），在个人物质层面的需要评分呈现逐年上升的趋势（$MDs \geq 0.37$，$ps \leq 0.015$）。这些结果表明，尽管良好的家庭关系依然是我国青年认为对实现美好生活很重要的元素，但近年来，青年整体上对家庭和人际关系的重视程度略有下降，而对满足个人物质的需要更加看重。

现代化新征程中青年社会心态及其培育

图1 青年美好生活需要与美好生活体验年度比较

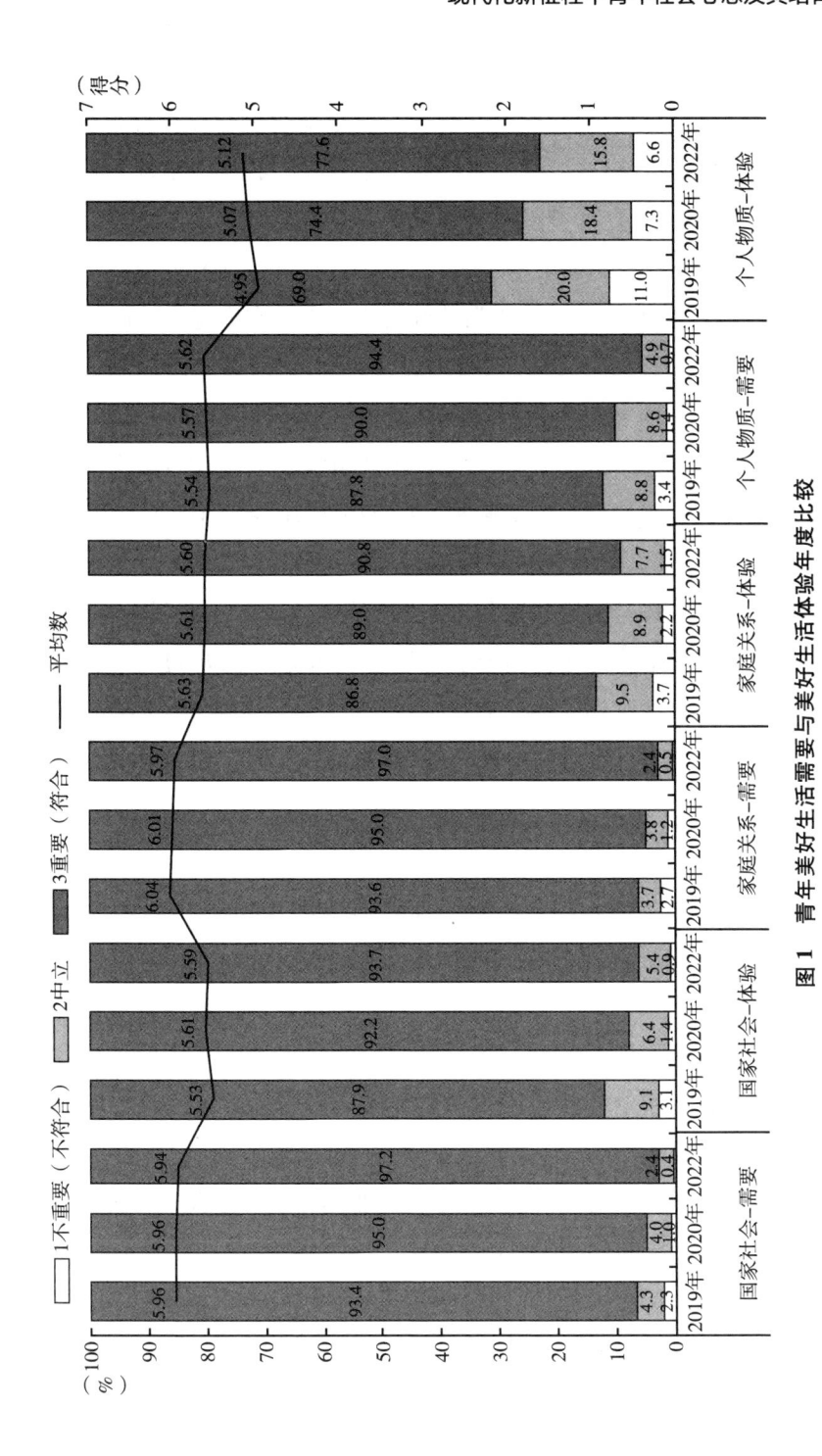

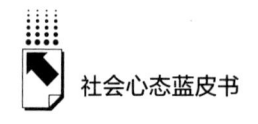

综观2019年、2020年、2022年的数据，青年对于各层面美好生活的体验处于中等偏高水平（Ms=4.95~5.63）。将各维度的得分转换为3点计分（1=不符合，2=中立，3=符合），并计算各得分段人数占比发现，整体而言，青年在家庭和人际关系（占比≥86.8%）与国家和社会环境（占比≥87.9%）方面的美好生活体验较强，而在个人物质方面的体验较弱（占比≥69.0%）。对比不同年度的美好生活体验发现，青年在家庭和人际关系方面的体验虽无统计学意义上的显著变化（ps≥0.06），但对比2019年，呈现略微下降的趋势。在国家和社会环境方面，自2020年青年报告的美好生活体验明显升高后（MD=0.08，p=0.001），近两年无显著变化。在个人物质方面，青年的美好生活体验呈现逐渐提升的趋势（MDs≥0.43，ps≤0.02）。这些结果表明，尽管我国青年在个人物质层面的美好生活体验持续增强，但相对于家庭和人际关系与国家和社会环境方面的体验来说仍然较弱。

进一步对比青年的美好生活需要和美好生活体验，可以看出，近年来，青年在各层面的美好生活体验均低于美好生活需要。这表明，青年对美好生活的实际体验（尤其是个人物质方面）和对理想的美好生活的期待之间仍然存在一定的差距。

2. 社会生活压力

青年在社会生活中感受到的压力采用自编社会压力感问卷测量。量表采用7点计分（1=非常不严重，7=非常严重），测量人们在生活中13个方面（物价、医疗、交通、自己或家庭收入、工作或学业、赡养老人、自己或家人就业、子女教育、住房、自己或家人的健康、家庭成员关系、邻里/同学/同事关系、婚姻/恋爱）感知到的压力。整体而言，青年在过去几年里的总体社会压力感处于量表中等偏下水平（Ms≥3.43）。

将2022年度的青年社会压力数据与以往数据对比发现，青年在社会生活各方面（除物价外）感知到的压力均呈下降趋势（MDs≥0.19，ps≤0.001）。如图2所示，将得分转换为3点计分（1=不严重，2=中立，3=严重），然后计算各得分段人数占比发现，青年认为压力比较大的问题主要在于物价与医疗方面。在不同年度的数据中，有至少三成青年（占比=30.7%~52.0%）报告

现代化新征程中青年社会心态及其培育

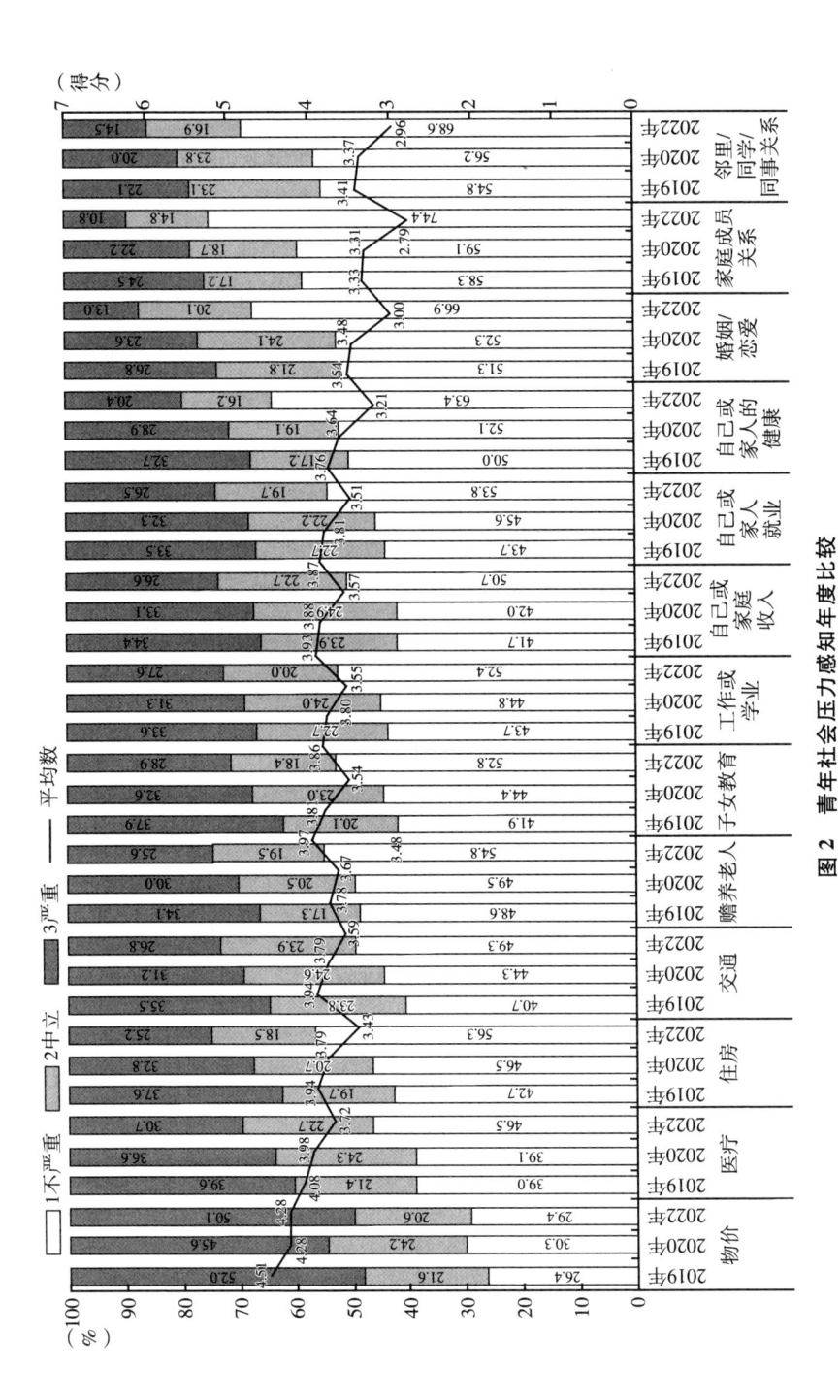

图2 青年社会压力感知年度比较

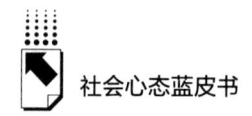

物价和医疗是生活中问题比较严重的方面。其次，青年压力较大的方面是住房、交通、赡养老人、子女教育、工作或学业、自己或家庭收入、自己或家人就业、自己或家人的健康问题。最后，青年在人际关系相关的方面（包括婚姻/恋爱、家庭成员关系、邻里/同学/同事关系）感知到的压力最小。

总的来说，尽管我国青年的社会生活压力在过去几年里逐渐降低，但2022年仍有三成左右的青年报告，在除健康与人际关系以外的方面感知到较为严重的压力（占比≥25.2%）。

（二）社会认知

社会认知，不仅是个体对社会现象的认识或感知，也是群体或社会中人们对某些现象所形成的某种共识或一致理解（王俊秀、杨宜音等，2018）。社会认知（如公平感、幸福感、安全感等）在理解和预测青年的社会情绪、指导青年的社会行为方面起着至关重要的作用。

1. 幸福感

青年的主观幸福感采用5个题项的"生活满意度量表"测量（Diener et al., 1985），量表采用7点计分（1=非常不同意，7=非常同意），α = 0.85~0.88。如图3所示，整体而言，我国青年主观幸福感处于量表中等偏上水平（Ms≥4.85）。对比2019年、2020年、2022年的数据发现，青年主观幸福感呈逐年递增趋势（MDs≥0.08，ps≤0.001）。将得分转换为3点计分（1=不同意，2=中立，3=同意）并计算各得分段人数占比，结果发现不论哪一年度，都有六成以上青年体验到较高程度的主观幸福感，且与2019年相比，2022年体验到较高程度幸福感的青年人数占比增加了11.2个百分点。但值得注意的是，2022年受访者中仍有近1/4的青年报告了中等偏低的幸福感。

2. 安全感

青年的安全感采用中国社会心态调查中自编的社会生活安全感量表测量。量表采用7点计分（1=非常不安全，7=非常安全），涉及人们对

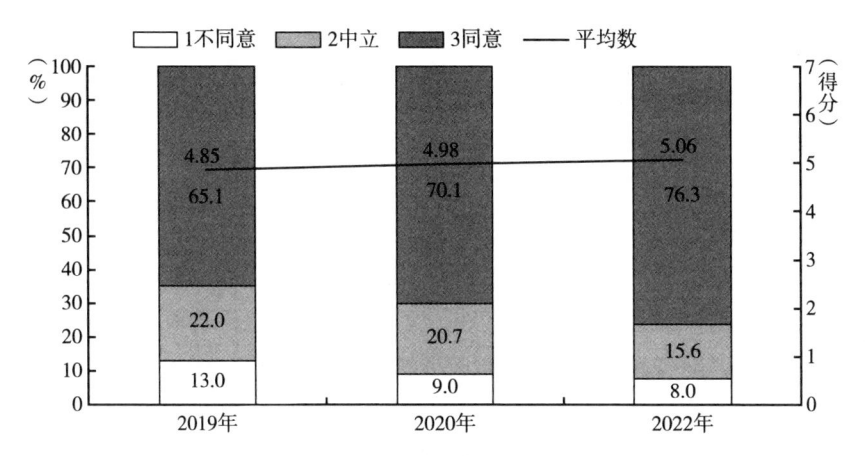

图 3　青年生活满意度年度比较

日常生活中9个方面不安全因素和风险的感知，包括人身、个人和家庭财产、交通、医疗药品、食品、劳动、个人信息、环境及总体社会状况方面的安全感。综观2019年、2020年、2022年的调查结果，我国青年的社会生活安全感整体处于量表中等偏上水平（Ms = 4.48~5.39，SDs = 0.83~1.57）。其中，青年在人身（Ms≥5.29）、个人和家庭财产（Ms≥5.27）、总体社会状况（Ms≥5.20）及劳动（Ms≥5.06）方面体验到的安全感较高，而在医疗药品、食品、环境及个人信息方面的安全感相对较低（见图4）。

对比2019年青年报告的安全感各维度数据发现，自2020年青年在各维度的安全感明显升高后（MDs≥0.08，ps≤0.001），近两年（除环境、劳动安全外）无显著变化。将各维度得分转换为3点计分（1 = 不安全，2 = 中立，3 = 安全），并计算各得分段人数占比发现，2022年在环境和劳动方面体验到较高程度安全感的青年人数占比分别比2020年提升了3.8个和3.2个百分点。

这些研究结果说明，尽管我国青年在整体上认可社会生活是安全的，并在过去几年里呈略微上升的趋势，但青年在各维度的安全感，尤其是医疗药品、食品、环境及个人信息方面仍有一定的提升空间。

社会心态蓝皮书

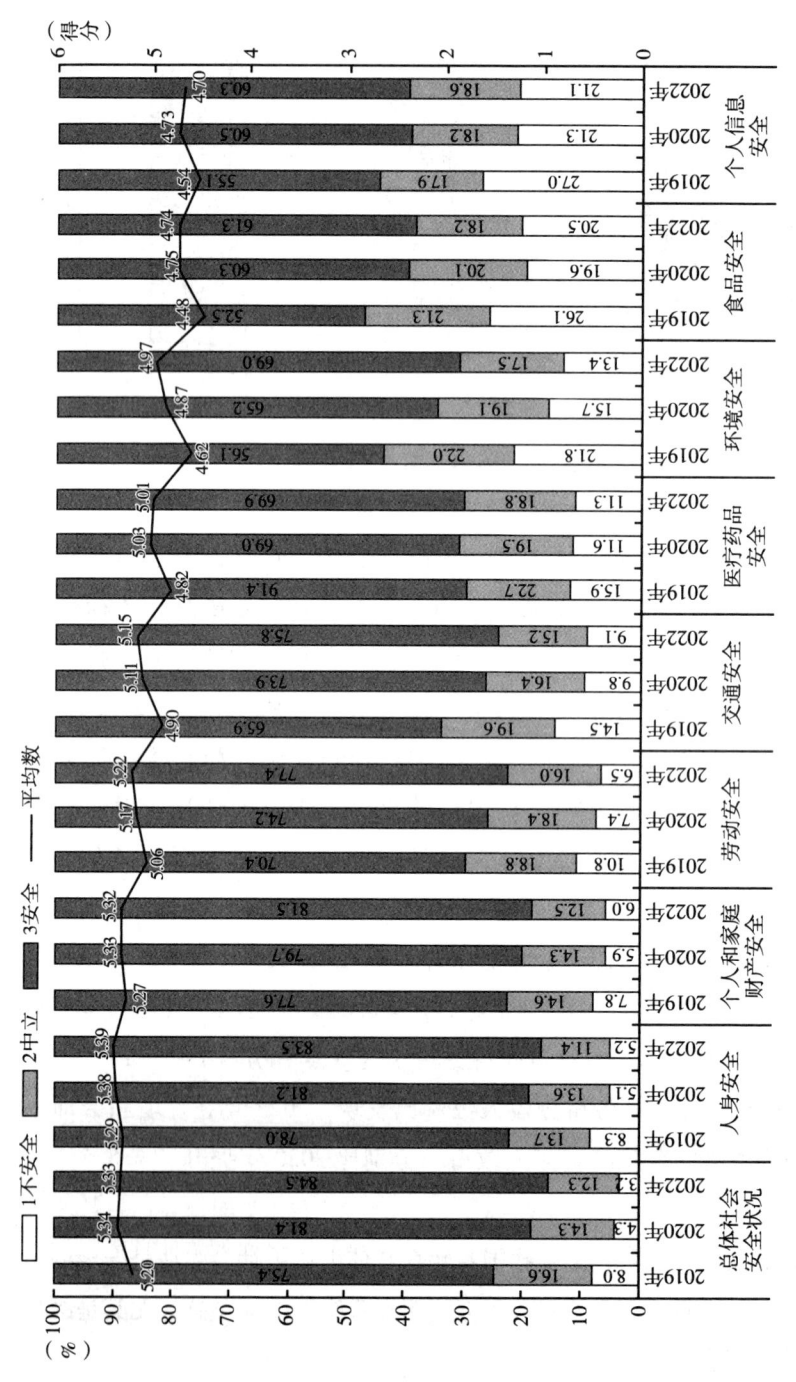

图4 青年社会生活安全感年度比较

012

3. 社会支持感

青年的社会支持感采用中国社会心态调查中自编的社会支持量表测量。量表采用7点计分（1=完全不能获得支持，7=完全能获得支持），涉及人们感受到他人情感关怀、得到尊重和帮助等人际互动后体会到的积极感受（$\alpha=0.70\sim0.78$）。其中包括家人（含亲戚和家族）、朋友（含同学、同乡、战友、生意伙伴等私人关系）、政府和机关（含居委会、民政局、法院、公安局、信访等官方部门）、社会组织（含慈善机构、社会组织、志愿者组织等民间组织）4个方面。

如图5所示，整体而言，近年来我国青年的社会支持感处于量表中等偏上水平（Ms=4.48~5.90，SDs=1.08~1.32）。从社会支持感各维度来看，青年报告在生活中遇到麻烦或困难时，家人提供的社会支持感最强，其次是朋友、政府和机关、社会组织。

将得分转换为3点计分（1=不能获得支持，2=中立，3=能获得支持），并计算各得分段人数占比发现，整体而言，无论哪一年度，绝大多数青年报告能够获得社会支持（占比≥76.9%）。但值得注意的是，对比2019年、2020年的数据，2022年青年总体社会支持感呈现略微下降的趋势（MDs≥0.05，ps≤0.002）。

具体地，青年在最主要的社会支持来源"家人"维度的评分呈现逐渐降低的趋势（MDs≥0.08，ps≤0.001）。在"朋友"维度，2022年青年的支持感评分虽与2020年相差不大，但略低于2019年（MD=0.06，p=0.003）。此外，在社会支持来源的"政府和机关"维度，青年报告的社会支持感自2020年显著提升后（MD=0.06，p=0.02），2022年出现降低的情况（MD=0.07，p=0.002）。对比2020年，青年报告未能获得政府和机关支持的人数占比提升了4.5个百分点。相似地，在"社会组织"维度，青年报告的社会支持感虽在2020年略微提升（MD=0.05，p=0.05），但在2022年又呈现降低的趋势（MD=0.05，p=0.04）。对比2020年，青年报告未能获得社会组织支持的人数占比提升了5.0个百分点。

社会心态蓝皮书

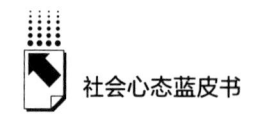

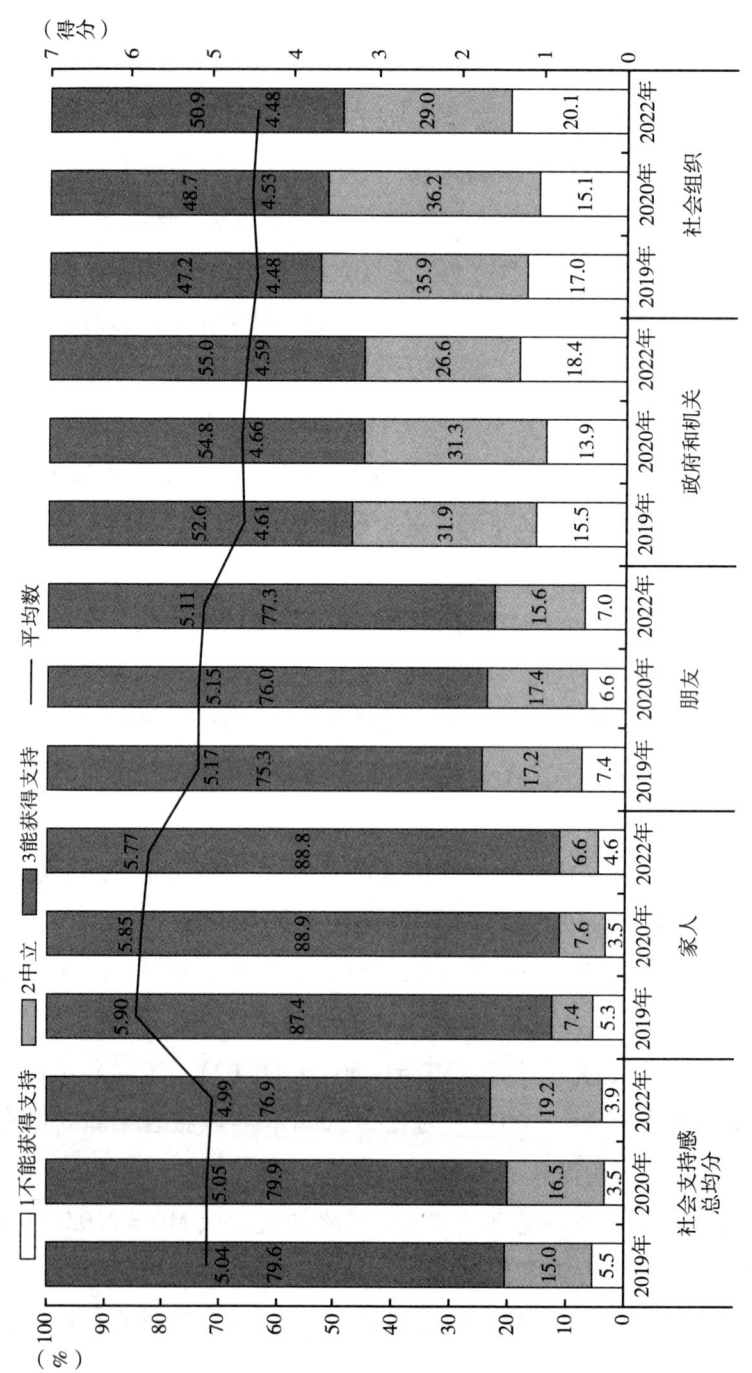

图5 青年社会支持感年度比较

这些结果表明，尽管我国青年的社会支持感依然整体处于中等偏上水平，但近年来，青年在生活中遇到麻烦或困难时，来自生活各方面的社会支持程度略有下降。

4. 社会公平感

青年的社会公平感由两部分组成，分别涉及青年感知到的社会总体公平程度和机会公平程度。其中，总体公平感方面询问受访者对社会总体公平情况的评价，即"总的来说，您觉得当今的社会是否公平"（1=非常不公平，7=非常公平）。机会公平感则分别通过一个题目测量向上、向下流动的机会公平感，即"在当今社会，白手起家的可能性仍然很大"和"在当今社会，富人可能失去一切而变成穷人"（1=非常不同意，7=非常同意）。

整体而言，2019年、2020年、2022年的调查结果显示（见图6），青年的总体社会公平感和机会公平感均处于中等偏上水平（Ms=4.54~5.08，SD=1.06~1.46）。具体地，青年的总体社会公平感呈逐年增加的趋势（MDs≥0.14，ps≤0.001）。在机会公平感方面，2020年青年的向上流动和向下流动机会公平感数据基本与2019年持平。但青年的向上流动机会公平感在2022年呈现提升的趋势（MD=0.12，p<0.001），同时，向下流动机会公平感呈现下降的趋势（MD=0.31，p<0.001）。

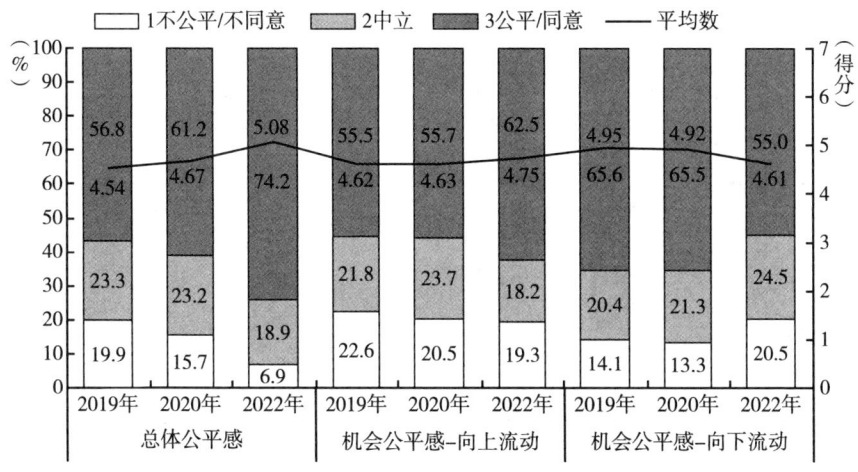

图6 青年社会公平感年度比较

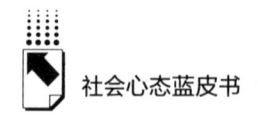

将得分转换为3点计分（1＝不公平/不同意，2＝中立，3＝公平/同意），并计算各得分段的人数占比发现，整体而言，一半以上的青年认可社会总体公平及机会公平（占比≥55.0%）。这些结果表明，青年整体认为社会是比较公平的，且能够提供平等的流动机会。

5. 社会信任感

青年的社会信任感由两部分组成，分别涉及青年的一般信任和陌生人信任。其中，一般信任由3个题项组成，包括询问受访者社会上大多数人是否可以信任，得分越高表示一般信任程度越高（α=0.65~0.75）。陌生人信任的测量包含1个题项，即"社会上大多数人信任陌生人"（1＝非常不同意，7＝非常同意）。

整体而言，近年来我国青年一般信任处于量表中等偏上水平，而陌生人信任处于中等偏下水平（见图7）。将得分转换为3点计分（1＝不信任，2＝中立，3＝信任），并计算各得分段的人数占比发现，约六成青年认为社会大多数人可信任（占比≥57.7%），但只有不到三成青年认为社会上大多数人信任陌生人（占比≤29.6%）。这说明，青年对于"生人关系"的信任程度依然较低。但无论是一般信任，还是陌生人信任，青年报告的信任感在过去几年里均呈逐年提升的趋势（MDs≥0.08，ps≤0.001）。

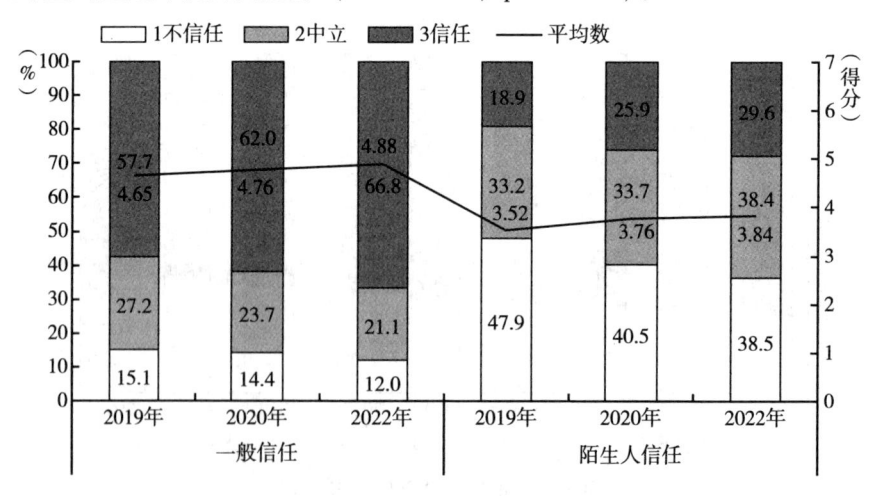

图7 青年社会信任感年度比较

6. 社会认同感

（1）国家认同

青年的社会认同首先采用 4 个题项的国家认同量表（如"我经常为国家取得的成就而感到自豪"）测量（α=0.80~0.86）。量表采用 7 点计分（1=非常不同意，7=非常同意），得分越高表示青年对国家的认同程度越高。

如图 8 所示，整体而言，近年来我国青年的国家认同感处于较高水平（Ms=5.65~5.79，SDs=0.89~1.03）。将得分转换为 3 点计分（1=不同意，2=中立，3=同意）发现，绝大多数青年的国家认同感较高（占比≥90.1%）。但值得关注的是，对比 2019 年、2020 年的调查结果，青年在 2022 年报告的国家认同感略有降低（MDs≥0.13，ps≤0.001）。

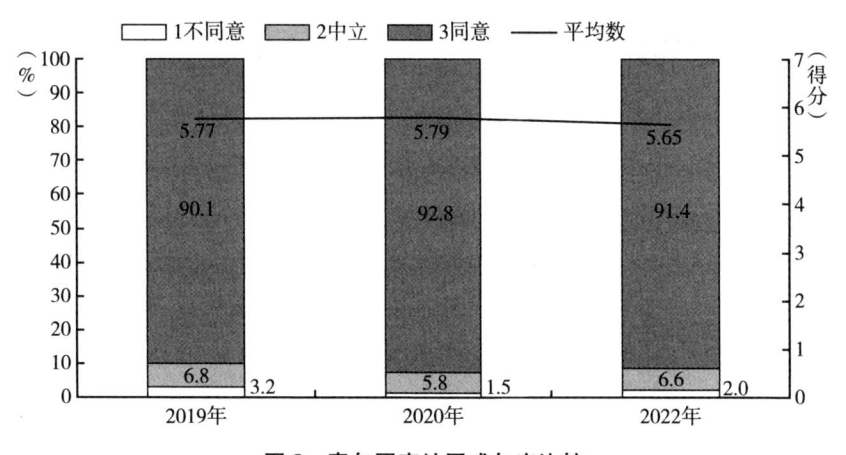

图 8　青年国家认同感年度比较

（2）阶层认同

青年的社会阶层认同采用经典的主观社会经济地位阶梯测量法（Adler et al., 2000），询问受访者："在我们的社会里，有些人处在社会的上层，有些人处在社会的下层，如图所示，梯子从上往下看，10 分代表最顶层，1 分代表最底层。您认为自己目前/五年前/五年后在哪个等级上"。

如图 9 所示，整体而言，无论是青年当前的主观社会经济地位，对自己

社会心态蓝皮书

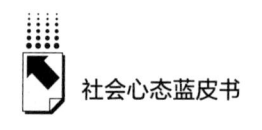

五年前社会地位的评估，还是对五年后社会地位的预期，自 2020 年显著提升后（MDs = 0.071 ~ 0.28，ps ≤ 0.03），2022 年均呈现略微下降的趋势（MDs = 0.08 ~ 0.52，ps ≤ 0.02）。

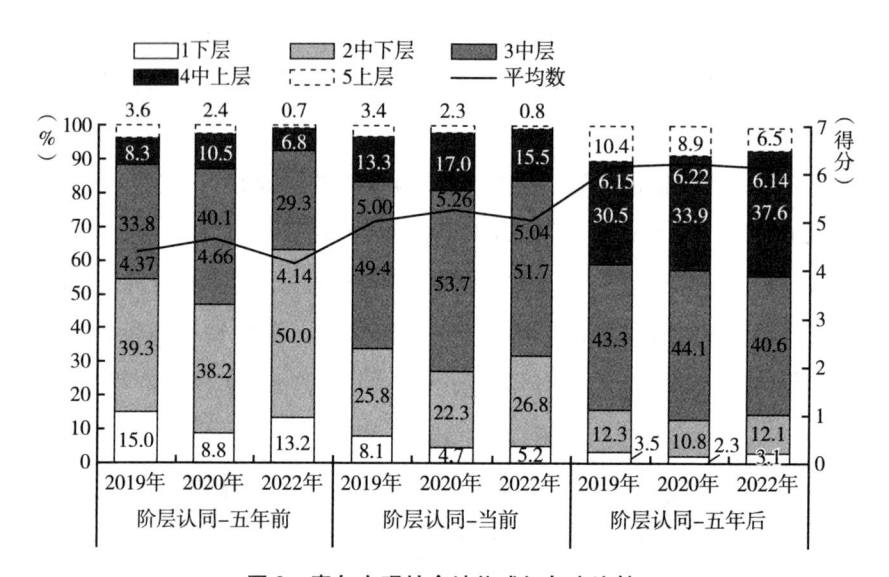

图9 青年主观社会地位感知年度比较

进一步将 10 个阶层合并为 5 个阶层（1 = 下层，2 = 中下层，3 = 中层，4 = 中上层，5 = 上层）发现，2019 年、2020 年、2022 年均有近半数的青年认同自己处于社会中层（49.4% ≤ 占比 ≤ 53.7%）。对比 2020 年调查结果，2022 年认同自己处于社会中层及以上的青年下降了 5.0 个百分点。同时，认同自己处于社会中下层及以下的青年增加了 5.0 个百分点。

无论哪一年度，在评估自己五年前所处的社会阶层时，绝大多数青年认同自己处于中层及以下的阶层（87.1% ≤ 占比 ≤ 92.5%）；而当评估自己五年后可能所处的社会阶层时，绝大多数青年预期自己将处于中层及以上的阶层（84.2% ≤ 占比 ≤ 86.9%）。

对比 2019 年青年对过去（即五年前）社会阶层认同的调查结果，2020 年青年对过去的阶层认同呈现增长的趋势（MD = 0.28，p<0.001），报告自己处于中下层及以下的青年降低了 7.3 个百分点。然而，与 2020 年相比，

2022年青年对过去阶层的认同呈现明显降低的趋势（MD = 0.52，p < 0.001），认为自己过去处于中下层及以下的青年增加了16.2个百分点。

对比2019年青年对未来（即五年后）社会阶层认同的调查结果，2020年青年的未来阶层认同呈现略微增长的趋势（MD = 0.07，p = 0.03），认为自己将处于中层及以上的青年增加了2.7个百分点。随后，与2020年相比，2022年青年对未来阶层的认同呈现略微降低的趋势（MD = 0.08，p = 0.02），认为自己将处于中层及以上的青年降低了2.2个百分点。

（三）社会行为

社会行为指的是社会成员针对某一社会心态对象采取的行动。青年是社会变革和创新的生力军，他们的行为和态度反映了社会当前的状态，对社会的未来发展趋势至关重要。关注青年的社会行为，尤其是社会参与行为，不仅有助于他们的个人成长和发展，也对社会持续健康、稳定的发展有着重要的影响。

社会参与是民众以某种方式参与到国家的社会生活、政治生活、经济生活、文化生活及社区公共事务，从而影响社会发展的过程（杨宜音、王俊秀等，2013）。对青年的社会行为采用自编的社会参与量表测量（α = 0.75 ~ 0.79）。量表采用7点计分（1 = 从来没有，7 = 总是），涉及青年在遵守交规、环境保护、帮助陌生人、参加志愿活动以及向政府机构反映意见等方面的社会参与行为。

如图10所示，整体而言，除遵守交规（Ms = 5.52 ~ 5.58，SDs = 1.51 ~ 1.62）、环境保护（Ms = 3.99 ~ 4.40，SDs = 1.71 ~ 1.81）两方面外，过去几年里，青年的总体社会参与和其他维度的社会参与均处于中等偏下水平（Ms = 1.88 ~ 3.51，SDs = 1.34 ~ 1.81）。对比2019年，2020年青年的总体社会参与水平呈现略微下降的趋势（MD = 0.10，p < 0.001）。2022年，青年的社会参与水平虽与2020年相比显著提升（MD = 0.05，p = 0.003），但仍然低于2019年青年的总体社会参与水平（MD = 0.04，p = 0.04）。

社会心态蓝皮书

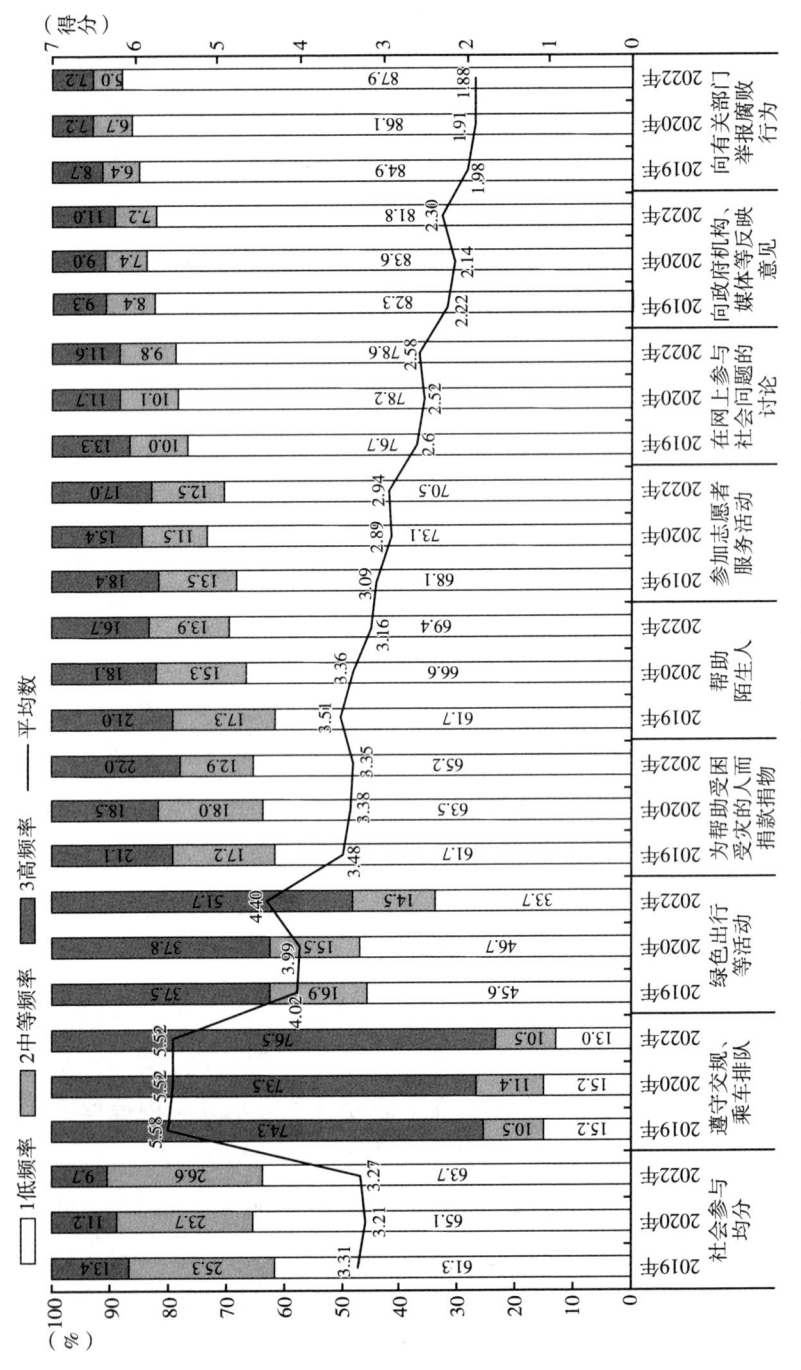

图10 青年社会参与年度比较

将得分转换为3点计分（1＝低频率，2＝中等频率，3＝高频率），并计算各得分段的人数占比发现，青年在向受灾的人捐款捐物、帮助陌生人方面的参与频率在过去几年里呈现逐年降低的趋势。与2019年相比，2022年在向受灾的人捐款捐物、帮助陌生人方面中高参与频率的人数占比分别下降了3.4个、7.7个百分点。

但值得注意的是，对比2019年，我国青年2022年在环境保护方面的社会参与行为明显增加，中高参与频率的人数占比上涨11.8个百分点。由图10可以看出，2020年青年的环境保护参与行为与2019年基本持平，但2022年青年明显报告了更多的绿色出行、节约用水、垃圾分类等环境保护行为（$MD=0.41$，$p<0.001$）。

在遵守交规方面，对比2019年，虽然2022年青年在遵守交通规则、乘车排队方面的社会参与水平略微下降（$MD=0.06$，$p=0.04$），但对比2019年各得分段的人数占比发现，2022年青年在遵守交规方面中高参与频率的人数占比增加了2.2个百分点。

在志愿服务方面，与2019年相比，青年在志愿服务活动中的参与水平在2020年显著下降（$MD=0.20$，$p<0.001$）。尽管2022年的数据显示青年的社会参与水平有一定的回升，但这个增长幅度未达到统计学意义上的显著差异（$MD=0.05$，$p=0.06$），且相较于2019年，2022年青年在志愿服务方面中高参与频率的人数占比仍然下降了2.4个百分点。

相似地，在参与社会问题讨论方面，与2019年相比，青年在网上参与社会问题讨论的频率在2020年显著下降（$MD=0.08$，$p=0.01$）。尽管2022年的数据显示青年在此方面的参与水平有一定的回升，但这个增长幅度也并未达到显著差异（$MD=0.02$，$p=0.52$），且相较于2019年，2022年青年在参与社会问题讨论方面中高参与频率的人数占比仍然下降了1.9个百分点。

自2020年青年向政府机构反映意见的参与水平显著降低后（$MD=0.08$，$p=0.01$），2022年青年在向政府机构、媒体等反映意见方面的参与水平明显提升（$MD=0.16$，$p<0.001$）。相较于2020年，2022年青年在向政府机构反映意见方面高参与频率的人数占比提升了2.0个百分点。

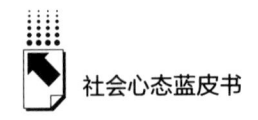

在举报腐败行为方面，自2020年青年在向有关部门举报腐败行为方面的参与水平显著降低后（MD=0.07，p=0.01），2022年无显著变化（MD=0.03，p=0.19）。

这些结果说明，尽管我国青年各方面的社会参与行为在近两年有所增加，但仍有很大的提升空间。

（四）青年社会心态与整体社会心态的对比

将过去几年里青年的社会心态与总样本中受访者报告的整体社会心态对比发现，中国青年社会心态的各项指标与整体社会心态各项指标的走势基本一致。2019年、2020年、2022年青年社会心态各指标与整体的社会心态对比见图11。

进一步使用方差分析来考察青年社会心态与整体社会心态在过去几年里的变化与异同发现，整体而言，青年群体与总样本受访者报告的社会心态差异呈逐年缩小的趋势（见表2）。

1. 社会需要

如表2所示，在社会需要维度，青年群体与总样本受访者在整体的美好生活需要方面无显著差异，而在美好生活体验方面报告的差异在过去几年里逐步缩小。但2020年、2022年的数据显示，近年来，青年对于满足个人物质需要对实现美好生活重要性的评估始终高于总样本受访者的评估，且两者差异呈现增大的趋势。

从社会生活压力来看，青年除了在物价、医疗方面报告的压力程度低于总样本，在自己或家庭收入/健康/就业方面与总样本无显著差异外，青年在各压力维度（住房、交通、子女教育、家庭关系、邻里/同学/同事关系、婚姻/恋爱、工作/学业）都报告了比总样本更高的生活压力。但值得注意的是，青年在这些方面（除邻里/同学/同事关系问题外）报告的压力感与总样本报告的差异在过去几年里有所缩小，且部分变得不再显著。

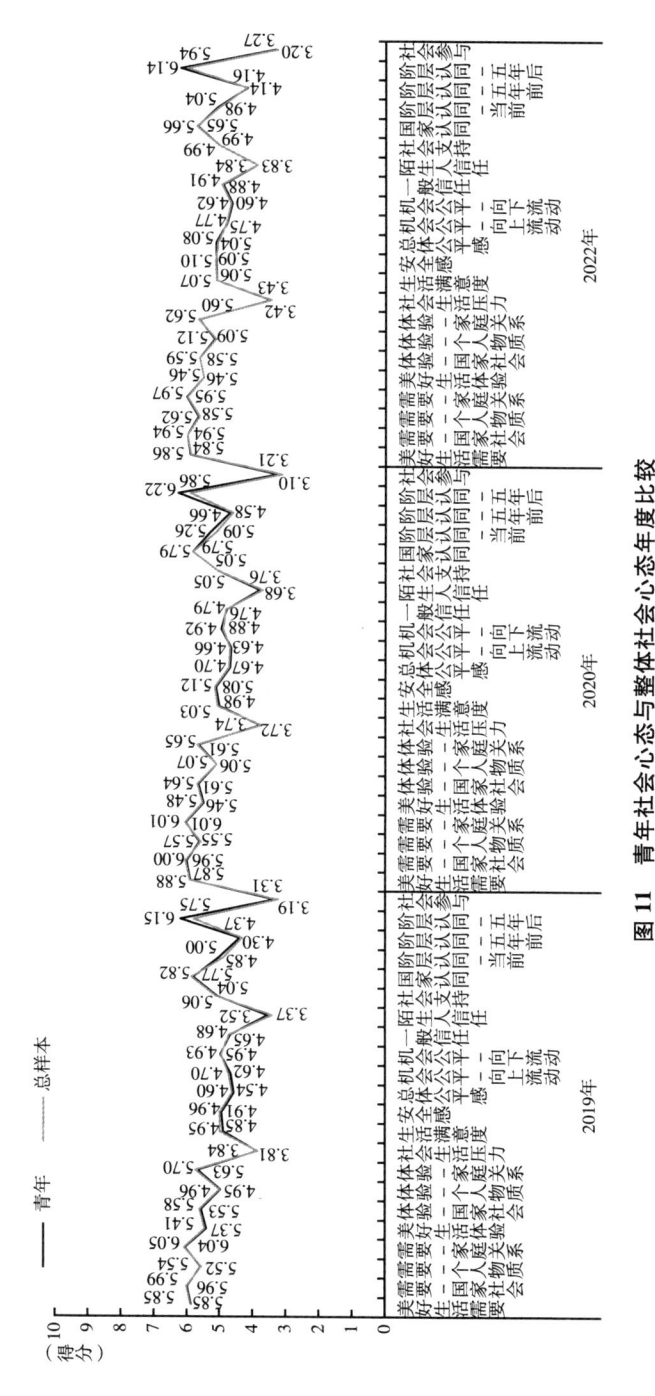

图 11 青年社会心态与整体社会心态年度比较

表 2　青年与总体样本社会心态指标各年度的成对比较结果

单位：分

变量	时间	青年 平均值	青年 标准差	总样本 平均值	总样本 标准差	平均差值	标准误	p 值
美好生活需要	2019 年	5.85	0.84	5.85	0.77	-0.004	0.01	0.73
	2020 年	5.87	0.73	5.88	0.70	0.01	0.01	0.40
	2022 年	5.86	0.54	5.84	0.54	-0.01	0.01	0.40
需要-国家社会	2019 年	5.96	0.92	5.99	0.85	-0.028*	0.01	0.04
	2020 年	5.96	0.81	6.00	0.78	-0.034*	0.01	0.01
	2022 年	5.94	0.64	5.94	0.64	0.002	0.01	0.89
需要-家庭关系	2019 年	6.04	0.94	6.05	0.87	-0.005	0.01	0.71
	2020 年	6.01	0.81	6.01	0.78	-0.005	0.01	0.69
	2022 年	5.97	0.66	5.95	0.66	0.02	0.01	0.06
需要-个人物质	2019 年	5.54	0.94	5.52	0.90	0.02	0.01	0.17
	2020 年	5.57	0.82	5.55	0.82	0.026*	0.01	0.047
	2022 年	5.62	0.66	5.58	0.65	0.039*	0.01	0.002
美好生活体验	2019 年	5.37	0.88	5.41	0.85	-0.044*	0.01	<0.001
	2020 年	5.46	0.77	5.48	0.77	-0.03	0.01	0.06
	2022 年	5.46	0.67	5.46	0.66	0.003	0.01	0.78
体验-国家社会	2019 年	5.53	0.94	5.58	0.90	-0.006*	0.01	<0.001
	2020 年	5.61	0.81	5.64	0.80	-0.004*	0.01	0.004
	2022 年	5.59	0.71	5.58	0.70	0.002	0.01	0.90
体验-家庭关系	2019 年	5.63	1.00	5.70	0.96	-0.07*	0.02	<0.001
	2020 年	5.61	0.89	5.65	0.89	-0.04*	0.01	0.01
	2022 年	5.60	0.78	5.62	0.76	-0.02	0.01	0.16
体验-个人物质	2019 年	4.95	1.12	4.96	1.12	-0.01	0.02	0.50
	2020 年	5.07	1.01	5.06	1.02	0.02	0.01	0.38
	2022 年	5.12	0.94	5.09	0.94	0.03	0.02	0.07
社会生活压力	2019 年	3.84	1.30	3.81	1.29	0.03	0.02	0.19
	2020 年	3.74	1.24	3.72	1.22	0.02	0.02	0.31
	2022 年	3.43	1.07	3.42	1.05	0.01	0.02	0.47
住房问题	2019 年	3.94	1.72	3.84	1.72	0.10*	0.03	<0.001
	2020 年	3.79	1.63	3.73	1.62	0.06*	0.03	0.03
	2022 年	3.42	1.56	3.38	1.55	0.05	0.03	0.09
交通问题	2019 年	3.93	1.58	3.87	1.59	0.06*	0.03	0.02
	2020 年	3.79	1.51	3.76	1.51	0.04	0.03	0.15
	2022 年	3.59	1.43	3.56	1.43	0.03	0.03	0.20

续表

变量	时间	青年 平均值	青年 标准差	总样本 平均值	总样本 标准差	平均差值	标准误	p值
医疗问题	2019年	4.08	1.66	4.13	1.66	-0.05	0.03	0.07
	2020年	3.98	1.56	4.04	1.56	-0.05*	0.03	0.04
	2022年	3.72	1.48	3.79	1.49	-0.07*	0.03	0.004
自己或家庭收入问题	2019年	3.93	1.60	3.95	1.60	-0.02	0.03	0.45
	2020年	3.88	1.52	3.89	1.51	-0.01	0.03	0.67
	2022年	3.57	1.47	3.59	1.46	-0.02	0.03	0.55
赡养老人问题	2019年	3.78	1.75	3.73	1.78	0.05	0.03	0.06
	2020年	3.67	1.63	3.63	1.64	0.05	0.03	0.09
	2022年	3.48	1.50	3.45	1.53	0.03	0.03	0.24
子女教育问题	2019年	3.97	1.75	3.89	1.76	0.09*	0.03	0.003
	2020年	3.81	1.63	3.73	1.63	0.08*	0.03	0.004
	2022年	3.54	1.61	3.48	1.60	0.07*	0.03	0.02
自己或家人健康问题	2019年	3.76	1.80	3.79	1.79	-0.02	0.03	0.42
	2020年	3.64	1.64	3.69	1.63	-0.04	0.03	0.10
	2022年	3.21	1.52	3.25	1.52	-0.05	0.03	0.09
家庭成员关系问题	2019年	3.33	1.74	3.27	1.73	0.06*	0.03	0.02
	2020年	3.31	1.60	3.28	1.59	0.04	0.03	0.14
	2022年	2.79	1.36	2.74	1.36	0.04	0.03	0.09
邻里/同学/同事关系问题	2019年	3.41	1.54	3.36	1.57	0.04	0.03	0.11
	2020年	3.37	1.43	3.33	1.45	0.04	0.02	0.15
	2022年	2.96	1.42	2.88	1.41	0.07*	0.02	0.002
婚姻/恋爱问题	2019年	3.54	1.69	3.47	1.69	0.07*	0.03	0.01
	2020年	3.47	1.56	3.41	1.56	0.07*	0.03	0.01
	2022年	3.00	1.36	2.94	1.37	0.06*	0.03	0.01
工作或学业问题	2019年	3.86	1.61	3.81	1.62	0.06*	0.03	0.03
	2020年	3.80	1.52	3.76	1.53	0.04	0.03	0.09
	2022年	3.55	1.50	3.52	1.50	0.03	0.03	0.22
自己或家人就业问题	2019年	3.87	1.60	3.85	1.63	0.03	0.03	0.58
	2020年	3.81	1.54	3.80	1.55	0.01	0.03	0.75
	2022年	3.51	1.50	3.51	1.50	-0.002	0.03	0.93
物价问题	2019年	4.51	1.57	4.61	1.58	-0.10*	0.03	<0.001
	2020年	4.27	1.51	4.32	1.50	-0.04	0.03	0.10
	2022年	4.28	1.46	4.35	1.45	-0.06*	0.03	0.01

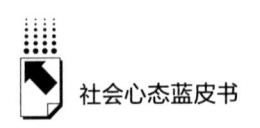

续表

变 量	时间	青年 平均值	青年 标准差	总样本 平均值	总样本 标准差	平均差值	标准误	p值
幸福感	2019年	4.85	1.16	4.95	1.15	-0.11*	0.02	<0.001
幸福感	2020年	4.98	1.06	5.03	1.06	-0.05*	0.02	0.002
幸福感	2022年	5.06	0.98	5.07	0.97	-0.004	0.02	0.80
安全感	2019年	4.91	1.02	4.96	0.99	-0.05*	0.02	<0.001
安全感	2020年	5.08	0.95	5.12	0.92	-0.04*	0.02	0.01
安全感	2022年	5.09	0.83	5.10	0.82	-0.003	0.02	0.82
人身安全	2019年	5.29	1.22	5.35	1.18	-0.06*	0.02	0.004
人身安全	2020年	5.38	1.10	5.41	1.06	-0.03	0.02	0.06
人身安全	2022年	5.39	1.08	5.41	1.06	-0.02	0.02	0.40
个人和家庭财产安全	2019年	5.27	1.21	5.31	1.17	-0.04*	0.02	0.04
个人和家庭财产安全	2020年	5.33	1.13	5.37	1.09	-0.04*	0.02	0.03
个人和家庭财产安全	2022年	5.32	1.11	5.33	1.09	-0.02	0.02	0.36
个人信息安全	2019年	4.54	1.57	4.67	1.52	-0.13*	0.03	<0.001
个人信息安全	2020年	4.73	1.47	4.85	1.41	-0.12*	0.02	<0.001
个人信息安全	2022年	4.70	1.47	4.71	1.45	-0.01	0.02	0.56
医疗药品安全	2019年	4.82	1.34	4.79	1.36	0.02	0.02	0.29
医疗药品安全	2020年	5.03	1.26	5.00	1.26	0.03	0.02	0.20
医疗药品安全	2022年	5.01	1.21	4.97	1.22	0.04	0.02	0.09
食品安全	2019年	4.48	1.48	4.48	1.50	0.01	0.03	0.80
食品安全	2020年	4.75	1.39	4.75	1.39	-0.002	0.02	0.94
食品安全	2022年	4.74	1.40	4.73	1.40	0.02	0.02	0.42
交通安全	2019年	4.90	1.31	4.98	1.28	-0.08*	0.02	<0.001
交通安全	2020年	5.11	1.18	5.16	1.15	-0.05*	0.02	0.009
交通安全	2022年	5.15	1.15	5.16	1.13	-0.02	0.02	0.38
环境安全	2019年	4.62	1.42	4.69	1.42	-0.08*	0.02	0.001
环境安全	2020年	4.87	1.30	4.93	1.29	-0.06*	0.02	0.01
环境安全	2022年	4.97	1.29	4.97	1.28	0.001	0.02	0.96
劳动安全	2019年	5.06	1.26	5.12	1.22	-0.06*	0.02	0.002
劳动安全	2020年	5.17	1.13	5.22	1.10	-0.05*	0.02	0.004
劳动安全	2022年	5.22	1.11	5.24	1.09	-0.02	0.02	0.22
总体社会安全	2019年	5.20	1.19	5.26	1.15	-0.07*	0.02	<0.001
总体社会安全	2020年	5.34	1.04	5.37	1.01	-0.02	0.02	0.17
总体社会安全	2022年	5.33	0.95	5.33	0.93	0.001	0.02	0.95

续表

变量	时间	青年 平均值	青年 标准差	总样本 平均值	总样本 标准差	平均差值	标准误	p值
社会支持感	2019年	5.04	0.96	5.06	0.96	-0.02	0.02	0.22
	2020年	5.05	0.88	5.05	0.91	-0.004	0.02	0.81
	2022年	4.99	0.88	4.99	0.87	0.001	0.02	0.95
家人支持	2019年	5.90	1.23	5.90	1.22	-0.001	0.02	0.95
	2020年	5.84	1.12	5.82	1.11	0.03	0.02	0.12
	2022年	5.77	1.16	5.79	1.13	-0.02	0.02	0.26
朋友支持	2019年	5.17	1.18	5.16	1.19	0.02	0.02	0.42
	2020年	5.15	1.08	5.12	1.11	0.03	0.02	0.11
	2022年	5.11	1.08	5.09	1.07	0.02	0.02	0.27
政府和机关支持	2019年	4.60	1.29	4.65	1.32	-0.05*	0.02	0.04
	2020年	4.66	1.24	4.70	1.26	-0.04	0.02	0.06
	2022年	4.59	1.32	4.59	1.30	0.001	0.02	0.95
社会组织支持	2019年	4.48	1.28	4.53	1.30	-0.05*	0.02	0.04
	2020年	4.53	1.21	4.56	1.23	-0.03	0.02	0.10
	2022年	4.48	1.29	4.48	1.28	0.004	0.02	0.85
总体公平感	2019年	4.54	1.28	4.60	1.31	-0.07*	0.02	<0.001
	2020年	4.67	1.19	4.70	1.21	-0.03	0.02	0.13
	2022年	5.08	1.06	5.04	1.05	0.03	0.02	0.08
机会公平感-向上流动	2019年	4.62	1.46	4.70	1.45	-0.08*	0.02	0.001
	2020年	4.63	1.39	4.66	1.39	-0.03	0.02	0.19
	2022年	4.75	1.39	4.77	1.38	0.02	0.02	0.31
机会公平感-向下流动	2019年	4.95	1.34	4.93	1.36	0.02	0.02	0.33
	2020年	4.92	1.27	4.88	1.27	0.04	0.02	0.09
	2022年	4.60	1.32	4.62	1.30	-0.02	0.02	0.43
一般信任	2019年	4.65	1.12	4.68	1.13	-0.03	0.02	0.10
	2020年	4.76	1.16	4.79	1.16	-0.03	0.02	0.12
	2022年	4.88	1.13	4.91	1.11	-0.03	0.02	0.13
陌生人信任	2019年	3.52	1.27	3.37	1.31	1.41	0.02	<0.001
	2020年	3.76	1.27	3.68	1.31	-0.81	0.02	<0.001
	2022年	3.84	1.21	3.83	1.22	-0.01	0.02	0.65
国家认同	2019年	5.77	1.03	5.82	0.99	-0.043*	0.02	0.01
	2020年	5.79	0.89	5.79	0.88	0.001	0.02	0.95
	2022年	5.65	0.89	5.66	0.87	-0.01	0.02	0.38

续表

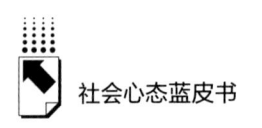

变量	时间	青年 平均值	青年 标准差	总样本 平均值	总样本 标准差	平均差值	标准误	p值
阶层认同-当前	2019年	5.00	1.78	4.85	1.79	0.15*	0.03	<0.001
	2020年	5.26	1.60	5.09	1.64	0.17*	0.03	<0.001
	2022年	5.04	1.52	4.98	1.54	0.06*	0.03	0.02
阶层认同-五年前	2019年	4.37	1.92	4.30	1.87	0.08*	0.03	0.01
	2020年	4.66	1.71	4.58	1.71	0.08*	0.03	0.01
	2022年	4.14	1.57	4.16	1.59	-0.02	0.03	0.44
阶层认同-五年后	2019年	6.15	1.89	5.75	2.00	0.40*	0.03	<0.001
	2020年	6.22	1.73	5.86	1.84	0.36*	0.03	<0.001
	2022年	6.14	1.71	5.94	1.78	0.20*	0.03	<0.001
社会参与	2019年	3.31	0.99	3.19	1.00	0.12*	0.02	<0.001
	2020年	3.21	0.96	3.10	0.96	0.11*	0.02	<0.001
	2022年	3.27	0.87	3.20	0.87	0.06*	0.02	<0.001
捐款捐物	2019年	3.48	1.48	3.41	1.51	0.07*	0.03	0.01
	2020年	3.38	1.42	3.28	1.43	0.09*	0.02	<0.001
	2022年	3.35	1.38	3.33	1.37	0.02	0.02	0.52
参与社会问题讨论	2019年	2.60	1.59	2.33	1.56	0.27*	0.03	<0.001
	2020年	2.52	1.53	2.29	1.49	0.23*	0.02	<0.001
	2022年	2.58	1.41	2.42	1.42	0.16*	0.02	<0.001
参加志愿者服务活动	2019年	3.09	1.62	2.93	1.66	0.16*	0.03	<0.001
	2020年	2.89	1.57	2.75	1.59	0.13*	0.03	<0.001
	2022年	2.94	1.52	2.81	1.52	0.13*	0.03	<0.001
环境保护	2019年	4.02	1.79	3.97	1.87	0.05	0.03	0.11
	2020年	3.99	1.81	3.90	1.83	0.09*	0.03	0.002
	2022年	4.40	1.71	4.43	1.73	-0.04	0.03	0.20
遵守交规	2019年	5.58	1.62	5.60	1.64	-0.02	0.03	0.46
	2020年	5.52	1.64	5.47	1.68	0.05*	0.03	0.04
	2022年	5.52	1.51	5.53	1.52	-0.01	0.03	0.75
向政府机构等反映意见	2019年	2.22	1.47	2.10	1.45	0.12*	0.03	<0.001
	2020年	2.14	1.44	2.05	1.41	0.09*	0.02	<0.001
	2022年	2.30	1.50	2.20	1.46	0.10*	0.02	<0.001
向有关部门举报腐败行为	2019年	1.98	1.47	1.87	1.42	0.11*	0.02	<0.001
	2020年	1.91	1.38	1.82	1.34	0.09*	0.02	<0.001
	2022年	1.88	1.34	1.80	1.31	0.08*	0.02	<0.001

续表

变量	时间	青年 平均值	青年 标准差	总样本 平均值	总样本 标准差	平均差值	标准误	p值
帮助陌生人	2019年	3.51	1.44	3.35	1.49	0.16*	0.02	<0.001
	2020年	3.36	1.38	3.24	1.40	0.12*	0.02	<0.001
	2022年	3.16	1.39	3.10	1.37	0.06*	0.02	0.01

注：以群体（青年、总样本）和调查时间（2019年、2020年、2022年）为自变量，以社会心态各指标为因变量进行单元或多元方差分析，来考察青年社会心态与整体社会心态在过去几年里的变化与异同。*表示两者差异显著。

2. 社会认知

在社会认知维度，相似地，青年群体的幸福感与总样本幸福感显著的差异逐步缩小。随着时间的推移，青年与总样本受访者的幸福感都有所提升，2022年青年的幸福感与总样本的幸福感无显著差异。

至于安全感，尽管一直以来青年在各维度报告的安全感大多比总样本更低，但近年来，两者在安全感上达到显著差异的方面逐渐减少。2022年的数据显示，青年在生活各方面的安全感都与总样本报告的水平无显著差异。

至于社会支持感，一直以来，青年在家人、朋友维度报告的社会支持感与总样本报告的水平均无显著差异。尽管2019年，相比于总样本的调查结果，青年报告在政府和机关、社会组织方面收获的社会支持更低，但两者之间的差异也在2020年与2022年逐步缩小。

至于社会公平感，过去几年里，青年与总样本报告的社会公平感与向上流动机会公平感均呈整体上升的趋势，向下流动机会公平感呈下降趋势。一直以来，青年报告的向下流动机会公平感都与总样本无显著差异。青年群体的总体公平感与总样本报告的公平感差异也在2020年有所缩小。近年来，青年在这两方面报告的公平感与总样本水平并无显著差异。

至于社会信任，整体而言，过去几年里，青年与总样本报告的一般社会信任均呈上升的趋势。虽然青年报告的一般信任一直以来都略低于总样本的水平，但两者之间并无显著差异。在陌生人信任方面，尽管

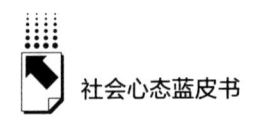

2019年、2020年青年报告的信任感明显高于总样本，但随着总样本受访者对陌生人信任感的提升，青年与总样本2022年的陌生人信任水平并无显著差异。

至于社会认同感，在国家认同方面，青年与总样本受访者的国家认同随着时间的推移，均呈现略微下降的趋势。虽然在过去几年里，青年的国家认同感相比于总样本的国家认同感相对更弱，但两者的差异仅在2019年呈现统计学意义上的显著性。在阶层认同方面，一直以来，无论是青年对当前社会阶层的看法、过去所处阶层的评估，还是对未来五年可能所处阶层的预期，都明显高于总样本报告的阶层认同水平。值得注意的是，在评估自己未来五年可能所处的社会阶层时，虽然青年群体的阶层认同自2020年提升后，又在2022年出现下降的情况，但总样本受访者报告的未来阶层认同却呈现逐年上升的趋势。

3. 社会行为

在社会参与方面，一直以来，青年在总体社会参与、参与社会问题讨论、参加志愿者服务活动、向政府机构等反映意见、向有关部门举报腐败行为、帮助陌生人方面的参与频率均高于总样本报告的社会参与水平。在捐款捐物方面，虽然青年的参与频率始终高于总样本，但近年来青年在这方面的参与频率呈略微降低的趋势。2022年青年与总样本报告的捐款捐物频率无显著差异。在环境保护和遵守交规方面，青年与总样本的参与频率都属于量表中等偏上水平。虽然2019年、2020年青年群体的参与水平依然略高于总样本，但仅有2020年两者之间的差异达到了统计学意义上的显著性。2022年青年与总样本在环境保护与遵守交规方面无明显差异。

二 培育有为青年的社会心态基础

青年是标志时代的晴雨表。总报告第二部分重点关注当前青年人群社会心态的典型特征，主要围绕以下四个方面展开。第一，聚焦青年美好生活需要及其满足，考察美好生活体验与需要的现状与特点。第二，关照当前青年人群的生活压力，探明其生活压力的主要来源及其人群分布。第三，立足当下与未来，廓清青年人群社会流动体验与社会流动预期的现状，明确其在涵养积极心态、激励青年奋斗方面的重要功能。第四，助推共同富裕实现，探明青年人群对共同富裕的认知与信心，并考察其在慈善公益意愿与行为方面的表现与特点。基于此，本部分将从不同角度全面分析当前青年人群社会心态的关键特征，为培育积极有为之青年奠定社会心态基础。

（一）理想与现实：青年美好生活需要与体验均处于中等偏上水平，未来应着重进一步满足其在个人物质维度的美好生活需要

当前，青年美好生活需要与美好生活体验均处于中等偏上水平。分维度来看，家庭和人际关系维度的美好生活需要与体验均较高，其次为国家和社会环境维度，再次为个人物质维度。青年人群对于各维度美好生活的愿景持有较高期待，未来应着重改善其在个人物质维度的美好生活需要满足情况（陈满琪、张岚清，2024）。例如，在个人生活预期方面，约六成青年报告未来一年个人收入、家庭关系与生活质量将会有所提升，负债水平则会有所下降。不过，作为具有较高消费活力与潜力的群体，青年人群在发展提升型消费中的支出占比较高，且明显高于样本总体，而在休闲享受型消费中的支出占比则仍然偏低，未来应进一步激活其消费潜能，满足其对品质生活的需求（云庆，2024）。

美好生活需要与美好生活体验是彼此促进的关系，二者的表现与关系也会形塑其他社会心态指标。例如，作为三种幸福取向的代表性指标，主观幸福感（即"愉悦的生活"）、奋斗信念（即"投入的生活"）、生命意义感（即"有意义的生活"）共同构成了一种典型的积极社会心态。研究发现，"00后"与"90后"青年人群中有半数以上的人表现出较高水平的积极社会心态。不过，与其他代际人群相比，"00后"与"90后"青年人群中持有这种较高水平积极社会心态的人数占比则相对偏低，即在主观幸福感、奋斗信念和生命意义感方面均有待提升（高文珺，2024）。

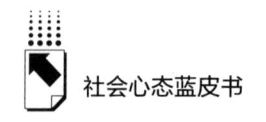

（二）心境与处境：物价问题、医疗问题与交通问题构成青年人群的主要压力来源，应着重关注城市青年、低学历青年及"00后"的压力应对

我国青年的压力来源广泛，整体而言，青年群体具有中等程度的压力评分，针对大多数生活问题的评分集中于3~4分。其中，青年群体的压力源中排在前三位的分别是物价问题、医疗问题以及交通问题，其平均得分分别为4.28、3.72和3.59。最不显著的压力来源为家庭成员关系问题、邻里/同学/同事关系问题以及婚姻/恋爱问题。可以看出，青年群体的生活压力主要来自生活质量和社会保障的困扰，而人际交往层面的压力相对较低。

同时，研究还发现，城市青年的压力感知程度高于农村青年，低受教育程度受访者的压力感知高于中高受教育程度的受访者。此外，分析压力来源的代际差异发现，越年轻的代际群体感知到的压力程度越大，"70后"群体整体压力评价最低，而压力评分最高的是"00后"群体。"70后"群体对物价和赡养老人之外的所有问题都具有相对其他代际更低的感知水平，而刚刚步入或尚未完全步入社会的"00后"群体对于住房、收入、家庭关系、婚姻恋爱、就业等问题的压力感知都明显高于前辈群体。当今的社会环境赋予了刚刚迈入成年大门的"00后"群体空前的压力，房价高涨、消费需求提高、自由恋爱的追求以及日益激烈的就业竞争都赋予了"00后"群体相比其他代际更大的压力。因此，相关政策应重视这些处于高压之下且相对"不稳定"的"新"青年群体，社区和高校应适时针对这些群体进行心理疏导（马墨琳、高文珺，2024）。

（三）当下与未来：近六成青年体验到向上流动，同时持有向上流动预期，社会流动的体验与预期在涵养社会心态、激励青年奋斗方面发挥重要功能

当前，我国多数青年体验到实现向上阶层流动的获得感，对于进一步提升阶层位置的积极预期也仍占主流。在青年人群与样本总体中，高预期高体

验者占比最高，占五成以上；其次是高预期低体验者，占 15% 以上。对比青年人群与样本总体发现，低预期低体验者在青年人群中占比更低，比样本总体低约 5 个百分点，高预期高体验者占比则更高，比样本总体高约 5 个百分点。由此可见，大部分青年人群体验到了向上阶层流动，对于进一步提升阶层位置的预期仍占主流；不过，尽管有近六成青年体验到向上流动，同时持有向上流动预期，但仍有四成青年的流动体验与流动预期处于失衡或双低状态。其中，农村青年的流动体验和城镇青年持平，但其流动预期仍略低于城镇青年。此外，低收入、低学历青年的社会流动预期与体验亟待改善，约两成低收入、低学历青年的流动预期与体验处于双低状态，近三成低收入、低学历青年对于实现向上流动的信心不足。

社会流动预期与体验可有效提升青年人群的主观幸福感与奋斗信念。其中，持有高预期高体验的青年主观幸福感与奋斗信念的得分最高；与之相对，持有低预期低体验的青年主观幸福感与奋斗信念的得分则是最低的；高预期低体验者、低预期高体验者的得分介于前述二者之间。该结果表明，在探讨社会流动对社会心态的影响时，应将流动预期与流动体验整合考量。社会层面的阶层系统合理信念与个体层面的生命意义感为理解社会流动的积极功能提供了解释。值得关注的是，社会流动预期与体验的积极功能表现出显著的阶层与城乡差异，对低阶层青年、农村青年的作用更大。该结果也凸显了改善低收入、低学历及农村青年社会流动预期的必要性、紧迫性（张跃，2024）。

（四）认知与实践：青年人群更认可第二次分配和第三次分配的作用，对共同富裕的信心更高，参与慈善公益的意愿处于中等偏上水平

在共同富裕相关认知方面，相比中老年群体，青年群体更认可第二次分配和第三次分配的作用。而在共同富裕信心方面，尽管青年群体对共同富裕的信心更高，但是其信心低的比例也高于中老年群体，呈现更为分化的特点。其中，无工作青年群体的公平感较低，且他们对共同富裕的信心也较低。值得关注的是，相比其他收入人群，中等收入群体的共同富裕信心最低，再次呈现"中产焦虑"的典型特征。对共同富裕的合理认知有助于提升青年人群

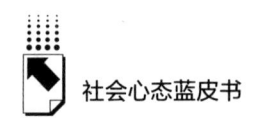

的公平感与共同富裕信心。研究发现，对共同富裕内涵持有更合理认知的青年群体，其各维度的公平感均显著更高。而在对共同富裕手段的认知上，感到城乡间的权利和待遇越公平的青年群体，越认可第二次分配，即"分好蛋糕"的作用；而感到财富和收入分配越公平的青年群体，越认可第三次分配，如慈善捐赠的作用；其他领域的公平感对共同富裕手段认知没有显著影响。在共同富裕信心上，除了总体公平感可以显著提高共同富裕信心以外，对共同富裕信心提高作用较大的是公民实际享有的政治权利的公平感，其次是财富及收入分配的公平感，再次是财政和税收政策的公平感（张衍，2024）。

慈善公益是助推共同富裕实现的重要途径之一。研究发现，青年人的慈善公益意愿处于中等偏上水平，其中文化创新维度的得分最高，对于科学研究、文化保护等热点话题相关内容的慈善意向较高。其次是扶贫救难维度，服务建设维度则在慈善公益意愿中得分相对较低。青年人的慈善公益行为整体得分中等，明显低于意愿得分。其中志愿公益维度得分较高，而捐款捐物维度得分较低。进一步对比发现，18~24岁青年群体在扶贫救难维度的得分相对较高，志愿公益活动的参与频率也较高。作为青年人群中的新生力量，这一阶段青年人的慈善意识主要受学校德育教育和校园慈善宣传的影响，对于社会的热情更高，也更加关注社会的不公平现象。在收入层面，整体慈善公益意愿和行为之间出现了相反的变化趋势，以月收入1001~4000元为代表的低收入人群在慈善公益意愿上得分更高，而月收入2000元及以下的人群在慈善公益行为上的得分则显著低于其他人群。此外，总体上受教育程度较高、收入较低、阶层认同较高的青年人慈善公益意愿更高；而年龄较高、受教育程度较高、收入较高的青年人慈善公益的参与行为频率更高（刘娅萱、谭旭运，2024）。

三 青年群体社会心态的主要问题和引导建议

（一）重视青年美好生活需要和体验的动态变化，重点聚焦个人物质层面的美好生活体验的提升，引导释放青年多样化消费活力

综合三轮调查来看，尽管我国青年在个人物质层面的美好生活体验持续

增强，但相对于家庭和人际关系与国家和社会环境方面的体验仍然较弱。与非青年群体相比，近年来青年对于满足个人物质需要对实现美好生活重要性的认可度明显更高。个人物质需要的满足是青年群体最为迫切的要求，其对社会心态的影响也更大，若需求未满足可能导致社会心态的整体失衡，从而导致较低的安全感、信任感、公平感、支持感、意义感和国家认同等。从消费方面来看，青年群体的消费活跃度更高，但发展提升型消费中的支出占比较高，比如其住房支出与教育、培训支出显著高于其他年龄群体，而在休闲享受型消费中的支出占比则仍然偏低。未来应侧重释放青年群体多样化的消费活力。

（二）进一步积极缓解青年群体在物价、医疗和交通等方面的生活压力问题；重点解决"90后""00后"等青年初期群体的压力问题

综合三轮数据来看，青年在社会生活各方面（除物价外）感知到的压力均呈下降趋势。但2022年仍有三成左右的青年报告，在除健康与人际关系以外的方面感知到较为严重的压力。物价、医疗、交通、住房等是青年群体生活中问题比较严重的方面。同时，刚刚步入或尚未完全步入社会的"00后"群体对于住房、收入、家庭关系、婚姻恋爱、就业等问题的压力感知都明显高于其他年龄段群体。当前，房价高涨、消费需求提高、自由恋爱的追求以及日益激烈的就业竞争都赋予了"00后"群体相比其他代际更大的压力，其对于阶层向上流动预期普遍不高，对改变现状和翻转命运缺乏信心。相关政策应重视这些处于高压之下且相对"不稳定"的"新"青年群体，努力减少他们的就业、收入等生活压力，降低他们应对生活困难的脆弱性。

（三）培育责任共担的新时代家庭观，缓解家庭生活焦虑；推进青年发展友好型社会建设，为青年发展提供多元社会支持

综合三轮数据来看，青年在生活中遇到麻烦或困难时，来自家人、朋友、政府和机关、社会组织等方面的社会支持程度均略有下降。其中，家人维度的支持下降趋势更为明显。家庭作为社会的基本单位，对个体成长和社

会心态有着深远的影响。一个健康和谐的家庭能够培养出积极向上的成员。青年对家庭和人际关系维度满足度的下降或者源于其个人物质需要未满足，特别是随着新家庭主义的兴起，个人利益与家庭利益冲突时，青年个体可能倾向于个人利益，从而导致青年从家庭关系中获取满足的动力不强。需要积极培育新时代家庭观，倡导家庭成员共担家庭责任，注重宣传生育养育对个人成长、情感体验和家庭建设的积极效应，减少因舆论过度强调生育养育压力而制造出的社会焦虑。

与来自家人、朋友的支持相比，青年人在生活中遇到麻烦或困难时得到的政府和机关、社会组织的支持相对较少；而从社会信任感来看，约六成青年认为社会大多数人可信任的同时，只有不到三成青年认为社会上大多数人信任陌生人，这说明青年对于"生人关系"中的信任感依然较低。社会支持作为一种社会心理资源，对于青年应对生活中的压力和挑战、促进心理健康和整体福祉起着重要作用。当今世界正经历百年未有之大变局，在不稳定、不确定成为常态的情况下，青年群体多元化社会支持的欠缺，可能会导致青年人消极的价值观和人生观，影响青年的学业表现、职业发展和人际交往，加剧焦虑、抑郁等心理健康问题，减少他们在政治和社会事务中的参与。全社会都应关心青年成长，为青年发展提供更多支持，更好地发挥青年作用。

（四）更加重视低龄青年群体的积极社会心态的引导和培育，提升低收入、低学历和农村青年的社会流动信心

"内卷""躺平"这一类社会现象近年来频频出现，并在互联网舆论场中广泛传播与热议，反映的是在社会转型过程中青年（尤其是作为互联网原住民的"90后"和"00后"）消极社会心态的弥散。调查发现，与其他年龄段相比，正处于壮年和奋斗阶段的"90后"和"00后"，幸福感、奋斗信念、生命意义感等积极社会心态在各年龄段中处于最低水平。未来应更系统、深入地了解这一群体的社会心态，分析其社会心态积极性较低的成因，切实解决妨碍青年积极社会心态形成的困扰。此外，低收入、低学历青

年的社会流动预期与体验亟待改善，约两成低收入、低学历青年的流动预期与体验处于双低状态，近三成低收入、低学历青年对于实现向上流动的信心不足。"00后""90后"青年对于阶层向上流动预期普遍不高，对改变现状和翻转命运缺乏信心。该结果也凸显了改善低收入、低学历及农村青年社会流动预期的必要性、紧迫性，只有让青年重拾奋斗信念，才能激发他们的潜力，使其在未来的社会中发挥应有作用。

（五）汇聚青春力量，不断拓展青年社会参与的载体和渠道，促进青年社会参与意愿向实际参与行为转化

青年人作为社会的中坚力量，扮演着关键的角色，要进一步发挥年轻的优势和影响力，积极动员身边的青年人参与到社会发展与治理中来。综合三轮数据来看，青年在环境保护方面的社会参与行为明显增加，而且与其他群体相比，青年在参与社会问题讨论、参加志愿者服务活动、向政府机构等反映意见、向有关部门举报腐败行为、帮助陌生人方面的参与频率均高于其他群体。但需要注意的是，青年在向受灾的人捐款捐物、帮助陌生人方面的参与频率在过去几年里呈现下降的趋势，而且青年人的慈善公益行为整体得分明显低于慈善公益意愿得分。青年人日益深入地使用社交媒体以获取信息、保持社会联系、开展娱乐和消费等，未来应充分发挥社交媒体、网络平台的积极作用，不断丰富青年社会参与渠道，引导青年群体积极有序地参与公共生活，打造共建共治共享的全新社会治理格局。

参考文献

陈满琪、张岚清：《青年美好生活满意度对社会心态的影响分析》，本书。
陈雪峰、傅小兰：《抗击疫情凸显社会心理服务体系建设刻不容缓》，《中国科学院院刊》2022年第3期。
马墨琳、高文珺：《青年生活压力应对的社会心态基础分析》，本书。
高文珺：《民众积极社会心态特点与影响因素》，本书。

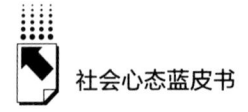

李培林：《社会学与中国社会巨变》，社会科学文献出版社，2020。

刘能：《青年问题与青年政策定位》，《中国社会科学报》2023年7月11日。

刘娅萱、谭旭运：《青年慈善公益意愿和行为的特点与影响因素》，本书。

王俊秀主编《中国社会心态研究报告（2019）》，社会科学文献出版社，2019。

王俊秀、杨宜音等：《社会心态理论前沿》，社会科学文献出版社，2018。

杨宜音、王俊秀等：《当代中国社会心态研究》，社会科学文献出版社，2013。

杨宜音、李原、陈满琪等：《社会心态研究新进展》，社会科学文献出版社，2016。

云庆：《消费行为、消费信心及其社会心态基础》，本书。

张衍：《青年群体的公平感和共同富裕认知》，本书。

张跃：《涵养社会心态，激励青年奋斗：社会流动预期与体验的功能及其机制》，本书。

Adler, N. E., Epel, E. S., Castellazzo, G., & Ickovics, J. R., "Relationship of Subjective and Objective Social Status with Psychological and Physiological Functioning: Preliminary Data in Healthy White Women", *Health Psychology*, 19 (2000).

Diener, E., Emmons, R. A., Larsen, R. J., & Griffin, S., "The Satisfaction with Life Scale", *Journal of Personality Assessment*, 49 (1985).

青年基本社会心态

Societal Attitudes of Young People

B.2
青年美好生活满足度对社会心态的影响分析*

陈满琪 张岚清**

摘　要： 青年群体的美好生活需要满足程度体现在个人物质、家庭和人际关系、国家和社会环境三个维度，这三个维度的满足度如何影响青年群体的社会心态是值得探索的问题。采用 2022 年中国社会心态调查数据描述青年群体的美好生活满足度现状及其对社会心态的影响，研究发现青年美好生活体验与需要处于中等偏上水平，在一定程度上实现了青年群体对美好生活的向往与追求；"00后"、家庭月收入 5000 元及以下、低主观社会阶层的青年群体是需要被关注的对象；个人物质满足度低对青年群体社会心态的影响最大；家庭和社会关系满足度对青年群体社会心态的影响正在减弱。应理性看待美好生活体验低于美好生活需要，需要与体验

---

* 中国社会科学院智库基础研究项目"社会心态视角下的'内卷'与'躺平'阶段性成果。
** 陈满琪，中国社会科学院社会学研究所、中国社会科学院社会学研究所社会心理学研究中心、中国社会科学院社会心理与行为实验室副研究员，硕士生导师，通信作者；张岚清，中国社会科学院大学硕士研究生。

之间的差距是推动高质量发展的动力，青年美好生活满足度更高，会带来更积极的社会心态。建议调整青年对未来经济社会发展的预期，保民生是稳定青年群体社会心态的关键要素，构建和谐的家庭关系，充分发挥家庭在稳定青年社会心态中的积极作用。

关键词： 青年　美好生活需要　满足度　个人物质　家庭和人际关系

一　引言

民众的美好生活需要结构可分为三个维度，分别是个人物质维度、家庭和人际关系维度、国家和社会环境维度，其中个人物质维度包括有钱花、得到享受等，家庭和人际关系维度包括家人团圆、家庭温馨等，国家和社会环境维度包含世界和平、社会和谐等（王俊秀等，2020）。民众美好生活需要的满足基本上存在两种路径：从个体基本需要到个体高层次需要的个体路径；从个体需要到社会基本需要的社会路径，两种路径存在内在的关联，个体基本需要满足后，会有不同的更高层级需要产生，而不同时期人们对美好生活的理解和定义不同，美好生活需要也会不同，但其需要的满足受限于客观社会环境和社会发展水平，社会的发展与进步不断提升需要满足的基准过程，社会越发展越能带来更高层次的个体美好生活需要的满足（王俊秀、刘晓柳，2021）。

在个体路径与社会路径互相变换过程中，每个个体依据其自身的需要、社会的发展在美好生活需要三个维度的主次上进行动态调节，导致美好生活需要三个维度的主次程度产生一定的变化，而这种变化正是每个个体美好生活需要的独特性，比如当个人物质需求得到满足后，其可能转向家庭和人际关系维度或者国家和社会环境维度的需求，但当个人物质需求未满足时，个体可能首先强调的是物质需求。这三个维度的需求哪个在先、哪个在后，哪个是主、哪个是次，每个个体的界定都有差异，因此三个维度的需求关系可能反映了个体对当前特定情境的选择偏好或者目标选择。

人具有寻找目标、价值和意义的内在需要。当个体感知到当前的情境或者活动缺乏意义感时，个体会通过其他方式寻找意义感，物质追求便成为意义感缺失后的一种表现。苗芃、谢晓非（2022）从状态无聊这一普遍的情绪体验入手，通过三个实验探究物质主义的影响及心理机制，结果发现状态无聊助长物质主义，意义寻求起中介作用，物质主义对以状态无聊为表征的意义感缺失具有"补充剂"作用，可以帮助个体重建意义感。研究进一步解释物质主义有其两面性，物质主义通常与负面信息联系在一起。事实上，物质主义的功能是积极的还是消极的，取决于背后的心理机制。王财玉等（2020）指出，个体经历自我调节疲劳后更倾向于通过物质主义进行自我补偿，研究认为物质主义具有一定的适应功能，常被个体作为一种压力应对机制，作为自我补偿的策略。上述两个研究较为一致地表明了对物质的追求对处于负面状态的个体具有补充作用。一方面，当青年群体对其现实生活不满时，可能会通过对物质的追求平衡内心的不满；另一方面，当青年个体对美好生活的体验与需要之间存在较大差异时，表明其美好生活满足程度不够，青年群体可能会发挥其个人主观能动性，根据自身情况在美好生活的不同维度倾向之间进行调整。

康岚（2012）通过分析两代人在家庭主义认同不同维度上的代差与代同发现，青年人对于家庭主义的认同是有选择的，这种选择导致青年人身上出现了以家庭价值的稳定与个体意识的崛起为双重特征的"新家庭主义"，青年人更多地强调家庭利益与个人利益的平衡，这有别于父母认同家庭利益高于个体利益的传统"家庭主义"。由此可以推测，当青年更倾向于个人利益追求时，可能会忽视其在家庭层面的投入，即当家庭利益让位于个人利益时，家庭关系的重要性可能会出现减弱的情况。如果说青年群体对物质利益的强调更倾向于个人利益，那么在美好生活满足度上，当青年更倾向于个人物质层面时，其对家庭关系层面的强调可能会削弱。国家层面的美好生活追求具有较强的稳定性，其对个体的影响实质上可能较为稳定，它反映了民众对个体与国家之间关系的认识。

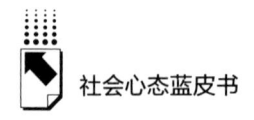

综上所述，青年群体在美好生活的个人物质、家庭和人际关系、国家和社会环境三个维度倾向的不同，可能折射了青年群体当前的境遇，而这种境遇又可能影响其整体的社会心态。当青年群体的美好生活满足度较高时，其整体社会心态更显积极；而当青年群体的美好生活满足度较低时，其整体社会心态更显消极。美好生活满足度不同维度对社会心态的影响可能存有差异，例如，个体可能把物质需要的满足当成应对当前社会境遇的一种方式，因此个人物质需要满足度高，其社会心态可能更显积极。本报告将从美好生活满足度入手，探讨其对青年整体社会心态的影响，在社会心态中选择了安全感、意义感、信任感、支持感、公平感和国家认同，探究美好生活不同维度的满足度对青年社会心态的影响程度，以此寻求提振青年群体整体社会心态的方法和路径。

二 研究方法

（一）研究对象

数据来源于2022年中国社会心态调查（Chinese Social Mentality Survey，CSMS）。CSMS2022由中国社会科学院社会学研究所社会心理学研究中心于2022年7月至2023年5月完成。根据第六次全国人口普查数据，在全国30个省区市进行分层抽样和PPS概率抽样，抽取145个县（市、区）的314个城镇，对其中在现地址居住6个月及以上的18～70周岁居民进行抽样调查。选取其中的青年人群（年龄在18～44岁）作为研究对象，共6017人，平均年龄34.01±6.81岁，其中男性2867人（占比47.65%）。

（二）变量与工具

1. 美好生活需要量表

采用中国社会科学院社会学研究所社会心理学研究中心编制的美好生活需要量表（王俊秀、刘晓柳、刘洋洋，2019）测量我国公众对美好生活各方面需要的重要性评价（"请您根据自己理想中的美好生活评定每个条目的重要程度，具体的分值表示其重要程度"），共18个条目，采用7点计分（1＝非常不重要，7＝非常重要）。该量表包括三个维度：个人物质（包括5个条目，如"有钱花""得到享受"）、家庭和人际关系（包括5个条目，如"家庭温馨""爱情甜蜜"）、国家和社会环境（包括8个条目，如"国家富强""社会文明"）。计算每个维度各题项的平均分作为美好生活需要各维度的得分，计算所有题项的平均分作为总体美好生活需要的得分。在2019年的样本数据中，三个维度的内部一致性信度分别为0.90、0.76和0.84，量表总体内部一致性信度为0.93；在2020年的样本数据中，三个维度的内部一致性信度分别为0.90、0.75和0.85，量表总体内部一致性信度为0.93。

2. 美好生活体验量表

采用中国社会科学院社会学研究所社会心理学研究中心编制的美好生活体验量表（王俊秀、刘晓柳、刘洋洋，2019）测量我国公众对美好生活需要各方面的实际体验（"请您根据条目的描述结合自己实际生活的体验评定符合程度"），共18个条目，采用7点计分（1＝非常不符合，7＝非常符合）。该量表包括三个维度，每个维度与美好生活需要量表相对应：个人物质（包括5个条目，如"我有钱去做自己想做的事情""我很享受现在的生活状态"）、家庭和人际关系（包括5个条目，如"我的家庭生活很温馨""我有美满的爱情"）、国家和社会环境（包括8个条目，如"我觉得我们的国家是富强的""我生活在一个文明的社会"）。计算每个维度各题项的平均分作为美好生活体验各维度的得分，计算所有题项的平均分作为总体美好生活体验的得分。在2019年的样本数据中，三个维度的内部一致性信度分别为0.89、0.84和0.82，量表总体内部一致性信度为0.92；在2020年的样本数据中，三个维度的内部一致性信度分别为0.90、0.84和0.82，量表总体内部一致性信度为0.92。

以美好生活体验与美好生活需要的差值为青年美好生活满足度的得分，数值的方向中负值表示青年的美好生活需要未被满足，正值表示青年的美好生活需要被满足，数值的大小表示其未被满足或者被满足的程度高低。

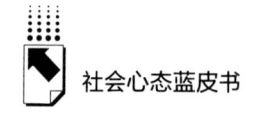

3. 安全感

从10个方面测量人们对于财产安全、人身安全、交通安全、食品安全、隐私安全等多个社会生活领域的安全感知。采用7点计分（1＝非常不安全，7＝非常安全），以量表总均分为安全感得分，分数越高，安全感越强。

4. 意义感

采用Steger等（2006）编制的生命意义感量表（α＝0.83）。量表由两个维度构成，其中意义体验维度包含5个题目，如"我明白我生命的意义"等；意义追寻维度包含另外5个题目，如"我正在寻找能让我生活感到有意义的东西"等。量表采用7点计分（1＝完全不符合，7＝完全符合），包含1个反向计分题目。

5. 信任感

运用国际上通用的题项如"社会上大多数人：A. 都可以信任；B. 要非常小心提防"等来测量对一般人的信任，要求受访者评定对以上观点的同意程度，对题项进行反向计分，分值越高，信任感越强。

6. 支持感

支持感由4个题项组成，分别测量家人、朋友、政府机关、社会组织维度的社会支持情况。量表采用7点计分（1＝完全不能获得支持，7＝完全能获得支持）。每个题项代表一种类别的社会支持，分数越高说明该类别的社会支持程度越高。

7. 公平感

从高考制度、义务教育、公共医疗等12个细分项以及一道总体社会状况公平程度的题目，测量民众对社会具体领域和总体公平情况的感知，采用7点计分（1＝非常不公平，7＝非常公平）进行评分。公平感测量的内部一致性信度较高，Cronbach's α＝0.912。

8. 国家认同

测量受访者对国家的依恋感和情感投入，典型题目包括"当别人批评中国人的时候，我觉得像在批评自己"。采用7点计分（1＝完全不同意，7＝完全同意），得分越高，代表国家认同感越强。

9. 人口学变量

人口学变量即性别（0=女性，1=男性）、年龄（0="70后"；1="80后"；2="90后"；3="00后"）、受教育程度（1=初中及以下，2=高中或职高，3=大专，4=本科，5=研究生）、家庭月收入（1=5000元及以下，2=5001~10000元，3=1万~2万元，4=2万元以上）。此外，采用主观阶梯量表（Adler et al., 2000）测量主观社会阶层，即呈现一个包含10级阶梯的梯子图，综合考量收入、受教育程度、职业等因素，由1到10代表了人们在社会中所处的位置，数字越大表示层级越高。将1~3层主观社会阶层界定为低主观社会阶层，4~6层主观社会阶层界定为中主观社会阶层，7~10层主观社会阶层界定为高主观社会阶层。

三 研究结果

（一）青年美好生活需要与美好生活体验的基本现状

1. 青年美好生活需要与体验总览

青年群体美好生活需要均值为5.86，处于中等偏上水平。其中个人物质维度的需要均值最低，为5.62；国家和社会环境维度的需要均值次之，为5.94；家庭和人际关系维度的需要均值最高，为5.97。青年群体美好生活体验均值为5.46，处于中等偏上水平。其中，个人物质维度的体验均值最低，为5.12；国家和社会环境维度的体验均值次之，为5.59；家庭和人际关系维度的体验均值最高，为5.60。

从总体均值来看，青年美好生活需要与美好生活体验情况较好，在一定程度上实现了青年群体对美好生活的向往和追求。从美好生活的不同维度来看，青年群体个人物质维度的需要与体验较低，国家和社会环境维度的需要与体验次之，家庭和人际关系维度的需要与体验最高，展现了美好生活需要与美好生活体验同步协作的过程，即美好生活体验的上升会助推美好生活需要的上升，而美好生活需要的上升会导致美好生活体验有所下降，两者循环

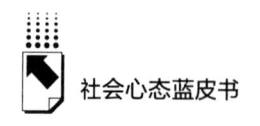

往复，以此动态调整实现民众对美好生活的向往与追求。美好生活需要及其各维度的均值都大于美好生活体验，也佐证了美好生活需要与美好生活体验之间存在彼此协作调整的过程，正是在这种协作调整过程中实现了民众对高质量生活的向往和追求，导致民众美好生活的社会需要基准不断提升。

2. 不同群体青年美好生活满足度的对比分析

为了进一步分析青年群体美好生活满足度的情况，以美好生活体验减去美好生活需要获得青年美好生活满足度指标，发现青年美好生活满足度为-0.40，其中个人物质维度的满足度最低，差值为-0.50，家庭和人际关系维度的满足程度次之，差值为-0.37，最后是国家和社会环境维度的满足度，差值为-0.35。

对不同群体的美好生活满足度进行分析发现，女性青年在美好生活满足度上显著低于男性（t=3.01，p<0.01），其中个人物质维度的满足度显著低于男性（t=2.42，p<0.05），国家和社会环境维度的满足度显著低于男性（t=3.65，p<0.001），而家庭和人际关系维度的满足度无显著差异（见图1）。

不同户口类型青年在美好生活满足度上不存在显著差异（t=1.88，p>0.05），其中农村青年在个人物质维度的满足度显著低于城市青年（t=4.73，p<0.05），户口在家庭和人际关系维度的满足度、国家和社会环境维度的满足度上无显著差异（见图2）。

不同年龄段青年在美好生活满足度及各维度的检验结果显示，不同年龄段青年在美好生活满足度上有显著差异（F=26.85，p<0.001），进一步分析发现，"00后"的美好生活满足度最低（M=-0.61；SD=0.67），其次是"90后"（M=-0.44；SD=0.66），"80后"（M=-0.36；SD=0.61）与"70后"（M=-0.31；SD=0.56）两者无显著差异，满足度最高。

不同年龄段青年在个人物质维度的满足度上有显著差异（F=14.77，p<0.001），进一步分析发现，"00后"（M=-0.76；SD=1.12）个人物质维度的满足度最低，其次是"90后"（M=-0.54；SD=1.01），"80后"（M=-0.45；SD=0.94）与"70后"（M=-0.43；SD=0.88）两者无显著差异，满足度最高。

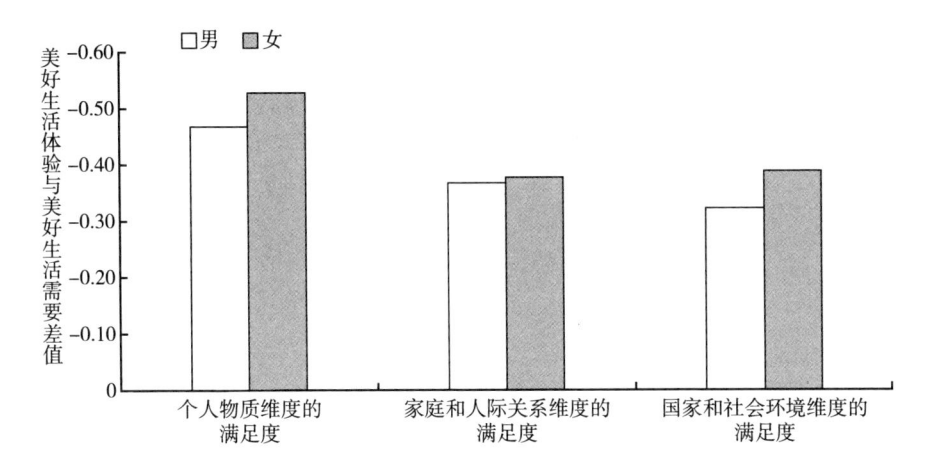

青年美好生活满足度对社会心态的影响分析

图 1 不同性别青年的美好生活满足度

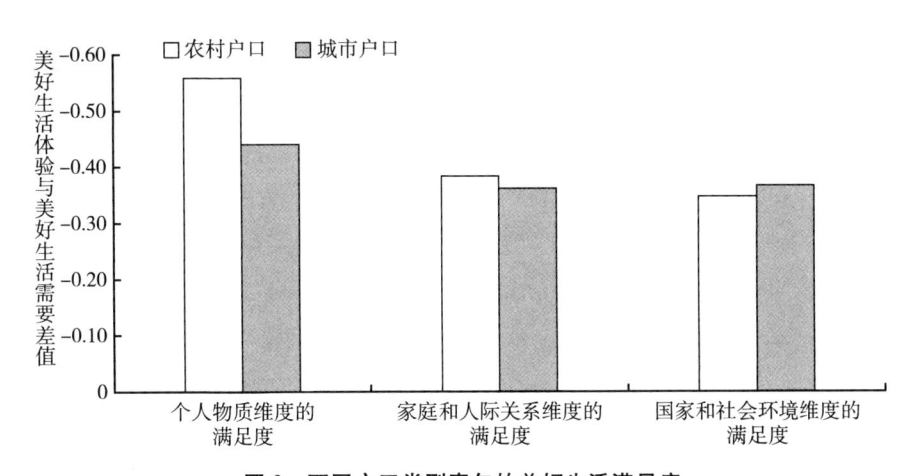

图 2 不同户口类型青年的美好生活满足度

不同年龄段青年在家庭和人际关系维度的满足度上有显著差异（F = 52.40，p<0.001），进一步分析发现，"00后"（M = -0.75；SD = 0.87）家庭和人际关系维度的满足度最低，其次是"90后"（M = -0.43；SD = 0.82），"80后"（M = -0.30；SD = 0.73）与"70后"（M = -0.24；SD = 0.66）两者无显著差异，满足度最低。

不同年龄段青年在国家和社会环境维度的满足度上有显著差异（F =

5.52，p<0.001），进一步分析发现，"00后"（M=-0.44；SD=0.67）与"90后"（M=-0.38；SD=0.73）国家和社会环境维度的满足度低于"80后"（M=-0.34；SD=0.69）与"70后"（M=-0.28；SD=0.64）（见图3）。

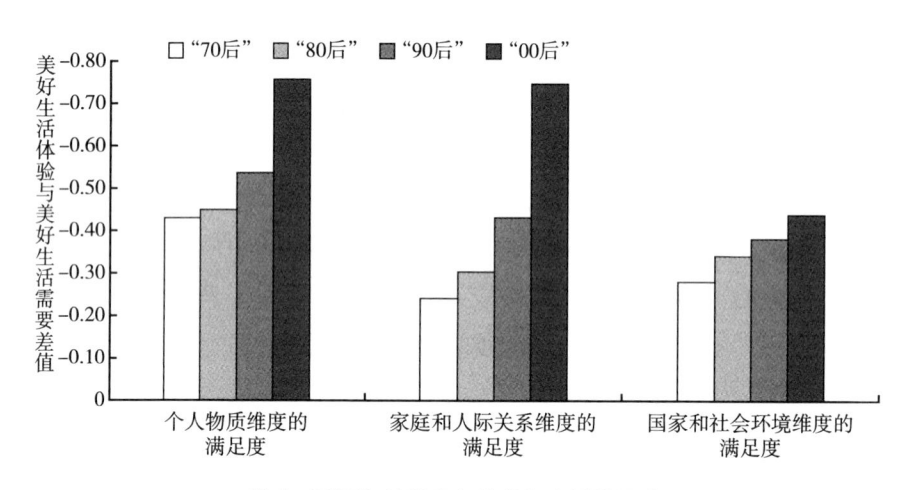

图3 不同年龄段青年的美好生活满足度

不同受教育程度的青年在美好生活满足度及各维度的检验结果显示，不同受教育程度的青年在美好生活满足度上有显著差异（F=2.53，p<0.05），进一步分析发现，受教育程度初中及以下的青年（M=-0.47；SD=0.60）美好生活满足度显著低于高中或职高（M=-0.38；SD=0.59）、本科（M=-0.38；SD=0.66）的青年。

不同受教育程度的青年在个人物质维度的满足度上有显著差异（F=6.05，p<0.001），进一步分析发现，受教育程度初中及以下的青年（M=-0.67；SD=1.06）个人物质维度的满足度显著低于高中或职高（M=-0.52；SD=0.95）、大专（M=-0.48；SD=0.97）和本科（M=-0.43；SD=0.98）的青年，受教育程度本科的青年个人物质维度的满足度显著高于高中或职高的青年。

不同受教育程度的青年在国家和社会环境维度的满足度上有显著差异（F=3.91，p<0.01），进一步分析发现，受教育程度大专的青年（M=-0.40；SD=0.75）国家和社会环境维度的满足度显著低于高中或职高（M=

-0.32；SD=0.63）的青年。不同受教育程度的青年在家庭和人际关系维度的满足度无显著差异。总体来看，美好生活及各维度满足度低的情况主要集中在初中及以下学历的青年（见图4）。

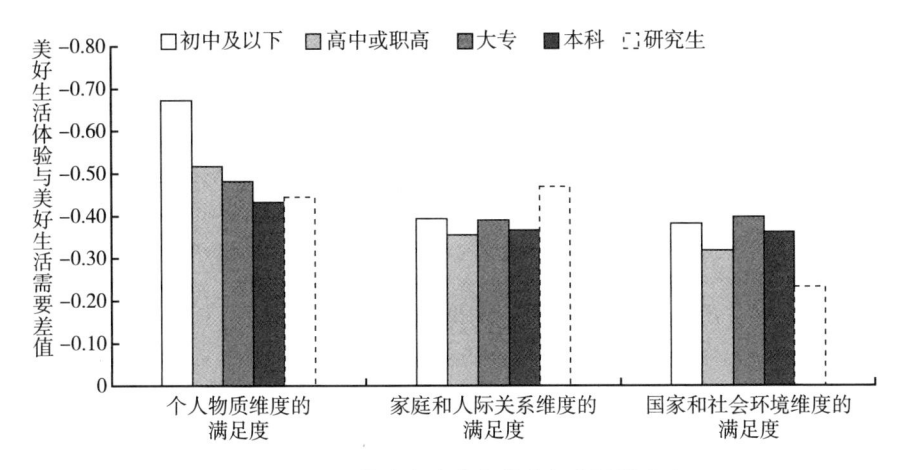

图4　不同受教育程度青年的美好生活满足度

不同家庭月收入的青年在美好生活满足度及各维度的检验结果显示，不同家庭月收入的青年在美好生活满足度上有显著差异（F=13.78，p<0.001），进一步分析发现，家庭月收入5000元及以下的青年（M=-0.56；SD=0.74）美好生活满足度显著低于其他群体。

不同家庭月收入的青年在个人物质维度的满足度上有显著差异（F=31.18，p<0.001），进一步分析发现，家庭月收入5000元及以下的青年（M=-0.83；SD=1.24）个人物质维度的满足度最低，其次是5001~10000元（M=-0.52；SD=0.94），1万~2万元（M=-0.40；SD=0.91）和2万元以上（M=-0.38；SD=0.98）两者无显著差异，满足度最高。

不同家庭月收入的青年在家庭和人际关系维度的满足度上有显著差异（F=7.76，p<0.001），进一步分析发现，家庭月收入5000元及以下的青年（M=-0.52；SD=0.94）家庭和人际关系维度的满足度显著低于其他月收入群体。不同家庭月收入的青年在国家和社会环境维度的满足度上无显著差异（见图5）。

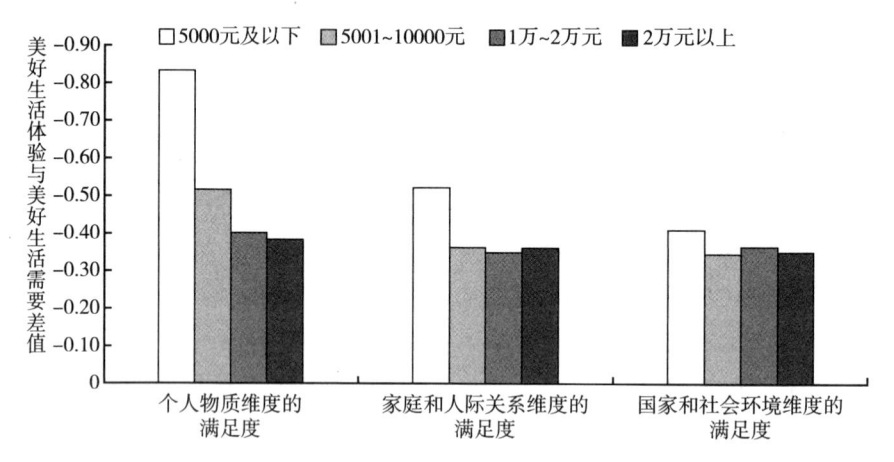

图5 不同家庭月收入青年的美好生活满足度

不同主观社会阶层的青年在美好生活满足度及各维度的检验结果显示，不同主观社会阶层的青年在美好生活满足度上有显著差异（F=94.85，p<0.001），进一步分析发现，低主观社会阶层的青年（M=-0.66；SD=0.77）美好生活满足度最低，其次是中主观社会阶层（M=-0.36；SD=0.59），最后是高主观社会阶层（M=-0.26；SD=0.58）。

不同主观社会阶层的青年在个人物质维度的满足度上有显著差异（F=117.27，p<0.001），进一步分析发现，低主观社会阶层的青年（M=-0.94；SD=1.18）个人物质维度的满足度最低，其次是中主观社会阶层（M=-0.44；SD=0.91），最后是高主观社会阶层（M=-0.23；SD=0.89）。

不同主观社会阶层的青年在家庭和人际关系维度的满足度上有显著差异（F=35.33，p<0.001），进一步分析发现，低主观社会阶层的青年（M=-0.57；SD=0.93）家庭和人际关系维度的满足度显著低于中主观社会阶层（M=-0.34；SD=0.73）和高主观社会阶层（M=-0.34；SD=0.81）。

不同主观社会阶层的青年在国家和社会环境维度的满足度上有显著差异（F=39.12，p<0.001），进一步分析发现，低主观社会阶层的青年（M=-0.54；SD=0.80）国家和社会环境维度的满足度最低，其次是中主观社会阶层（M=-0.33；SD=0.70），最后是高主观社会阶层（M=-0.24；SD=0.64）（见图6）。

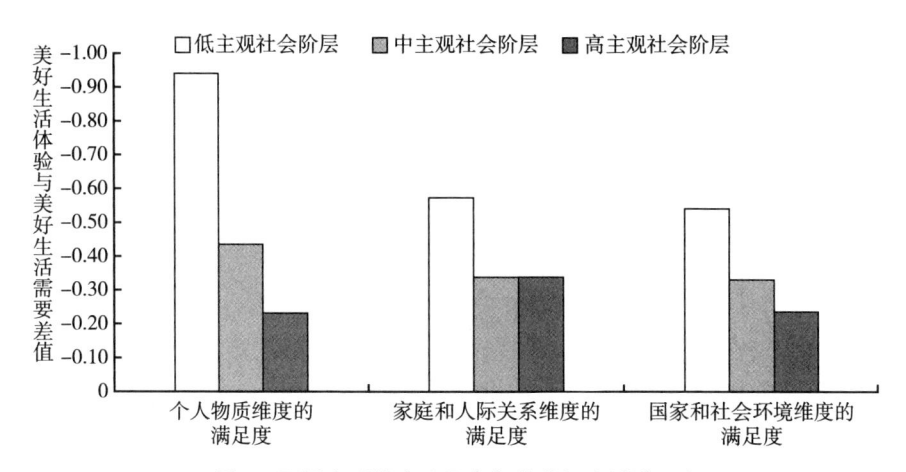

图 6 不同主观社会阶层青年的美好生活满足度

不同子女数量的青年在美好生活满足度及各维度的检验结果显示，不同子女数量的青年在美好生活满足度上有显著差异（F=39.195，p<0.001），进一步分析发现，尚无子女的青年（M=-0.50；SD=0.69）美好生活满足度低于有1个（M=-0.34；SD=0.60）和2个及以上子女（M=-0.37；SD=0.57）的青年。

不同子女数量的青年在个人物质维度的满足度上有显著差异（F=8.63，p<0.001），进一步分析发现，尚无子女的青年个人物质维度的满足度（M=-0.57；SD=1.04）显著低于有1个（M=-0.45；SD=0.94）和2个及以上子女（M=-0.50；SD=0.94）的青年。

不同子女数量的青年在家庭和人际关系维度的满足度上有显著差异（F=116.63，p<0.001），进一步分析发现，尚无子女的青年家庭和人际关系维度的满足度（M=-0.58；SD=0.89）显著低于有1个（M=-0.27；SD=0.71）和2个及以上子女（M=-0.26；SD=0.64）的青年。

不同子女数量的青年在国家和社会环境维度的满足度上有显著差异（F=8.92，p<0.001），进一步分析发现，尚无子女的青年国家和社会环境维度的满足度（M=-0.41；SD=0.76）显著低于有1个（M=-0.32；SD=0.68）和2个及以上子女（M=-0.36；SD=0.65）的青年（见图7）。

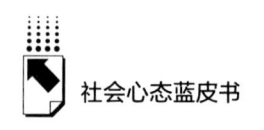

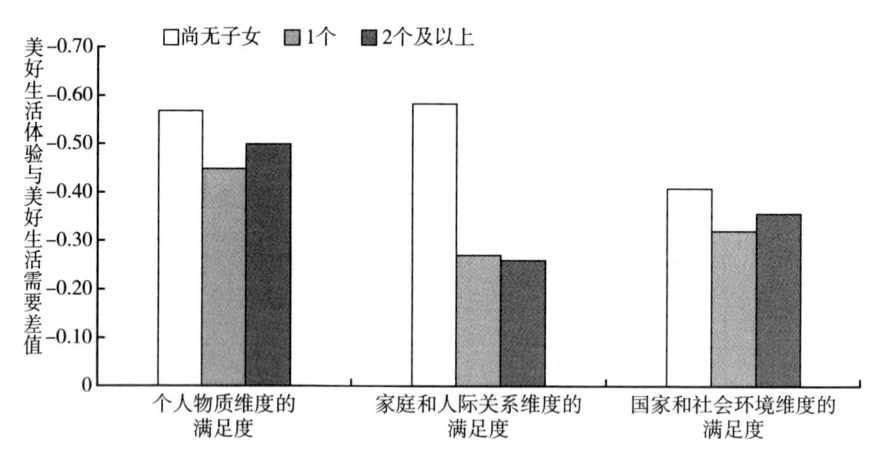

图7 不同子女数量青年的美好生活满足度

（二）青年美好生活满足度对社会心态的影响

相关分析发现，个人物质维度的满足度、家庭和人际关系维度的满足度、国家和社会环境维度的满足度与青年的社会心态各指标均存在显著正相关，表明美好生活各维度满足程度越高，青年社会心态越积极（见表1）。

表1 美好生活满足度与社会心态的相关分析

指标	1	2	3	4	5	6	7	8
1 个人物质维度的满足度	1							
2 家庭和人际关系维度的满足度	0.427**	1						
3 国家和社会环境维度的满足度	0.440**	0.431**	1					
4 安全感	0.252**	0.182**	0.252**	1				
5 意义感	0.207**	0.164**	0.157**	0.397**	1			
6 信任感	0.112**	0.075**	0.102**	0.222**	0.190**	1		
7 支持感	0.167**	0.115**	0.138**	0.439**	0.355**	0.159**	1	
8 公平感	0.286**	0.172**	0.272**	0.598**	0.385**	0.180**	0.471**	1
9 国家认同	0.069**	0.075**	0.100**	0.385**	0.334**	0.129**	0.376**	0.375**

青年美好生活满足度对社会心态的影响分析

为了进一步分析美好生活各维度如何影响青年的社会心态，哪一维度满足度对于青年社会心态起着关键性作用，对青年美好生活满足度对社会心态的影响作用进行分层线性回归分析。首先，将性别、年龄、受教育程度、家庭月收入、养育子女数量等人口学特征变量纳入模型1；接着，将美好生活的三个维度，即个人物质维度的满足度、家庭和人际关系维度的满足度、国家和社会环境维度的满足度纳入模型2（见表2）。社会心态指标包含安全感、信任感、支持感、公平感、意义感、认同感。

从表2中可以发现，个人物质维度的满足度更高的个体，其安全感、信任感、支持感、公平感、意义感和国家认同的体验程度更高；家庭和人际关系维度的满足度更高的个体，其安全感、意义感也更高；国家和社会环境维度的满足度更高的个体，其安全感、信任感、支持感、公平感、意义感和国家认同的体验程度更高。

从个人物质维度的满足度、家庭和人际关系维度的满足度、国家和社会环境维度的满足度对不同社会心态的影响程度来看，根据标准化回归系数的结果，研究发现，除公平感和国家认同以外，个体物质维度的满足度在安全感、信任感、支持感和意义感中影响程度最大，可见，个人物质维度的满足度成为影响青年社会心态最为重要的因素。家庭和人际关系维度的满足度只影响了安全感和意义感，且在安全感和意义感的研究中均处于影响程度最低的因素，家庭和人际关系维度的满足度对青年社会心态的影响正在逐步消退，家庭关系的模式或许正在转向。

国家和社会环境维度的满足度对安全感、信任感、支持感、意义感的影响程度低于个人物质维度的满足度，国家和社会环境维度的满足度预测国家认同的能力最强，可见，青年仍然维系着与国家社会的联结，虽然这对青年社会心态的整体影响程度不高，但仍然发挥着一定的作用，在国家认同上尤为明显。

社会心态蓝皮书

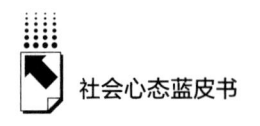

表 2 青年美好生活满足度对社会心态的回归分析

变量	安全感 第一层标准化系数β	安全感 第二层标准化系数β	信任感 第一层标准化系数β	信任感 第二层标准化系数β	支持感 第一层标准化系数β	支持感 第二层标准化系数β	公平感 第一层标准化系数β	公平感 第二层标准化系数β	意义感 第一层标准化系数β	意义感 第二层标准化系数β	国家认同 第一层标准化系数β	国家认同 第二层标准化系数β
性别	0.107***	0.092***	0.018	0.012	0.041**	0.032*	0.051***	0.035*	0.053***	0.043***	0.004	-0.001
年龄	-0.014	-0.015	0.017	0.017	0.012	0.012	-0.024	-0.023	0.043***	0.042***	0.043***	0.043***
受教育程度	0.039**	0.032*	0.015	0.013	0.076***	0.071***	0.043**	0.035**	0.111***	0.103***	0.067***	0.066***
家庭月收入	-0.034*	-0.056***	-0.034*	-0.044***	-0.064***	-0.080***	-0.022	-0.047**	-0.034*	-0.054***	0.086***	-0.072***
养育子女数量	0.094***	0.069***	0.109***	0.101***	0.069***	0.053***	0.052*	0.029*	0.187***	0.165***		0.078***
个人物质维度的满意度		0.168***		0.088***		0.130***		0.208***		0.154***		0.029*
家庭和人际关系维度的满意度		0.032*		-0.007		0.023		0.004		0.041**		0.016
国家和社会环境维度的满意度		0.158***		0.062***		0.069***		0.222***		0.064***		0.078***
R^2	0.019	0.104	0.012	0.027	0.010	0.043	0.005	0.112	0.038	0.084	0.013	0.023
ΔR^2	0.018	0.103	0.013	0.015	0.011	0.033	0.006	0.107	0.039	0.045	0.014	0.011
F	22.837***	87.233***	15.882***	21.971***	13.392***	34.880***	7.162***	64.954***	48.965***	68.965***	16.662***	18.672***

注：* $p<0.05$，** $p<0.01$，*** $p<0.001$。

四 结论与讨论

（一）青年美好生活满足度的基本特征及其对社会心态的影响

1. 理性看待美好生活需要低于美好生活体验，意识到需要与体验之间的差距是推动高质量发展的动力

需要与体验是彼此促进的关系，一方面，需要决定了体验的程度。当个体的需要得到满足后，其体验随之提高，但当需要不被满足时，其体验随之降低，因此需要决定了个体体验的程度。另一方面，体验的满足会催生新的需要，产生的新需要往往高于旧需要。当个体某一阶段的需要得到满足，获得了较好体验后，个体会提升他们的需要层次，向着更高的需求方向演进，从这个角度来说，需要与体验之间存有差距可能是长期存在的现象，需要理性地看待。

当前我国正处于百年未有之大变局的社会转型过程中，民众美好生活需要与美好生活体验同样处于极速的转变过程中，当前青年群体对美好生活的需要大于其对美好生活的体验，一方面说明青年群体的体验空间尚待提升，另一方面也说明青年群体对追求更高质量美好生活的内在需求非常强劲，他们可能会借由前一旧需要的满足从而快速地调整形成当下的需要，而这恰好展现青年在高质量发展道路上的速度，更高、更快和更新。

女性美好生活满足度显著低于男性。"00后"在美好生活不同维度的满足度均显著低于其他年龄群体，其次是"90后"，"70后""80后"在美好生活各维度的满足度最高，"00后"在个人物质维度的满足度、家庭和人际关系的满足度上较低。在不同受教育程度的青年中，总体上初中及以下的青年美好生活满足度最低。家庭月收入5000元及以下的民众美好生活满足度最低，在个人物质维度的满足度上表现最为明显。低主观社会阶层的个体美好生活满足度最低，个人物质维度的满足度在低主观社会阶层上的表现明显低于中、高主观社会阶层。尚无子女的青年个人物质维度的满足度、家庭和

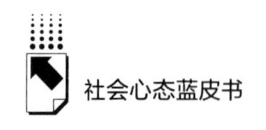

人际关系维度的满足度均较低。

"00后"成为最需要关注的群体,这一群体或者尚在校园,或者刚走出校园,又或者已经进入劳动力市场,因其工作经验较少,在劳动力市场中处于相对弱势的位置。随着经济增速放缓,如何保障这一群体的物质需求成为横亘在该群体面前的重要民生问题。家庭月收入5000元及以下的民众个人物质维度的满足度最低,由个人物质维度的满足度衍生出家庭月收入5000元及以下的民众在家庭和人际关系维度的满足度也较低。另一个需要注意的群体是主观社会阶层偏低的群体,这一群体在美好生活个人物质维度、家庭和人际关系维度、国家和社会环境维度的满足度均处于不同主观社会阶层的低值,主观社会阶层与客观的家庭月收入在美好生活满足度方面存在较为一致的表现。

2. 青年美好生活满足度更高,带来更积极的社会心态

回归分析均发现,青年美好生活满足度对其社会心态产生了系统性的影响,美好生活满足度低使得社会心态中的安全感、信任感、公平感和意义感较低,在情感层面社会心态的支持感较低,而在国家层面社会心态的国家认同水平较低。

个人物质维度的满足是青年群体最为迫切的要求,其对社会心态的影响最大。尽管个人物质维度的满足本身并非唯一且重要的因素,但是个人物质维度的需求满足在塑造社会心态方面发挥着重要作用。个人物质的拥有可以成为个体身份认同的一个重要部分,从低主观社会阶层青年个人物质维度的满足度最低也可窥见一斑,低主观社会阶层个体身份认同可能就与其个人物质维度的低满足度有着密切关系,个人物质的占用情况影响了个体如何看待自己和如何看待他人。个人物质维度的需求作为个体生活中最为重要的组成部分,提升满足感,可以使安全感、信任感、公平感、支持感、意义感和国家认同等有所提升。

青年对家庭和人际关系维度的满足度有待提升。家庭作为社会的基本单位,对个体成长和社会心态有着深远的影响。一个健康和谐的家庭能够培养出积极向上的成员。青年对家庭和人际关系维度满足度的变化或许源于其个人物质维度的需要有待满足，特别是新家庭主义的兴起，个人利益与家庭利益冲突时，青年个体可能倾向于向个人利益倾斜，从而导致青年从家庭关系中获取满足的动力不强，由此也发现家庭和人际关系维度的满足度对于青年群体社会心态的影响变小了，其对青年社会心态的影响仅表现在安全感与意义感方面。

青年对国家和社会环境维度的满足度处于较为稳定状态，可能出于两个原因。一是国家和社会环境维度属于离生活较远的因素。这些远端因素对青年的影响较不容易波动，容易形成较为惯性的情况，并且这种因素较多受到外在社会环境的影响，长期属于青年不可控的因素。二是国家和社会环境维度属于较为稳定不变的因素，构成了青年社会心态最为底色的部分，其对青年社会心态的影响作用已较为清晰和稳定。本报告中发现，国家和社会环境维度的满足度对社会心态具有积极影响，这种影响反映出青年群体期待社会治理朝着更为坚实的方向迈进。

（二）提升青年美好生活满足度的对策建议

调整青年对未来经济社会发展的预期。民众的需求是基于当前经济社会发展的预期而产生的。若民众对社会发展的预期普遍偏高，相当于人为调高了民众的需求。因预期而调高的需求常常无法满足，由此人为加大了需要与体验之间的差距，从而导致较差的社会心态。青年群体尤其明显，青年群体正处于生命历程的上升阶段，是中国经济社会快速发展的获益者和见证者，容易带着经济快速增长的惯性制定个人的预期。

当前正处于百年未有之大变局时代，全球经济的高速增长是非常态的，当前国内经济也处于增速放缓的阶段，为此，应引导青年形成较为理性的关于未来经济发展的预期，从而在心理上接受或者适应经济增速放缓引发的其他系列问题，通过调整社会发展预期而调整青年群体的社会心态。

保民生是稳定青年群体社会心态的关键要素。个人物质维度的满足度对青年美好生活的向往与追求产生了最为深刻的影响，这在当前经济增速放缓的趋势下更为明显，保证青年群体在个人物质维度的获得感可能是影响青年

社会心态的关键要素。为此，应全力保障青年群体的就业、收入和住房等，减轻其民生领域的压力，以此提升整体社会心态。

构建和谐的家庭关系，充分发挥家庭在稳定青年社会心态中的积极作用。家庭对于青年群体的积极作用正在慢慢降低，表现在家庭和人际关系维度的满足度对社会心态各指标的影响正在减弱甚至消失，青年群体似乎正在重构个人与家庭之间的关系，正在将家庭与个人进行一定的脱钩。在中国人的自我结构中，关系型自我是中国人自我结构非常重要的一个类型，而关系型自我中很重要的一个来源是家庭，如果青年将家庭与自我之间的关系重新进行建构，那么家庭在社会心态中产生的作用将得到重新界定。为此，应引导青年构建和谐的家庭关系，以此稳定家庭作为调节社会心态的最后堡垒。

参考文献

康岚：《代差与代同：新家庭主义价值的兴起》，《青年研究》2012年第3期。

苗芃、谢晓非：《状态无聊对物质主义的影响：意义寻求的中介作用》，《北京师范大学学报》（社会科学版）2022年第3期。

王财玉、余秋婷、姬少华：《累了更"拜金"？自我调节疲劳对物质主义的影响》，《中国临床心理学杂志》2020年第3期。

王俊秀、刘晓柳、刘洋洋：《关注社会心态动向，满足民众美好生活需要——2019年民众美好生活需要调查报告》，载王俊秀主编《中国社会心态研究报告（2019）》，社会科学文献出版社，2019。

王俊秀、刘晓柳、刘洋洋：《人民美好生活需要的层次结构和实现途径》，《江苏社会科学》2020年第2期。

王俊秀、刘晓柳：《美好生活需要满足的个体路径和社会路径》，《江苏社会科学》2021年第3期。

Adler, N. E., Epel, E. S., Castellazzo, G., et al., "Relationship of Subjective and Objective Social Status with Psychological and Physiological Functioning: Preliminary Data in Healthy, White Women", *Health Psychology*, 19 (2000).

Steger et al., "The Meaning in Life Questionnaire: Assessing the Presence of and Search for Meaning in Life", *Journal of Counseling Psychology*, 53 (2006).

B.3
涵养社会心态，激励青年奋斗：社会流动预期与体验的功能及其机制[*]

张 跃[**]

摘　要： 基于2022年中国社会心态调查数据，本报告考察了青年人群社会流动的现状，并考察了社会流动预期与体验的积极功能及其机制。结果显示，较高的向上流动预期与体验仍占青年人群主流，但有约四成青年的流动预期与体验处于失衡或双低状态；未来需关注女性青年、农村青年的社会流动预期与体验，重点改善低收入、低学历青年的社会流动预期。此外，良好的社会流动预期与体验可有效提升青年人群的主观幸福感与奋斗信念，且该积极效应对于低阶层青年与农村青年作用更大；社会层面的阶层系统合理信念与个体层面的生命意义感，是理解社会流动积极功能的重要心理机制。研究表明，社会流动预期与体验是涵养社会心态、激励青年奋斗的重要心理资源。

关键词： 社会流动预期　社会流动体验　青年　社会心态　奋斗信念

---

[*] 本报告是国家社会科学基金青年项目（23CSH049）阶段性成果。
[**] 张跃，中国社会科学院社会学研究所助理研究员，博士后，研究方向为社会心态、社会阶层与阶层流动心理学。

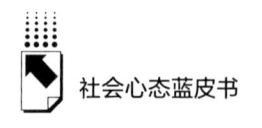

一　引言

幸福感、公平感既是推进共同富裕的社会心态基础，也是共同富裕进程中社会心理建设的目标之一。以往研究发现，改革开放以来，尽管我国经济不平等程度不断扩大，并处于高位徘徊（罗楚亮等，2021），"社会火山"却并未爆发（怀默霆，2009），农村居民、低收入人群等相对弱势群体的社会公平感（李培林，2020）与主观幸福感反而更高。我国发展进程中的这一"双重印象"令传统的理论解释陷入困境（魏钦恭，2020）。对此，研究者们从文化论、社会认知论、隧道效应理论、系统合理化理论等视角提供了解释。

不过，这一"双重印象"并不会一直存在。近年来，伴随贸易冲突、新冠疫情、国际关系紧张等风险因素的增加，我国经济社会发展面临诸多挑战，经济下行压力加大。反映在社会心态层面，则是"内卷""躺平"等"冷词热传"（王俊秀，2021）。那么，如何进一步理解我国发展进程中经济不平等对社会心态的复杂效应？又如何有效应对社会心态所面临的诸多挑战？在经历巨大社会变迁的中国社会，有必要历时性地分析人们应对经济不平等、维持社会公平感的社会心理机制。社会流动为此提供了一种解释路径。

促进社会流动是实现共同富裕的重要途径之一。改革开放以来，尽管我国经济不平等程度较高，但仍然保持了较高的社会流动性，高于大多数转型国家和西方发达国家（李路路、石磊、朱斌，2018）。习近平总书记强调，促进共同富裕，"要防止社会阶层固化，畅通向上流动通道"，要"扩大中等收入群体比重"，"形成中间大、两头小的橄榄型分配结构"（习近平，2021）。党的二十大报告重申，要"促进机会公平"，"使人人都有通过勤奋劳动实现自身发展的机会"。可见，社会流动是增进个人福祉、促进社会公平的关键因素。

社会流动感知发挥着广泛而深远的影响（Day & Fiske, 2017；张跃等，2019）。人们关于自身（或其子代）社会流动的感知将会影响其对经济不平等现状的反应（李路路、石磊、朱斌，2018）。根据时间比较方向的不同，社会流动感知既包括指向过去（"顾后"）的社会流动体验，即反映个体对自身（或其子代）实现代际或代内流动的判断；也包括指向未来（"瞻前"）的社会流动预期，即反映个体对自身（或其子代）实现代际或代内流动的预期。而根据流动方向的不同，上述两类流动感知均包括向上或向下流动两种判断。共同富裕的实现既需要不断提升民众的获得感，也需要不断满足民众对美好生活的向往；其中，向上流动体验可被视为"获得感"（即"获得"）的重要方面（王浦劬、季程远，2019），向上流动预期则可被视为"美好生活向往"（即"想得"）的直观体现（李培林、李炜，2007；廉思等，2022），二者并重方能无悖于共同富裕的基本内涵。因此，社会流动感知为理解人们容忍不平等现状、维持积极的社会心态提供了一种历时性的分析视角。

如何理解社会流动感知这种积极效应背后的社会心理机制呢？社会流动感知作为宏观社会结构与微观个体心理的综合反映，对其影响机制的解读有必要从社会与个体两方面展开。在社会层面，基于系统合理化理论（Jost，2019），社会流动预期与社会流动体验为人们合理化不平等现状提供了合理的解释。该理论认为，人们普遍存在一种为社会现状辩护的动机，即使是处于弱势地位的低阶层者也可能表现出较高的系统合理化动机，如对优势外群体的偏爱等（Jost，2019）。对于经历了向上流动的个体，或者持有较高向上流动预期的个体而言，他们更可能认为社会现状是合理、公正的，从而表现出更高的幸福感与社会公平感（Day & Fiske，2017）。在个体层面，社会流动预期与社会流动体验为人们维持生命意义感提供了重要来源与保障。生命意义感源于由联系（connections）、解释（interpretations）、抱负（aspirations）和评价（evaluations）构成的网络，这些网络使我们的经历能够被理解、引导我们朝着理想的未来努力，并让我们感到我们的生活是重要的、值得的（Martela，Steger，2016）。社会流动体验为个体带来"获得感"，既包括物质利益等现实层面的获得，也包括自尊、自我价值等象征层面的获得；社会流动预期则为个体带来控制感与确定感，同样涉及现实利益与象征利益在未来的目标与方向。因此，具有较高向上流动预期与向上流动体验的个体将体验

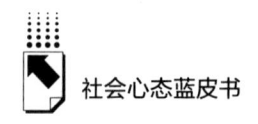

到更高的生命意义感。在系统合理信念与生命意义感的作用下，个体也将表现出更高的幸福感、公平感。

更进一步，社会流动预期与社会流动体验在涵养幸福感等积极社会心态的同时，还将为激发个人奋斗注入内生动力。近年来，伴随经济增速减缓、疫情余波影响、世界格局变动等风险因素叠加，不确定性成为时代主题（文军，2023）。外部环境的汹涌变化也在青年精神世界中泛起波涛，汇聚、显现为多重心态图景：他们或是在功绩社会的驱动下践行"内卷"（林佳鹏，2022），或是在倦怠社会的无力中拥抱"躺平"（吕鹤颖，2021），抑或处在一种既卷不动又躺不平的"45°"状态中（邢婷婷，2023），深陷"精神内耗"（王乐乐、李伟，2023）。此类心态图景最直接地体现出青年群体参与社会竞争的欲望逐步弱化、内在的奋斗动力日益消解（覃鑫渊、代玉启，2022）。对此，不断增强青年人群的社会流动体验、不断满足青年人群的社会流动预期，将是助力青年人群应对当前现实处境、激发个人奋斗的重要驱动力量。

基于上述分析，本研究以青年人群为研究对象，基于2022年中国社会心态调查数据，首先考察青年人群社会流动预期与社会流动体验的现状，进而以主观幸福感等心态指标为例，揭示社会流动在涵养积极社会心态方面的积极作用，并考察这种积极效应在不同阶层、不同户口青年人群之间的差异。在此基础上，从社会层面的阶层系统合理信念与个体层面的生命意义感出发，进一步揭示社会流动预期与社会流动体验涵养积极社会心态作用背后的社会心理机制。最后，落脚于青年人群的奋斗信念，考察社会流动如何通过增强青年人群的主观幸福感，进而提升其奋斗信念。

二 研究方法

（一）研究对象

数据来源于2022年中国社会心态调查（Chinese Social Mentality Survey，CSMS）。CSMS2022由中国社会科学院社会学研究所社会心理学研究中心于

2022年7月至2023年5月完成。根据第六次全国人口普查数据，在全国30个省区市进行分层抽样和PPS概率抽样，抽取145个县（市、区）的314个城镇社区，对其中在现地址居住6个月及以上的18~70周岁居民进行抽样调查。选取其中的青年人群（年龄在18~44岁）作为研究对象，共6017人，平均年龄34.01±6.81岁，其中男性2867人（占比47.65%）。

（二）变量与工具

1. 社会流动预期与体验

个体层面的社会流动预期，由五年后主观社会阶层与当前的主观社会阶层作差所得。CSMS采用主观阶梯量表（Adler et al., 2000）测量主观社会阶层，即呈现一个包含10级阶梯的梯子图，综合考量收入、受教育程度、职业等因素，由1到10代表了人们在社会中所处的位置，数字越大表示层级越高。其中，测量当前社会阶层的题目是"您认为您自己目前在哪个等级上"，测量五年后社会阶层的题目是"您认为五年后您将会在哪个等级"，通过计算五年后社会阶层与当前社会阶层的差值，得到个体关于自我在五年后实现社会流动的预期。根据流动方向的不同，将其重新编码为"1"向上流动、"0"向下或无流动。

社会流动体验的测量方法与社会流动预期类似，受访者需回答自己在五年前的社会阶层（即"您认为您五年前在哪个等级上"），通过计算当前社会阶层与五年前社会阶层的差值，得到个体关于自我在过去五年经历社会流动的体验。根据流动方向的不同，将其重新编码为"1"向上流动、"0"向下或无流动。

2. 主观幸福感

对主观幸福感的测量采用"生活满意度量表"（$\alpha=0.85$；Diener et al., 1985），量表包含5个题目，采用7点计分（1=非常不同意，7=非常同意）。

3. 奋斗信念

采用4个题目测量奋斗信念（$\alpha=0.78$；改编自Leung & Bond, 2004），如"只要真的努力尝试，就会成功"等，采用5点计分（1=非常不相信，

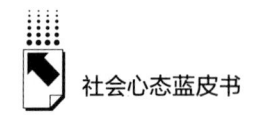

5=非常相信)。

4. 阶层系统合理信念

采用8个题目测量阶层系统合理信念（α=0.72）。该量表由Rudman和Saud（2020）改编，其中，4个题目改编自经济系统合理信念量表（如"我国当前的经济体制是公平的"），另外4个题目改编自性别系统合理信念量表（如"无论出身背景如何，每个人都有公平的机会获得财富和幸福"）。量表采用7点计分（1=非常不同意，7=非常同意），包含1个反向计分项目（"中国的收入分配制度需要深度改革"）。

5. 生命意义感

采用Steger等（2006）编制的"生命意义感量表"（α=0.83）。量表由两个维度构成，其中意义体验维度包含5个题目，如"我明白我生命的意义"等；意义追寻维度包含另外5个题目，如"我正在寻找能让我生活感到有意义的东西"等。量表采用7点计分（1=完全不符合，7=完全符合），包含1个反向计分题目。

6. 人口学变量

人口学变量即性别（0=女性，1=男性）、年龄、户口（0=农村居民，1=城镇居民）、家庭月收入（1=3000元及以下，2=3001～5000元，3=5001～8000元，4=8001～10000元，5=1万～1.5万元，6=1.5万～2万元，7=2万元以上）、受教育程度（1=小学及以下，2=初中，3=高中，4=大学专科，5=大学本科，6=研究生）。此外，如前所述，采用主观阶梯量表（Adler et al., 2000）测量主观社会阶层，即呈现一个包含10级阶梯的梯子图，综合考量收入、受教育程度、职业等因素，由1到10代表了人们在社会中所处的位置，数字越大表示层级越高。

三　结果

（一）社会流动预期与体验的现状

如图1所示，青年人群与样本总体均持有较为积极的流动预期和流动体验，约七成的青年人群与样本总体持有向上流动预期与向上流动体验。此外，与样本总体相比，青年人群的向上流动预期与向上流动体验均更高。

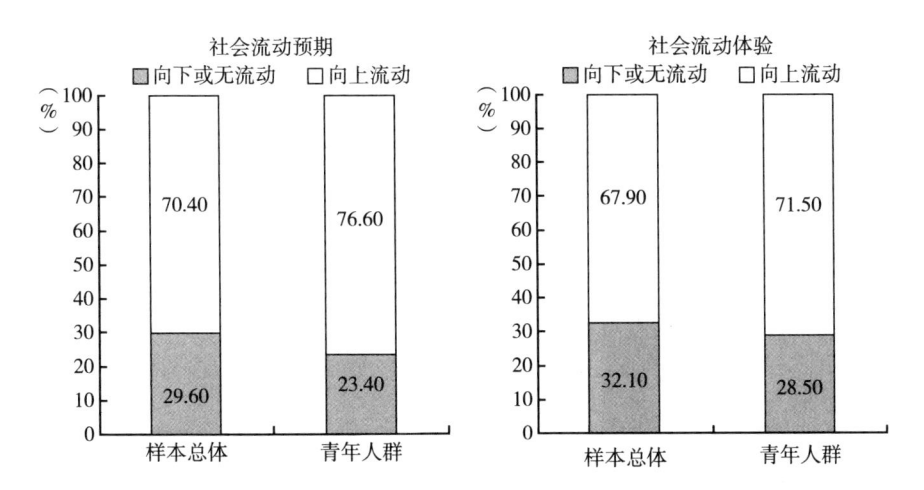

图1 青年人群与样本总体的社会流动预期与体验

此外，进一步根据流动方向将社会流动预期与社会流动体验进行交叉分类，可得到社会流动的四类状态（见图2），即高预期高体验者（同时持有向上流动预期与向上流动体验）、高预期低体验者（持有向上流动预期，但同时持有向下流动或无流动体验）、低预期低体验者（持有向下流动或无流动预期，同时持有向下流动或无流动体验）、低预期高体验者（持有向下或无流动预期，同时持有向上流动体验）。

计算四类流动状态的占比情况，结果显示（见图3），在青年人群与样本总体中，高预期高体验者占比最高，占五成以上；其次是高预期低体验者，占15%以上。对比青年人群与样本总体发现，低预期低体验者在青年人群中占比更低，比样本总体低约5个百分点，高预期高体验者占比则更高，比样本总体高约5个百分点。可见，大部分青年人群体验到了向上阶层流动，对于进一步提升阶层位置的预期仍占主流；不过，尽管有近六成青年体验到向上流动，同时持有向上流动预期，但仍有四成青年的流动体验与流动预期处于失衡或双低状态。

社会心态蓝皮书

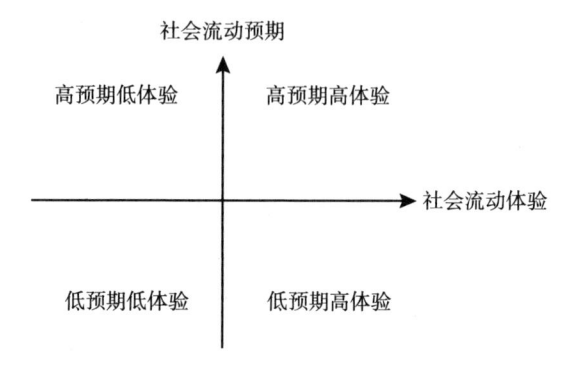

图 2　社会流动的四类状态

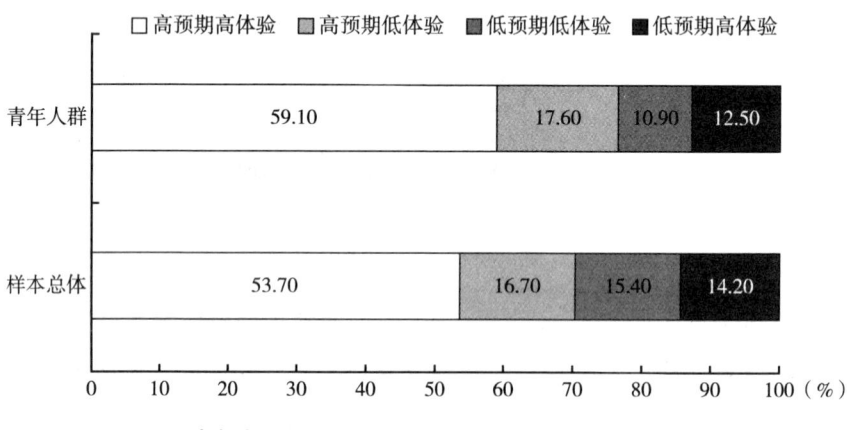

图 3　青年人群与样本总体中四类社会流动状态的占比情况

对比不同性别的青年人群发现（见图4），总体而言，男性青年和女性青年的向上流动预期占比接近，但女性青年中向上流动体验者占比则更低，比男性青年低了约7个百分点。男性青年群体中高预期高体验者占比明显更高，比女性青年高5个百分点；女性群体中低预期低体验者占比则比男性略高。不过，女性群体中高预期低体验者占比则更高，比男性高约5个百分点。该结果表明，在持有较高向上流动预期的青年人群中，体验到向上流动的女性占比偏低，向上流动体验不高的女性则比男性持有更高的向上流动预期。该结果反映了女性青年对于提升自身阶层位置、实现向上流动的更高需求。

涵养社会心态，激励青年奋斗：社会流动预期与体验的功能及其机制

	高预期高体验	高预期低体验	低预期低体验	低预期高体验
男性	61.70	14.70	10.30	13.40
女性	56.70	20.10	11.50	11.70

图 4　不同性别青年人群中四类社会流动状态的占比情况

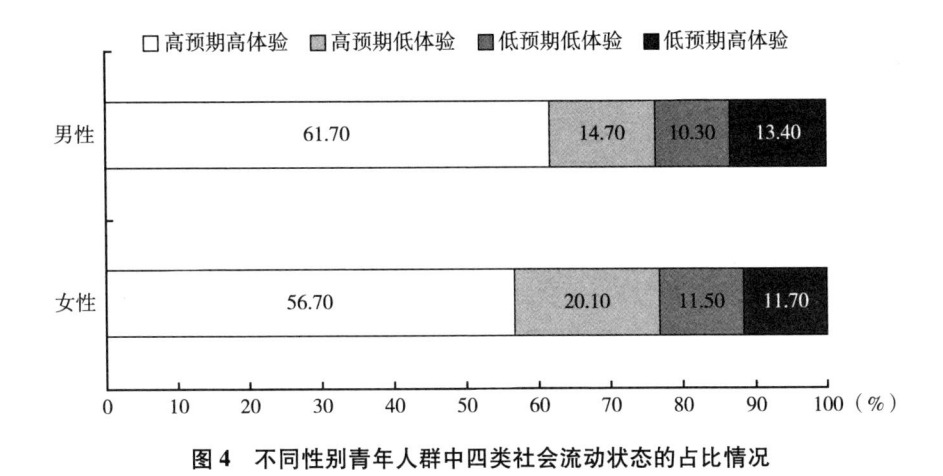

分城乡来看（见图 5），城镇青年和农村青年在四类流动状态中的占比情况较为接近。不过，农村青年总体高流动预期、高流动体验占比略低于城镇青年，农村青年中高预期高体验者占比略低于城镇青年，低了 1.5 个百分点，得益于新型城镇化建设、乡村振兴、脱贫攻坚等国家战略的实施，农村居民，特别是农村青年在实现向上流动方面体验到了较强的获得感，经济发展的"后发优势"也为提升其向上流动预期注入了活力与动力。不过，在社会流动预期方面，农村青年与城镇青年的差距仍然值得关注。如何在整体经济增速减缓的大背景下维持农村青年良好的预期、不断提升其实现向上流动的获得体验，将会影响其积极社会心态的培育。

对比不同家庭月收入的青年人群发现（见图 6），随着家庭月收入的提高，青年人群在四类流动状态中的占比呈现波动变化趋势。其中，家庭月收入在 5000 元及以下的青年人群中，尽管有半数以上青年属于高预期高体验者，但其占比与其他收入人群相比则是最低的，并且相比其他收入人群低了约 10 个百分点；反之，低预期低体验者占比则是最高的，并且比其他收入人群高出约 10 个百分点。此外，家庭月收入在 8001～10000 元的中等收入青年人群中，高预期高体验者占比相比其他高收入人群略低，低预期高体验者占比最高。这表明他们虽然经历了向上流动，但对于进一步实现向上流动

067

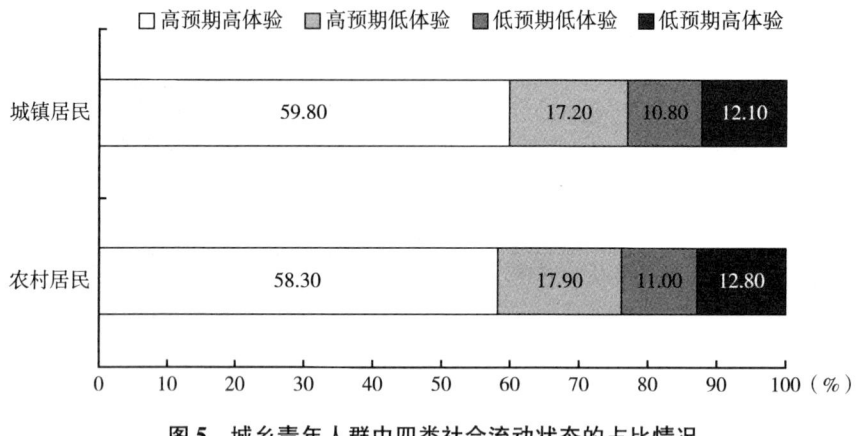

图5 城乡青年人群中四类社会流动状态的占比情况

的预期略低。这一发现与以往"中产焦虑"相关的结论一致，表现出该群体对于向下流动的担忧。

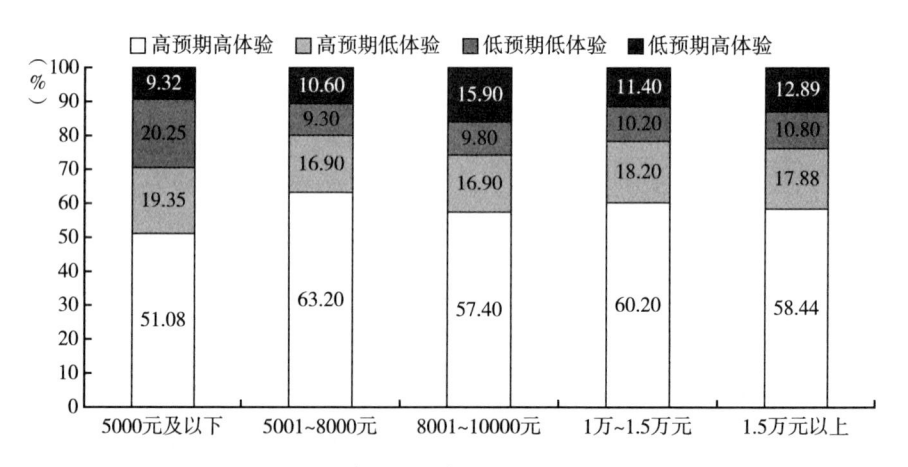

图6 不同家庭月收入青年人群的社会流动状态

对比不同学历的青年人群发现（见图7），随着受教育程度的提高，青年人群在四类流动状态中的占比也呈现波动变化趋势。随着受教育程度的提升，高预期高体验者占比呈波动上升趋势，低预期低体验者占比则呈波动下降趋势。其中，在初中及以下低学历青年人群中，尽管有半数以上青年属于高预期高体验者,但其占比与其他收入人群相比最低,并且相比其他学历人群低了约 10 个百分点;与之相对,低预期低体验者占比则最高,并且相比其他学历人群高出约 6 个百分点。该结果表明,低学历人群仍是改善生活状况、增强获得感、提升流动预期的重点人群之一。

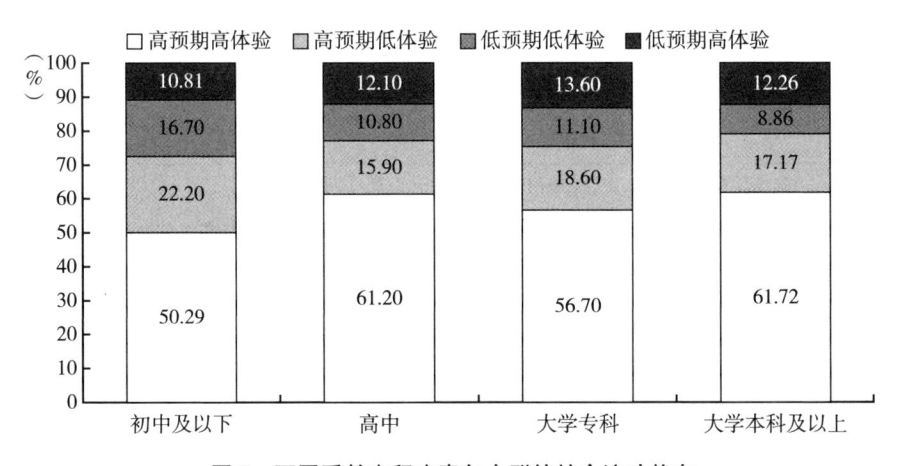

图 7 不同受教育程度青年人群的社会流动状态

(二)涵养社会心态,激励青年奋斗:社会流动预期与体验的作用

对比不同流动状态下青年人群在主观幸福感等社会心态指标方面的表现,结果显示(见图 8),高预期高体验者在不同心态指标上的得分是最高的,即表现出最高的主观幸福感、奋斗信念、阶层系统合理信念与生命意义感;与之相对,低预期低体验者在不同社会心态指标上的得分则是最低的,即表现出最低的主观幸福感、奋斗信念、阶层系统合理信念与生命意义感;此外,低预期高体验者在不同社会心态指标上的得分居于前述二者之间,其次为高预期低体验者。

1. 社会流动预期的作用及其阶层差异

为了考察社会流动预期对青年人群主观幸福感、奋斗信念的影响,以及这种影响的阶层差异,采用 R 中的 bruceR:PROCESS 功能,检验调节模型(model 1;Hayes,2022;Bao,2023)。分析过程中,分别以社会流动预期为

```
—■—主观幸福感  —●—奋斗信念  —▲—阶层系统合理信念  —◆—生命意义感
```

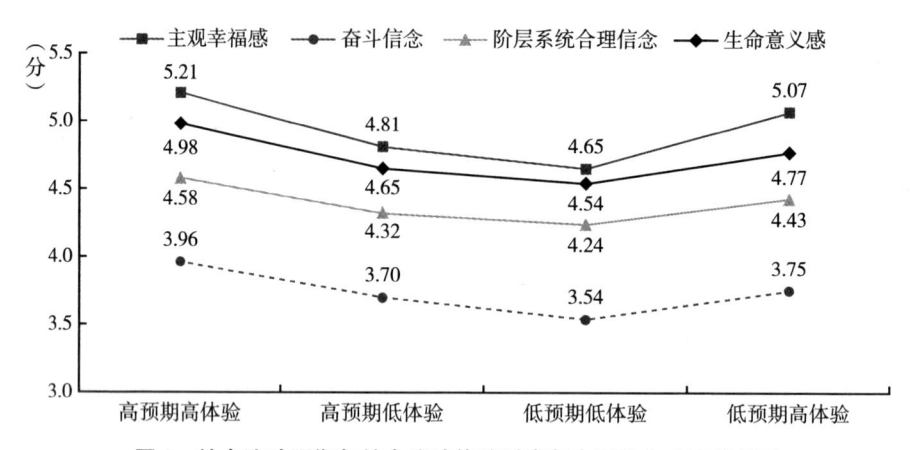

图8　社会流动预期与社会流动体验对青年人群社会心态的影响

注：奋斗信念为5点计分。

自变量，以主观幸福感、奋斗信念为因变量，并以客观阶层为调节变量，同时纳入年龄、性别、主观阶层、户口、社会流动体验作为控制变量。其中，参考以往研究对客观阶层指标的计算方法（Kraus et al., 2009），计算家庭月收入与受教育程度的标准分数的均值作为其指标。

分析结果显示（见表1），社会流动预期显著正向预期主观幸福感与奋斗信念，且社会流动预期与客观阶层存在显著的交互效应。

表1　社会流动预期对青年人群主观幸福感、奋斗信念的影响及其阶层差异

变量	（1）主观幸福感	（2）主观幸福感	（1）奋斗信念	（2）奋斗信念
（Intercept）	5.063*** (0.012)	5.064*** (0.012)	3.841*** (0.008)	3.842*** (0.008)
年龄	0.009*** (0.002)	0.011*** (0.002)	0.014*** (0.001)	0.013*** (0.001)
性别	0.038 (0.024)	0.032 (0.024)	0.002 (0.017)	0.002 (0.017)
主观阶层	0.124*** (0.009)	0.113*** (0.009)	0.068*** (0.006)	0.070*** (0.006)

续表

变量	(1)主观幸福感	(2)主观幸福感	(1)奋斗信念	(2)奋斗信念
户口	0.052* (0.024)	0.007 (0.025)	-0.068*** (0.017)	-0.057** (0.018)
社会流动体验	0.249*** (0.029)	0.247*** (0.029)	0.156*** (0.020)	0.153*** (0.020)
社会流动预期	0.208*** (0.030)	0.199*** (0.029)	0.232*** (0.020)	0.232*** (0.020)
客观阶层		0.095*** (0.016)		-0.023* (0.011)
社会流动预期：客观阶层		-0.218*** (0.034)		-0.062** (0.024)
R^2	0.084	0.096	0.091	0.092
Adj. R^2	0.083	0.095	0.090	0.091
Num. obs.	6014	6014	6014	6014

注：表中所示回归系数为非标准化回归系数，标准误标注在括号中。
* $p<0.05$，** $p<0.01$，*** $p<0.001$。

进一步简单效应分析发现（见表2、图9），社会流动预期对主观幸福感与奋斗信念的促进作用存在显著的阶层差异。在主观幸福感方面，对于高阶层者，社会流动预期并未显著提升其主观幸福感，而对于中低阶层者，社会流动预期则可显著正向预测其主观幸福感。在奋斗信念方面，社会流动预期对于不同阶层者均有积极作用，但对中低阶层者效应更大。

表2 社会流动预期的作用及其阶层差异：简单效应检验

因变量指标	客观阶层	Effect	S.E.	t	p	[95% CI]
主观幸福感	-0.812(-SD)	0.376	-0.04	9.434	<0.001***	[0.298, 0.454]
	0.000(Mean)	0.199	-0.029	6.797	<0.001***	[0.142, 0.257]
	0.812(+SD)	0.023	-0.041	0.557	0.578	[-0.057, 0.102]
奋斗信念	-0.812(-SD)	0.282	-0.028	10.182	<0.001***	[0.228, 0.336]
	0.000(Mean)	0.232	-0.02	11.368	<0.001***	[0.192, 0.272]
	0.812(+SD)	0.181	-0.028	6.414	<0.001***	[0.126, 0.237]

注：*** 表示 $p<0.001$。

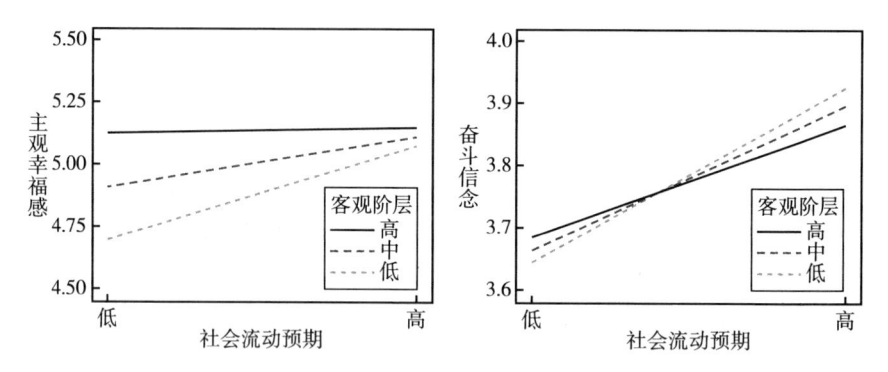

图9　社会流动预期的作用及其阶层差异

2. 社会流动体验的作用及其阶层差异

为了考察社会流动体验对青年人群主观幸福感、奋斗信念的影响，以及这种影响的阶层差异，采用R中的bruceR：PROCESS功能，检验调节模型（model 1；Hayes，2022；Bao，2023）。分析过程中，分别以社会流动体验为自变量，以主观幸福感、奋斗信念为因变量，并以客观阶层为调节变量，同时纳入年龄、性别、主观阶层、户口、社会流动预期作为控制变量。

分析结果显示（见表3），社会流动体验显著正向预期主观幸福感与奋斗信念，且社会流动预期与客观阶层对于主观幸福感存在显著的交互效应，但对奋斗信念不存在显著的交互效应。

表3　社会流动体验对青年人群主观幸福感、奋斗信念的影响及其阶层差异

变量	（1）主观幸福感	（2）主观幸福感	（1）奋斗信念	（2）奋斗信念
(Intercept)	5.063 *** (0.012)	5.065 *** (0.012)	3.841 *** (0.008)	3.841 *** (0.008)
年龄	0.009 *** (0.002)	0.011 *** (0.002)	0.014 *** (0.001)	0.013 *** (0.001)
性别	0.038 (0.024)	0.034 (0.024)	0.002 (0.017)	0.003 (0.017)
主观阶层	0.124 *** (0.009)	0.114 *** (0.009)	0.068 *** (0.006)	0.070 *** (0.006)

续表

变量	（1）主观幸福感	（2）主观幸福感	（1）奋斗信念	（2）奋斗信念
户口	0.052* (0.024)	0.005 (0.025)	-0.068*** (0.017)	-0.058** (0.018)
社会流动预期	0.208*** (0.030)	0.198*** (0.029)	0.232*** (0.020)	0.232*** (0.020)
社会流动体验	0.249*** (0.029)	0.249*** (0.029)	0.156*** (0.020)	0.155*** (0.020)
客观阶层		0.095*** (0.016)		-0.022 (0.011)
社会流动体验:客观阶层		-0.142*** (0.032)		-0.011 (0.022)
R^2	0.084	0.093	0.091	0.091
Adj. R^2	0.083	0.091	0.090	0.090
Num. obs.	6014	6014	6014	6014

注：表中所示回归系数为非标准化回归系数，标准误标注在括号中。
* $p<0.05$, ** $p<0.01$, *** $p<0.001$。

进一步简单效应分析发现（见表4、图10），社会流动体验对主观幸福感与奋斗信念的促进作用也存在阶层差异。在主观幸福感方面，社会流动体验对于不同阶层者均存在显著的提升作用，但对于中低阶层者，该积极效应更大。在奋斗信念方面，社会流动体验同样可以显著提升不同阶层者的奋斗信念，相比高阶层者，该积极效应对于中低阶层者略高。

表4 社会流动体验的作用及其阶层差异：简单效应检验

因变量指标	客观阶层	Effect	S.E.	t	p	[95% CI]
主观幸福感	-0.812(-SD)	0.365	-0.038	9.485	<0.001***	[0.289, 0.440]
	0.000(Mean)	0.249	-0.029	8.55	<0.001***	[0.192, 0.306]
	0.812(+SD)	0.134	-0.04	3.385	<0.001***	[0.056, 0.212]
奋斗信念	-0.812(-SD)	0.163	-0.027	6.127	<0.001***	[0.111, 0.216]
	0.000(Mean)	0.155	-0.02	7.655	<0.001***	[0.115, 0.195]
	0.812(+SD)	0.146	-0.027	5.327	<0.001***	[0.092, 0.200]

注：*** $p<0.001$。

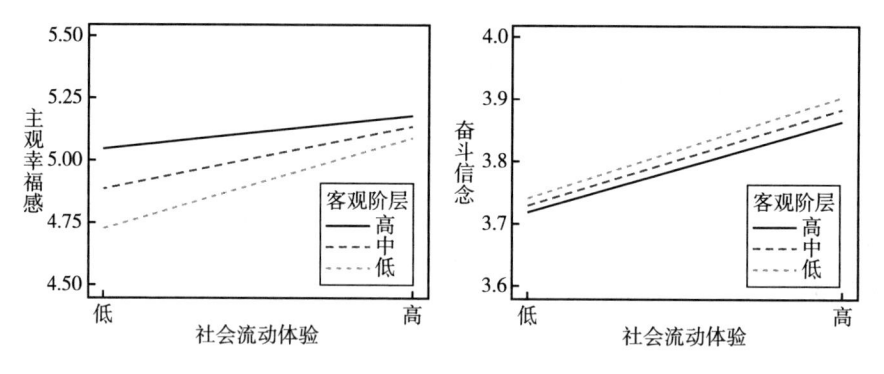

图 10 社会流动体验的作用及其阶层差异

3. 社会流动预期的作用及其城乡差异

为了考察社会流动预期对青年人群主观幸福感、奋斗信念的影响，以及这种影响的城乡差异，采用 R 中的 bruceR：PROCESS 功能，检验调节模型（model 1；Hayes，2022；Bao，2023）。分析过程中，分别以社会流动预期为自变量，以主观幸福感、奋斗信念为因变量，并以户口为调节变量，同时纳入年龄、性别、家庭月收入、受教育程度、主观阶层、社会流动体验作为控制变量。

结果显示（见表5），对于主观幸福感，社会流动预期与户口存在边缘显著的交互效应，但对于奋斗信念，社会流动预期与户口不存在显著的交互效应。

表 5 社会流动预期对青年人群主观幸福感、奋斗信念的影响及其城乡差异

变 量	（1）主观幸福感	（2）主观幸福感	（1）奋斗信念	（2）奋斗信念
(Intercept)	5.063 *** (0.012)	5.063 *** (0.012)	3.841 *** (0.008)	3.841 *** (0.008)
年龄	0.011 *** (0.002)	0.011 *** (0.002)	0.014 *** (0.001)	0.014 *** (0.001)
性别	0.034 (0.024)	0.034 (0.024)	0.003 (0.017)	0.001 (0.017)
家庭收入	0.039 *** (0.009)	0.038 *** (0.009)	-0.041 *** (0.006)	-0.038 *** (0.006)

续表

变 量	(1)主观幸福感	(2)主观幸福感	(1)奋斗信念	(2)奋斗信念
受教育程度	0.046*** (0.014)	0.046** (0.014)	0.030** (0.009)	0.036*** (0.010)
主观阶层	0.113*** (0.009)	0.113*** (0.009)	0.071*** (0.006)	0.073*** (0.006)
社会流动体验	0.254*** (0.029)	0.255*** (0.029)	0.152*** (0.020)	0.150*** (0.020)
社会流动预期	0.203*** (0.029)	0.202*** (0.029)	0.233*** (0.020)	0.234*** (0.020)
户口		0.007 (0.025)		-0.060*** (0.018)
社会流动预期:户口		-0.109† (0.057)		0.027 (0.039)
R^2	0.090	0.090	0.095	0.097
Adj. R^2	0.089	0.089	0.094	0.096
Num. obs.	6014	6014	6014	6014

注：表中所示回归系数为非标准化回归系数，标准误标注在括号中。
†$p<0.1$，** $p<0.01$，*** $p<0.001$。

进一步简单效应分析，结果显示（见表6、图11），对于城镇青年和农村青年，社会流动预期均可有效提升其主观幸福感与奋斗信念。不过，社会流动预期对农村青年主观幸福感的提升作用明显大于城镇青年，但对两类青年奋斗信念的提升效应无明显差异。

表6 社会流动预期的作用及其城乡差异：简单效应检验

因变量指标	户口	Effect	S.E.	t	p	[95% CI]
主观幸福感	农村	0.257	-0.041	6.325	<0.001***	[0.177,0.337]
	城镇	0.148	-0.041	3.579	<0.001***	[0.067,0.228]
奋斗信念	农村	0.22	-0.028	7.854	<0.001***	[0.165,0.275]
	城镇	0.248	-0.028	8.692	<0.001***	[0.192,0.303]

注：*** $p<0.001$。

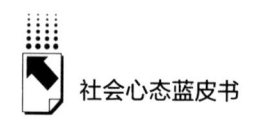

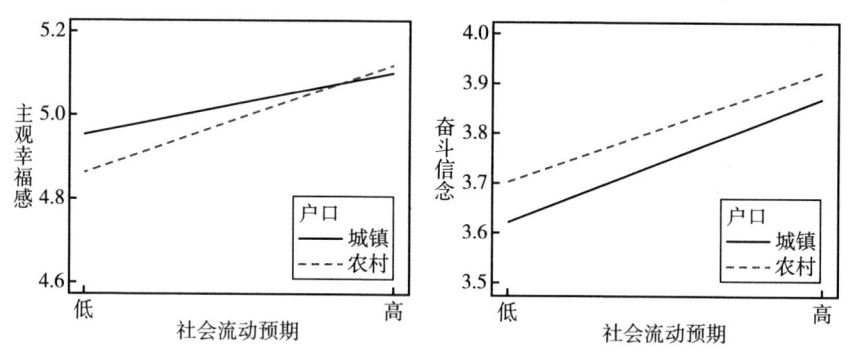

图 11　社会流动预期的作用及其城乡差异

4. 社会流动体验的作用及其城乡差异

为了考察社会流动体验对青年人群主观幸福感、奋斗信念的影响，以及这种影响的城乡差异，采用 R 中的 bruceR：PROCESS 功能，检验调节模型（model 1；Hayes，2022；Bao，2023）。分析过程中，分别以社会流动体验为自变量，以主观幸福感、奋斗信念为因变量，并以户口为调节变量，同时纳入年龄、性别、家庭月收入、受教育程度、主观阶层、社会流动预期作为控制变量。

结果显示（见表 7），社会流动体验与户口不存在显著的交互效应。

简单效应分析结果显示（见表 8、图 12），无论对于城镇青年还是农村青年，社会流动体验均可有效提升其主观幸福感与奋斗信念。不过，社会流动体验对农村青年主观幸福感的提升效应略高于城镇青年；但在奋斗信念方面，社会流动体验对两类青年的提升效应并无显著差异。

表 7　社会流动体验对青年人群主观幸福感、奋斗信念的影响及其城乡差异

变量	(1)主观幸福感	(2)主观幸福感	(1)奋斗信念	(2)奋斗信念
(Intercept)	5.063 *** (0.012)	5.063 *** (0.012)	3.841 *** (0.008)	3.841 *** (0.008)

续表

变量	(1)主观幸福感	(2)主观幸福感	(1)奋斗信念	(2)奋斗信念
年龄	0.011 *** (0.002)	0.011 *** (0.002)	0.014 *** (0.001)	0.014 *** (0.001)
性别	0.034 (0.024)	0.034 (0.024)	0.003 (0.017)	0.001 (0.017)
家庭收入	0.039 *** (0.009)	0.038 *** (0.009)	-0.041 *** (0.006)	-0.038 *** (0.006)
受教育程度	0.046 *** (0.014)	0.045 ** (0.014)	0.030 ** (0.009)	0.036 *** (0.010)
主观阶层	0.113 *** (0.009)	0.113 *** (0.009)	0.071 *** (0.006)	0.072 *** (0.006)
社会流动预期	0.203 *** (0.029)	0.203 *** (0.029)	0.233 *** (0.020)	0.234 *** (0.020)
社会流动体验	0.254 *** (0.029)	0.254 *** (0.029)	0.152 *** (0.020)	0.150 *** (0.020)
户口		0.007 (0.026)		-0.060 *** (0.018)
社会流动体验:户口		-0.086 (0.053)		0.018 (0.037)
R^2	0.090	0.090	0.095	0.097
Adj. R^2	0.089	0.089	0.094	0.096
Num. obs.	6014	6014	6014	6014

注：表中所示回归系数为非标准化回归系数，标准误标注在括号中。
** $p<0.01$，*** $p<0.001$。

表8 社会流动体验的作用及其城乡差异：简单效应检验

因变量指标	户口	Effect	S.E.	t	p	[95% CI]
主观幸福感	农村	0.297	-0.04	7.508	<0.001 ***	[0.219, 0.375]
	城镇	0.211	-0.04	5.319	<0.001 ***	[0.133, 0.288]
奋斗信念	农村	0.141	-0.027	5.155	<0.001 ***	[0.087, 0.194]
	城镇	0.159	-0.027	5.821	<0.001 ***	[0.106, 0.213]

注：*** $p<0.001$。

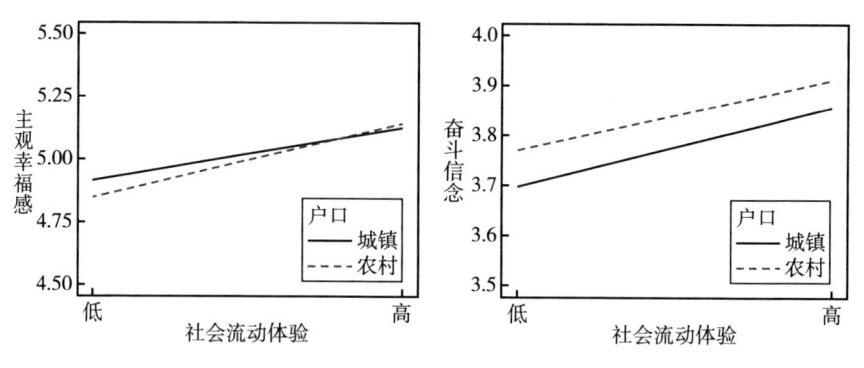

图 12　社会流动体验的作用及其城乡差异

（三）社会流动的作用机制：阶层系统合理信念与生命意义感

为了考察阶层系统合理信念与生命意义感的作用，采用 R 中的 bruceR：PROCESS 功能，检验中介模型（model 4；Hayes，2022；Bao，2023）。分析过程中，分别以社会流动预期与体验为自变量，以主观幸福感为因变量，并以阶层系统合理信念、生命意义感为中介变量，同时纳入年龄、性别、受教育程度、家庭月收入、主观阶层、户口作为控制变量。

结果显示（见表9），社会流动预期与社会流动体验均可显著正向预测阶层系统合理信念与生命意义感；而持有较高阶层系统合理信念与生命意义感的个体，也表现出更高的主观幸福感。间接效应分析结果显示（见表10），阶层系统合理信念、生命意义感均表现出显著的中介效应，即社会流动预期与体验通过提升阶层系统合理信念、增强生命意义感，进而使个体表现出较高的主观幸福感。

为进一步检验社会流动预期与社会流动体验如何通过提升青年人群的主观幸福感进而增强其奋斗信念，采用 SPSS 中的 PROCESS 宏插件，检验中介模型（model 80；Hayes，2022）。分析过程中，分别以社会流动预期与体验为自变量，以奋斗信念为因变量，并以阶层系统合理信念、生命意义感、主观幸福感为中介变量，同时纳入年龄、性别、受教育程度、家庭月收入、主观阶层、户口作为控制变量。

表9 阶层系统合理信念与生命意义感的作用

变量	(1)主观幸福感	(2)阶层系统合理信念	(3)生命意义感	(4)主观幸福感
(Intercept)	5.063*** (0.012)	4.480*** (0.010)	4.849*** (0.010)	5.063*** (0.011)
年龄	0.011*** (0.002)	0.006*** (0.001)	0.017*** (0.002)	0.004* (0.002)
性别	0.034 (0.024)	0.016 (0.019)	0.053** (0.021)	0.011 (0.022)
家庭月收入	0.039*** (0.009)	-0.033*** (0.007)	-0.037*** (0.008)	0.059*** (0.008)
受教育程度	0.046** (0.014)	-0.017 (0.011)	0.072*** (0.012)	0.023 (0.013)
主观阶层	0.113*** (0.009)	0.131*** (0.007)	0.072*** (0.007)	0.059*** (0.008)
户口	0.006 (0.026)	0.010 (0.020)	-0.040 (0.022)	0.019 (0.023)
社会流动预期	0.203*** (0.029)	0.186*** (0.023)	0.217*** (0.025)	0.084** (0.027)
社会流动体验	0.254*** (0.029)	0.089*** (0.023)	0.194*** (0.025)	0.164*** (0.027)
阶层系统合理信念				0.217*** (0.016)
生命意义感				0.363*** (0.015)
R^2	0.090	0.089	0.079	0.234
Adj. R^2	0.088	0.088	0.078	0.233
Num. obs.	6014	6014	6014	6014

注：表中所示回归系数为非标准化回归系数，标准误标注在括号中。
* $p<0.05$，** $p<0.01$，*** $p<0.001$。

分析结果显示（见表11），社会流动预期与体验可通过提升青年人群的阶层系统合理信念、生命意义感、主观幸福感，进而增强其奋斗信念；并且，由阶层系统合理信念到主观幸福感，以及由生命意义感到主观幸福感的链式间接效应同样成立。该结果表明，社会流动预期与体验在提升青年人群对生活现状的满意度的同时，也为激发其个人奋斗注入了内生动力。

表10　阶层系统合理信念与生命意义感的间接效应

自变量	中介变量	效应	Effect	S.E.	z	p	[Boot 95% CI]
社会流动预期	阶层系统合理信念	间接效应	0.04	-0.006	6.413	<0.001***	[0.029,0.053]
		直接效应	0.084	-0.029	2.915	0.004**	[0.028,0.142]
	生命意义感	间接效应	0.079	-0.01	8.048	<0.001***	[0.060,0.098]
		直接效应	0.084	-0.029	2.915	0.004**	[0.028,0.142]
社会流动体验	阶层系统合理信念	间接效应	0.019	-0.005	3.537	<0.001***	[0.009,0.031]
		直接效应	0.164	-0.029	5.594	<0.001***	[0.107,0.222]
	生命意义感	间接效应	0.071	-0.01	7.255	<0.001***	[0.052,0.090]
		直接效应	0.164	-0.029	5.594	<0.001***	[0.107,0.222]

注：** $p<0.01$，*** $p<0.001$。

表11　阶层系统合理信念、生命意义感、主观幸福感的间接效应

自变量	间接效应	Effect	S.E.	[Boot 95% CI]
社会流动预期	阶层系统合理信念	0.0335	0.0048	[0.0242,0.0432]
	生命意义感	0.0667	0.0081	[0.0507,0.0829]
	主观幸福感	0.0056	0.0021	[0.0017,0.0101]
	阶层系统合理信念→主观幸福感	0.0027	0.0006	[0.0017,0.0039]
	生命意义感→主观幸福感	0.0052	0.001	[0.0034,0.0073]
社会流动体验	阶层系统合理信念	0.0161	0.0044	[0.0077,0.0249]
	生命意义感	0.0599	0.008	[0.0445,0.0757]
	主观幸福感	0.0109	0.0025	[0.0063,0.0161]
	阶层系统合理信念→主观幸福感	0.0013	0.0004	[0.0006,0.0022]
	生命意义感→主观幸福感	0.0047	0.0009	[0.003,0.0066]

四　讨论与建议

（一）向上流动预期与体验仍占青年人群主流，但有四成青年的流动预期与体验处于失衡或双低状态

调查结果显示，多数青年体验到实现向上阶层流动的获得感，对于进一步提升阶层位置的积极预期也仍占主流，近六成青年同时持有向上流动的预

期与体验。值得关注的是，有四成青年的流动预期与体验处于失衡或双低状态。鉴于当前经济增速减缓、青年就业率走低等现实困境，应合理引导青年人群做好预期管理，处理好短期预期与长远预期的关系。在引导积极的宏观经济社会发展预期的同时，也应关注青年人群对于向上阶层流动的需求，积极营造满足青年人群实现向上流动的社会环境，打破阻碍青年发展的障碍因素与不合理规则。

（二）关注女性青年、农村青年的社会流动预期与体验，重点改善低收入、低学历青年的社会流动预期

青年社会流动预期与体验存在群体差异，表现出明显的群体特征。首先，女性青年中体验到向上流动者占比比男性青年低约7个百分点，但持有向上流动预期的人数占比却与男性持平；在高预期低体验者中，女性青年占比也高于男性青年。这体现了女性青年对于实现向上流动的信心与希望，同时也反映出女性青年对于提升自身阶层位置的更高需求。其次，农村青年的流动体验和城市青年持平，但其流动预期仍略低于城镇青年。在经济增速减缓、不确定性增加的宏观背景之下，应有效维持农村居民的积极预期。此外，低收入、低学历青年的社会流动预期与体验亟待改善，约两成低收入、低学历青年的流动预期与体验处于双低状态，近三成低收入、低学历青年对于实现向上流动的信心不足。这并不意味着他们没有向上流动的需求，反而表明其改善自身阶层位置的需求受到压抑。

（三）社会流动预期与体验是涵养社会心态、激励青年奋斗的重要心理资源

研究结果显示，社会流动预期与体验可有效提升青年人群的主观幸福感与奋斗信念。其中，持有高预期高体验的青年主观幸福感与奋斗信念的得分最高；与之相对，持有低预期低体验的青年主观幸福感与奋斗信念的得分则是最低的；高预期低体验者、低预期高体验者的得分介于前述二者之间。该结果表明，在探讨社会流动对社会心态的影响时，应将流动预期与流动体验

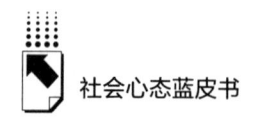

整合考量。推进共同富裕的实现一方面需要不断提升民众的"获得感",另一方面需要不断满足民众日益增长的"美好生活需要"。基于社会流动感知的时间分析框架,强调"获得"的流动体验与强调"想得"的流动预期并存于个体或特定群体;同理,二者的积极效应也是并存的,合力解释高经济不平等背景下积极社会心态的维持与提升。值得关注的是,社会流动预期与体验的积极功能表现出显著的阶层与城乡差异,对低阶层青年、农村青年的作用更大。该结果也凸显了改善低收入、低学历及农村青年社会流动预期的必要性、紧迫性。

(四)关注社会层面阶层系统合理信念与个体层面生命意义感的作用

社会层面的阶层系统合理信念与个体层面的生命意义感为理解社会流动的积极功能提供了解释。研究发现,社会流动预期与体验通过提升青年人群的阶层系统合理信念与生命意义感,进而增强了其主观幸福感与奋斗信念。可见,二者在社会流动发挥积极作用的过程中起到了"桥梁"作用。该结果也表明,对社会环境公正性、合理性的认知,以及对自我生命与生活意义的体验与探寻,是提升主观幸福感、激励青年奋斗的必要条件。

参考文献

陈云松、范晓光:《阶层自我定位、收入不平等和主观流动感知(2003—2013)》,《中国社会科学》2016年第12期。

怀默霆:《中国民众如何看待当前的社会不平等》,《社会学研究》2009年第1期。

李路路、石磊、朱斌:《固化还是流动?——当代中国阶层结构变迁四十年》,《社会学研究》2018年第6期。

李培林、李炜:《农民工在中国转型中的经济地位和社会态度》,《社会学研究》2007年第3期。

李培林:《我国改革开放以来社会平等与公正的变化》,《东岳论丛》2020年第9期。

廉思、袁晶、张宪：《成就预期视域下的中国青年发展——基于时间洞察力理论的新认知》，《中国青年研究》2022年第11期。

林佳鹏：《赶工或反内卷？90后"大厂"青年加班现象研究》，《中国青年研究》2022年第6期。

罗楚亮、李实、岳希明：《中国居民收入差距变动分析（2013—2018）》，《中国社会科学》2021年第1期。

吕鹤颖：《躺平：加速社会青年代际的感性减速》，《探索与争鸣》2021年第12期。

覃鑫渊、代玉启：《"内卷""佛系"到"躺平"——从社会心态变迁看青年奋斗精神培育》，《中国青年研究》2022年第2期。

王俊秀：《"冷词热传"反映的社会心态及内在逻辑》，《人民论坛》2021年第15期。

王乐乐、李伟：《纠结与治愈：青年精神内耗的表征、根源与应对》，《中国青年研究》2023年第3期。

王浦劬、季程远：《我国经济发展不平衡与社会稳定之间矛盾的化解机制分析——基于人民纵向获得感的诠释》，《政治学研究》2019年第1期。

魏钦恭：《收入差距、不平等感知与公众容忍度》，《社会》2020年第2期。

文军：《回到"不确定性"：社会风险研究的范式反变》，《浙江学刊》2023年第3期。

习近平：《扎实推动共同富裕》，《求是》2021年第20期。

邢婷婷：《"45°青年"：张力之下的青年境遇及其社会心态》，《探索与争鸣》2023年第2期。

张跃、郭永玉、丁毅等：《阶层流动的"双刃剑"效应及其心理机制》，《心理科学》2019年第5期。

Bao, H. - W. - S., "BruceR: Broadly Useful Convenient and Efficient R Functions (Version 2023.8.23) [Computer Software]", (2023).

Diener, E. D., Emmons, R. A., Larsen, R. J., et al., "The Satisfaction with Life Scale", *Journal of Personality Assessment*, 49 (1985).

Kraus, M. W., Piff, P. K., & Keltner, D., "Social Class, Sense of Control, and Social Explanation", *Journal of Personality and Social Psychology*, 97 (2009).

Adler, N. E., Epel, E. S., Castellazzo, G., et al., "Relationship of Subjective and Objective Social Class with Psychological Functioning: Preliminary Data in Healthy White Women", *Health Psychology*, 19 (2000).

Day, M. V., & Fiske, S. T., "Movin'on up? How Perceptions of Social Mobility Affect our Willingness to Defend the System", *Social Psychological and Personality Science*, 8 (2017).

Hayes, A. F., *Introduction to Mediation, Moderation, and Conditional Process Analysis: A Regression-based Approach* (3ed edition), Guilford publications, 2022.

Jost, J. T., "A Quarter Century of System Justification Theory: Questions, Answers, Criticisms, and Societal Applications", *British Journal of Social Psychology*, 58 (2019).

Leung, K., & Bond, M. H., "Social Axioms: A Model for Social Beliefs in Multicultural Perspective", In M. P. Zanna (ed.), *Advances in Experimental Social Psychology*, Elsevier Academic Press, 2004.

Martela, F., & Steger, M. F., "The Three Meanings of Meaning in Life: Distinguishing Coherence, Purpose, and Significance", *The Journal of Positive Psychology*, 11 (2016).

Rudman, L. A., & Saud, L. H., "Justifying Social Inequalities: The Role of Social Darwinism", *Personality and Social Psychology Bulletin*, 46 (2020).

Steger, M. F., Frazier, P., Oishi, S., et al., "The Meaning in Life Questionnaire: Assessing the Presence of and Search for Meaning in Life", *Journal of Counseling Psychology*, 53 (2006).

B.4
消费行为、消费信心及其社会心态基础*

云 庆**

摘 要： 消费是提升民众获得感、幸福感的有效方式，也是构建新发展格局、实现共同富裕的重要路径。本报告以2022年中国社会心态调查为基础，测量了民众的消费行为与消费信心，消费行为包含消费类型与消费活跃度，并抽取民众对收入、生活质量、休闲消费等现状和预期的主观评价，测量了民众的消费信心。报告结合美好生活需要、美好生活体验、幸福感、未来预期、一般生活压力、经济压力、共同富裕信心等社会心态因素，探讨了消费的社会心态基础。结果发现，民众的主要消费类型较为丰富，消费结构基本合理，城乡民众的主要消费类型差异在文化、娱乐、旅游支出方面；青年群体的住房消费、教育培训消费明显高于民众总体；消费活跃度与消费信心在不同主观社会阶层、不同家庭月收入、不同房屋拥有量民众之间存在显著差异。青年群体的消费信心高于民众总体。不同社会心态因素对消费行为与消费信心的影响方式不同。建议关注青年群体与农村民众的消费结构，以培育良好的社会心态为路径，提升民众的消费活跃度与消费信心。

关键词： 消费结构 消费活跃度 消费信心 社会心态基础

---

* 本报告为教育部哲学社会科学研究重大课题攻关项目"新冠肺炎疫情对国民社会心态影响研究"（项目编号21JZD038）、甘肃省哲学社会科学基金项目"乡村振兴视域下媒介生态对甘肃乡村女性群体的消费观念与行为影响研究"（Z22061/00400）阶段性成果；受中国博士后科学基金项目（2023T160715）资助。
** 云庆，博士，中国社会科学院社会学研究所博士后，研究方向为社会心态、媒介与消费文化。

一　引言

党的二十大报告指出，要坚持以高质量发展为主题，扩大内需，增强消费对经济发展的基础性作用。我国正在迈向中国式现代化的新征程，加快构建发展新格局，做好经济工作意义重大，而消费作为经济发展的"稳定器"与"压舱石"（孙豪等，2023），对社会的稳定发展具有重要意义。共同富裕是我国现代化发展的重要战略目标，富裕不仅应该包括收入水平提高，也应该包括收入转化的消费水平提高（周勇，2023），消费的公平也是中国特色社会主义共同富裕的落脚点与归宿（王毅武，2022）。消费既是民众获得感与幸福感的体现，又是获得感与幸福感的获取路径，更是落实人民美好生活的必由之路。对构建新发展格局与共同富裕实现路径的探讨，应转向对民众日常生活实践的考察。

在社会发展的进程中，随着生产力的提高，消费品不断涌现，人们的生活水平随之提高，社会表现出明显的"消费社会"特征（齐格蒙特·鲍曼，2013），消费者通过商品能够建构一个"可知的世界"，并实现对自我的建构（罗刚、王中忱，2003）。因为消费不仅是物品交换，而且具有符号与精神层面的"交流"功能，在交流过程中，对消费品赋予了物质之外的精神意义与符号意义，通过意义的转换与连接，消费可以将不同的社会群体聚集起来。消费具备的物质以外的意识形态内涵，体现一定时期内人们的社会需要、社会认知与社会价值观念。

社会心态是一定时期的社会环境和文化影响下形成并不断发生变化的社会中多数成员表现出的普遍的、一致的心理特点和行为模式（王俊秀，2014），通过消费能看出社会成员的心理特点、行为偏好与价值观念。如消费价值导向有古代的"黜奢崇俭"、新中国成立以来的"艰苦朴素"与现代青年群体的"极简主义"，这些观念均是人们消费决策与行为的心理动因。消费是社会心态的构成内容，也影响着社会心态的形成。消费产生的满足感，或消费差距相对缩小带来的获得感，才能最终影响大众的幸福感（张翼，2016）。

以消费为视角开展社会心态的研究，可将消费作为一种社会行动，剖析民众从行动中反映出来的社会需要、社会认知、社会情绪与价值观念等，还可以将消费行为与新涌现的社会现象关联起来，丰富社会心态研究路径的同时，弥合经济社会现象与文化社会心理学的理论罅隙与实践断裂，提升社会心态对社会问题的回应力与解释力。本报告结合2022年中国社会心态调查，考察民众的消费类型、消费活跃度与消费信心，并进一步建构美好生活体验、幸福感、生活压力、社会预期、共同富裕信心等因素作为消费的社会心态基础，考察民众消费行为与消费信心的深层动因。

二 研究方法

（一）样本选取

本报告数据来源于2022年中国社会心态调查（Chinese Social Mentality Survey，CSMS），由中国社会科学院社会学研究所社会心理学研究中心于2022年7月至2023年5月完成。根据第六次全国人口普查数据，在全国30个省区市进行分层抽样和PPS概率抽样，抽取145个县（市、区）的314个城镇社区，对其中在现地址居住6个月及以上的18~70周岁居民进行抽样调查，最终获得有效问卷10071份，其中男性占45.0%，女性占55.0%，平均年龄42.05±11.88岁。

（二）变量说明

1. 消费行为

（1）消费类型

恩格斯将消费资料划分为生活资料、享受资料、发展和表现一切体力和智力所需的资料，消费结构的相关研究大多沿用此分类，将消费划分为生存型消费、享乐型消费。有研究结合马斯洛的需求层次理论，考虑不同阶层与社会发展阶段的主要消费类型，将消费划分为生存型消费与发展型

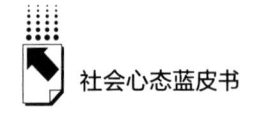

消费（张翼，2016），还有不少研究聚焦消费类型对幸福感的影响，并将消费划分为物质消费与体验消费（陈炜等，2014）。研究依据本调查中关于消费的内容，将社会心态在社会需求层面的内涵与民众在消费中体现出的需求相结合，将涉及的消费类型划分为生活基础消费、发展提升消费与休闲享受消费。

本调查通过询问被调查者过去一年家庭支出的三大主要项目并进行排序，用以考察民众的消费类型，备选项目包括：食品支出，衣着支出，住房支出，家用设备、用品及服务支出，交通通信支出，文化、娱乐、旅游支出，教育、培训支出，医疗保健支出，杂项商品与服务支出，并设置"不清楚"选项用以区分被访者难以估算的情况。研究更进一步将消费类型分为生活基础消费，包含食品支出、衣着支出、住房支出、交通通信支出；发展提升消费，包含教育、培训支出，医疗保健支出，家用设备、用品及服务支出；休闲享受消费，包含文化、娱乐、旅游支出，杂项商品与服务支出，用以考察民众的消费结构（见表1）。

表1 消费类型划分

生活基础消费	食品支出，衣着支出，住房支出，交通通信支出
发展提升消费	家用设备、用品及服务支出，教育、培训支出，医疗保健支出
休闲享受消费	文化、娱乐、旅游支出，杂项商品与服务支出

（2）消费活跃度

询问被访者过去一年对"旅游（含境外）""到健身房健身或付费云健身""付费阅读""付费学习或参加技能培训"的消费活跃度，被访者从1（从来没有）到7（总是）进行打分，作为民众消费活跃度的评估。

2. 消费信心

本报告将消费信心定义为民众对未来消费可能性的一种主观判断，包括民众对自身收入、生活质量、投资预期、就业水平、休闲消费等状况的主观评估，分为现状评估与未来预期两个维度。

与消费信心较为接近的概念是消费者信心指数（Consumer Confidence Index，CCI），其包含人们对经济形势、生活状况、未来预期等的主观判断。本研究中对消费信心的测量在内容与评估维度借鉴了消费者信心指数，但与消费者信心指数不同的是，信心指数结合经济学宏观经济指数使用，指向预测消费行为，并通过提升对消费者信心指数测量的科学性，提升经济预测效度（Kumar et al.，1995；吴文锋等，2004），而消费信心侧重于民众在消费相关问题中呈现的心理特点与主观感受。

在测量内容建构方面，本报告综合了密歇根大学的消费者信心指数、美国大企业联合会的测量内容。密歇根大学的指数研究倾向于对个人经济状况的考察，美国大企业联合会较为侧重对宏观经济的判断（Dominitz，2004）。研究还参考了欧盟、日本的消费者信心指数测量，欧盟关注民众的预期评估，而日本关注民众的现状评估。报告还以我国国家统计局、首都经济贸易大学与中央财经大学等编制的"两岸四地"消费者信心指数调查内容为参照（郭宏伟，2014），综合了经济状况、就业状况、家庭收入等主观评估，再结合本调查的相关内容，抽取民众对收入状况、生活质量、休闲消费的现状评估，对收入状况、生活质量、就业评估、投资与保险、负债评估与休闲消费的未来预期（见表2）。

表2 消费信心测量维度与题目

评估维度	内容	题目
现状	收入状况	我有钱去做自己想做的事情 我有一份不错的收入
现状	生活质量	我觉得现在的生活很富足
现状	休闲消费	我有条件去旅游
预期	收入状况	未来一年，您的收入水平会？
预期	生活质量	未来一年，您的家庭生活质量？
预期	就业评估	您是否担心失去工作或没有找到工作？

续表

评估维度	内 容	题 目
预期	投资与保险	未来一年,您家是否会投资买房? 未来一年,您家是否会购买消费型商业保险? 未来一年,您家是否会购买返还型商业保险? 未来一年,您家是否会购买年金保险?
预期	负债评估	未来一年,您的负债情况?
预期	休闲消费	未来一年,您饲养宠物或宠物消费?

对整合后的消费信心13个题目进行主成分分析,结果发现KMO=0.779,Bartlett球形检验结果值为0.000,说明量表具有结构效度,内部一致性信度(Cronbach's Alpha,α)为0.66。

3. 消费的社会心态基础

本报告分析了民众关于消费的五种社会心态基础,分别为美好生活需要、美好生活体验、幸福感、未来预期、生活压力,同时检验了共同富裕信心对消费信心的影响,用以考察影响民众消费行为与信心的社会心态因素。其中,美好生活需要与美好生体验分别采用美好生活需要和体验量表,题目由人们在国家与社会环境、个人物质、家庭和社会关系三个层面的18种描述构成,被访者根据实际生活需要与体验进行符合程度的评定,采用李克特量表7点计分,1为非常不符合,7为非常符合,依据研究需要,消费与个人物质体验的关系较为紧密,选取个人物质维度的表现及其评分,作为影响消费行为的考量因素。社会压力感问卷,包括人们对社会生活中可能遇到的13种生活问题进行评估,进一步分为经济压力与一般生活压力,经济压力由"住房问题""自己或家庭收入问题""物价问题"构成,一般生活压力由"交通问题""医疗问题""赡养老人问题""子女教育问题""自己或家人的健康问题""家庭成员关系问题""邻里、同学、同事关系问题""婚姻、恋爱问题""工作或学业问题""自己或家人就业问题",采用李克特量表7点计分,1为非常不严重,7为非常严重。幸福感量表改编自Diener等人于1985年编制的生活满意度量表,由5种对生活满意的描述构成,并询问被访者对描述的同意程度，1为非常不同意，7为非常同意。共同富裕信心评估采用题目"您对实现共同富裕的信心"，采用李克特量表7点计分，1为完全没信心，7为非常有信心。未来预期根据题目情况具体分为社会预期与个人预期，也采用李克特量表7点计分，1为完全没信心，7为非常有信心。

三 研究结果

（一）消费类型的基本特征

1. 民众消费类型较为丰富，主要支出前三大类型分别属于生活基础消费、发展提升消费、休闲享受消费

对被访者的三大支出进行频次统计，从整体分布看，排名前三位的分别为食品支出，教育、培训支出，杂项商品与服务支出，分别属于生活基础消费、发展提升消费、休闲享受消费，尽管各类支出存在比例层面的差异，但也在一定程度上说明民众消费的主要类型较为丰富。正可谓"民以食为天"，其中有近九成民众将食品支出作为家庭消费三大支出的主要类别，包含购买食品、外出饮食支出。除食品支出远高于其他类型之外，其他消费支出比例较为接近，各种类型的具体占比详见图1。

2. 城市户籍民众与农村户籍民众消费类型的最大差异在文化、娱乐、旅游支出，城市户籍民众住房支出明显高于农村户籍民众

城乡户籍民众在各项支出类型上均存在一定差异，最主要的差异在文化、娱乐、旅游支出，仅有34.13%的农村户籍居民选择此项作为自己的三大支出之一，而城市户籍民众的此类选择较农村户籍民众高出31.74个百分点。另一项差异较大的项目为住房支出，农村户籍民众的住房支出明显低于城市户籍居民。值得注意的是，农村户籍民众的衣着支出高于城市户籍居民4.66个百分点（$p<0.001$），如图2所示。

3. 青年群体在教育、培训支出与住房支出方面占比明显高于总体样本

分析比较青年群体与总体在消费支出类型层面的差异，在生活基础消费

[图表：民众消费支出的总体情况]

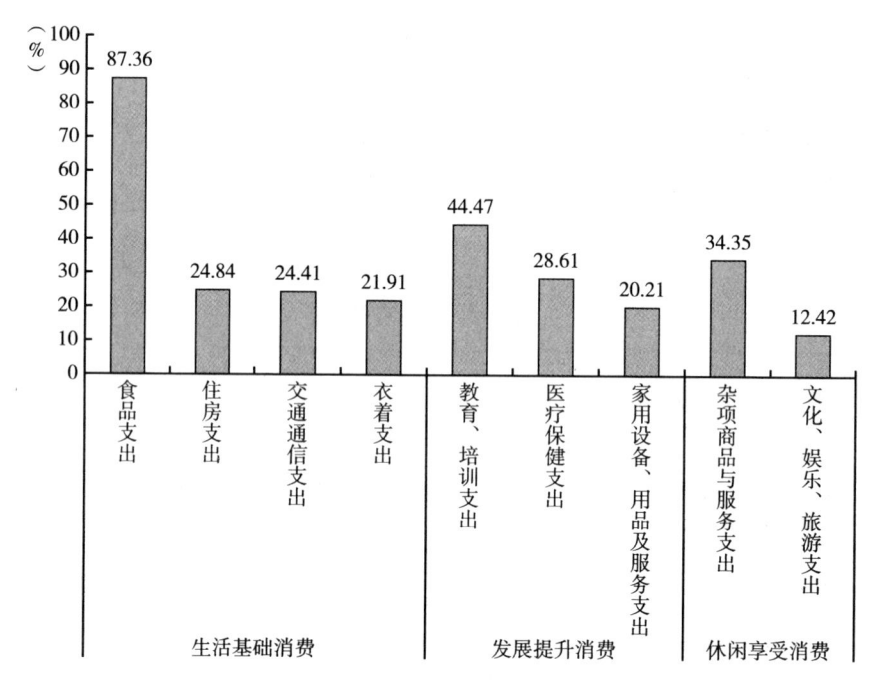

食品支出 87.36％，住房支出 24.84％，交通通信支出 24.41％，衣着支出 21.91％（生活基础消费）；教育、培训支出 44.47％，医疗保健支出 28.61％，家用设备、用品及服务支出 20.21％（发展提升消费）；杂项商品与服务支出 34.35％，文化、娱乐、旅游支出 12.42％（休闲享受消费）。

图1 民众消费支出的总体情况

层面，青年群体的住房支出明显高于总体，其次是衣着支出，青年群体略高于总体；青年群体与总体最大的差别在发展提升消费层面，青年群体的教育、培训支出高于总体11.8个百分点。在休闲享受消费类型中，青年群体文化、娱乐、旅游支出只比总体样本高1.5个百分点，杂项商品与服务支出明显低于总体（见图3）。

（二）消费活跃度与消费信心特征

1. 民众的家庭月收入越高，消费活跃度越高，消费信心也越高

对消费活跃度、消费信心在不同家庭月收入群体间的差异进行分析，通过结果（见表3与图4）可知，消费活跃度与消费信心在不同家庭月收入群体中存在显著差异。经过事后检验发现，除3001~5000元与5001~8000元两组之间不存在显著差异之外，其他组两两之间均存在显著差异（$p <$

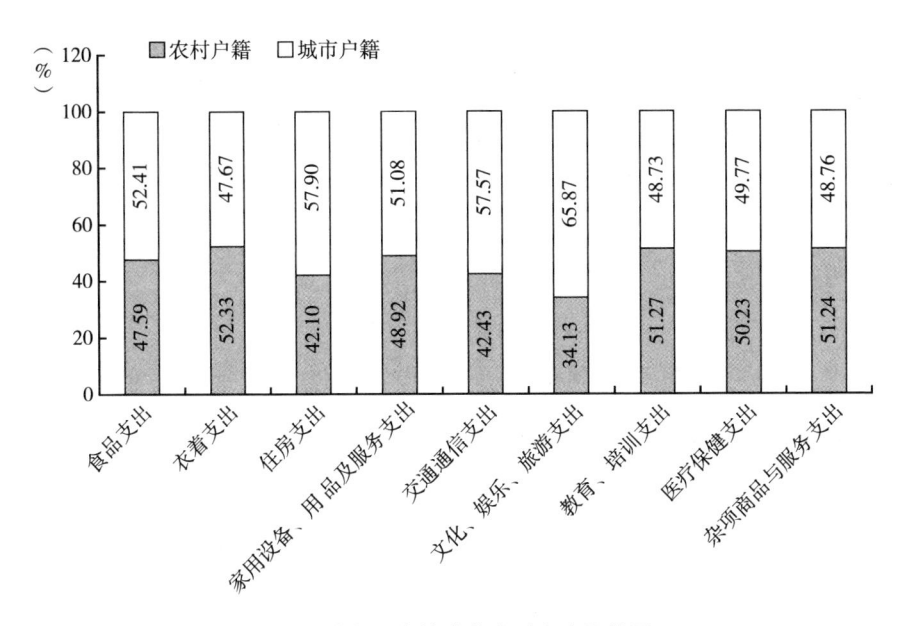

消费行为、消费信心及其社会心态基础

图2 城乡民众的消费类型占比及差异

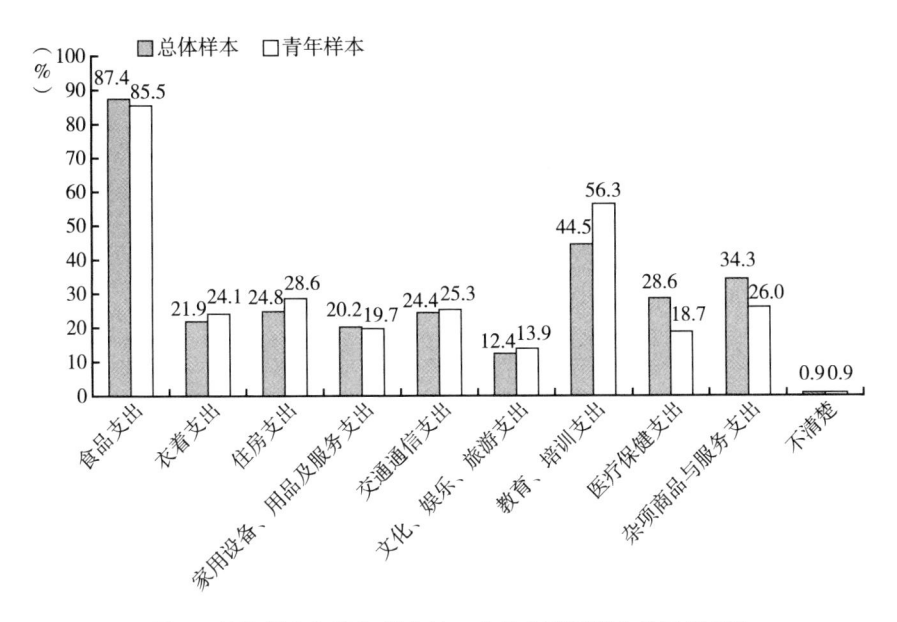

图3 总体样本和青年样本的三大类典型消费占比及其对比

093

0.001);消费信心在不同家庭月收入群体间存在显著差异,2万元以上家庭月收入群体的消费信心略低于1.5万~2万元家庭月收入群体,但经过事后检验发现,这种差异并不显著。进一步分析,家庭月收入与消费活跃度之间存在显著正相关关系,相关系数为0.296(p<0.001),家庭月收入越高,消费活跃度越高;家庭月收入与消费信心之间存在显著正相关关系,相关系数为0.233(p<0.001),家庭月收入越高,消费信心越高。

表3 消费活跃度与消费信心在不同家庭月收入群体中的比较(N=10071)

单位:人,分

家庭月收入	样本量	消费活跃度 平均值	消费活跃度 标准差	消费信心 平均值	消费信心 标准差
3000元及以下	484	1.58	0.86	3.45	0.67
3001~5000元	1054	1.85	0.95	3.68	0.60
5001~8000元	2789	1.87	0.83	3.81	0.54
8001~10000元	2408	2.08	0.93	3.92	0.53
1万~1.5万元	1801	2.18	1.01	3.98	0.53
1.5万~2万元	781	2.46	1.11	4.07	0.54
2万以上	754	2.70	1.22	4.04	0.59
F		128.795***		114.540***	

注:*** 表示 p<0.001。

2. 民众的主观社会阶层越高,消费活跃度与消费信心越高

比较消费活跃度与消费信心在不同主观社会阶层群体之间的差异,结果显示(见表4与图5),消费活跃度与消费信心在不同主观社会阶层群体间存在显著差异。经过事后检验发现,除低层群体与中低层群体、中高层群体与高层群体两组之间的消费活跃度不存在显著差异之外,其他组两两之间均存在显著差异(p<0.001);除中高层群体与高层群体之间的消费信心不存在显著差异外,其他组两两之间均存在显著差异(p<0.001)。进一步分析,主观社会阶层与消费信心之间存在显著的相关关系,相关系数为0.296(p<0.01),为显著正相关,民众的主观社会阶层越高,消费信心越高。主观社

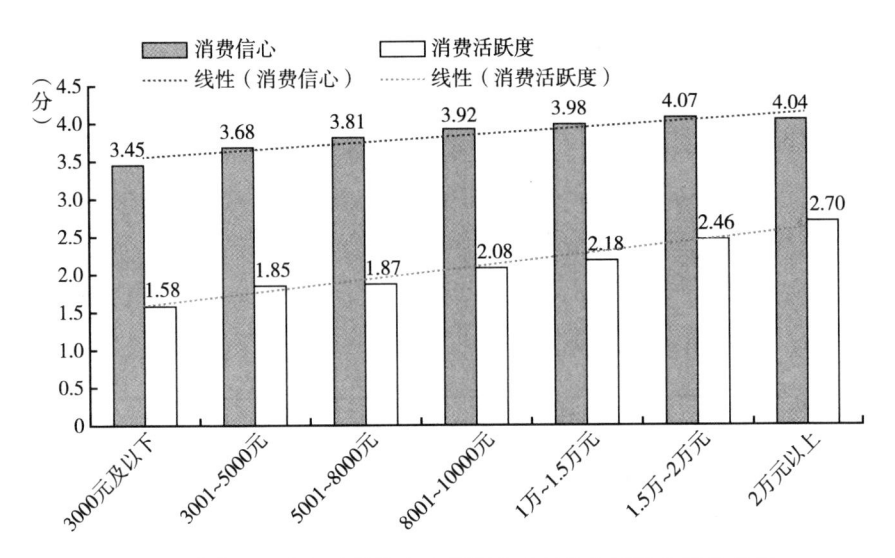

图例：消费信心　消费活跃度　线性（消费信心）　线性（消费活跃度）

图 4　消费活跃度与消费信心在不同家庭月收入群体之间的差异

会阶层与消费活跃度之间存在显著的相关关系，相关系数为 0.164（p<0.01），为显著正相关，民众的主观社会阶层越高，消费活跃度越高。

表 4　不同主观社会阶层群体消费活跃度、消费信心均值结果（N=10071）

单位：人，分

主观社会阶层	样本量	消费活跃度 平均值	消费活跃度 标准差	消费信心 平均值	消费信心 标准差
低　层	598	1.88	1.00	3.41	0.70
中低层	2788	1.94	0.91	3.75	0.56
中　层	5163	2.05	0.96	3.92	0.52
中高层	1439	2.43	1.10	4.12	0.53
高　层	83	2.63	1.72	4.13	0.63
F		71.048***		67.922***	

注：*** 表示 p<0.001。

3. 不同房屋拥有量民众的消费活跃度与消费信心存在显著差异

比较消费活跃度与消费信心在不同房屋拥有量群众间的差异，结果显示

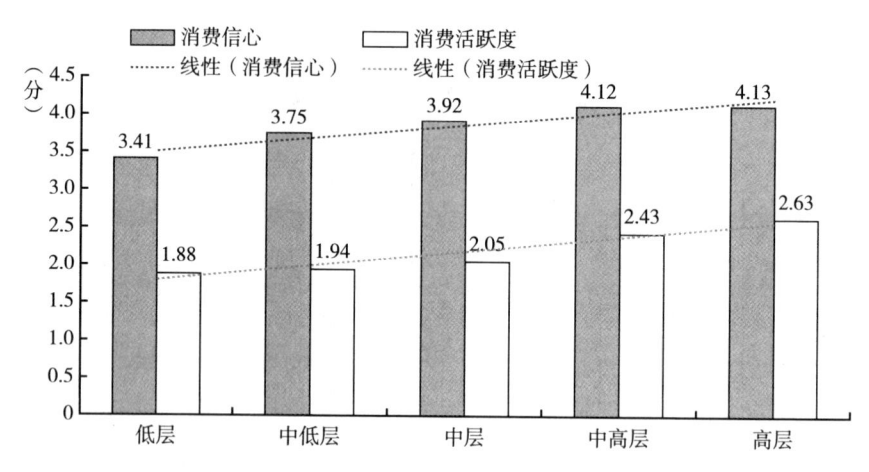

图 5 消费活跃度与消费信心在不同主观阶层群体间的差异

(见表5与图6),消费活跃度与消费信心在不同房屋拥有量民众间存在显著差异。有1套房的民众消费活跃度较无房与有2套房及以上的群体更低。经事后检验发现,无房与有2套房及以上民众的消费活跃度不存在显著差异,无房与有1套房民众、有2套房及以上与有1套房民众之间均存在显著差异（p<0.001）；消费信心各组两两之间均存在显著差异（p<0.001）。对房屋拥有量与消费信心的相关性检验发现,房屋拥有量与消费信心之间存在显著的相关关系,相关系数为0.075（p<0.01）,为显著正相关,民众的房屋拥有量越多,消费信心越强。

表 5 不同房屋拥有量民众消费活跃度、消费信心均值结果（N=10071）

单位：人，分

房屋拥有情况	样本量	消费活跃度 平均值	消费活跃度 标准差	消费信心 平均值	消费信心 标准差
无 房	975	2.28	1.01	3.80	0.69
有1套房	8175	2.02	0.98	3.87	0.56
有2套房及以上	921	2.28	1.08	3.99	0.54
F		53.413***		27.254***	

注：*** 表示 p<0.001。

消费行为、消费信心及其社会心态基础

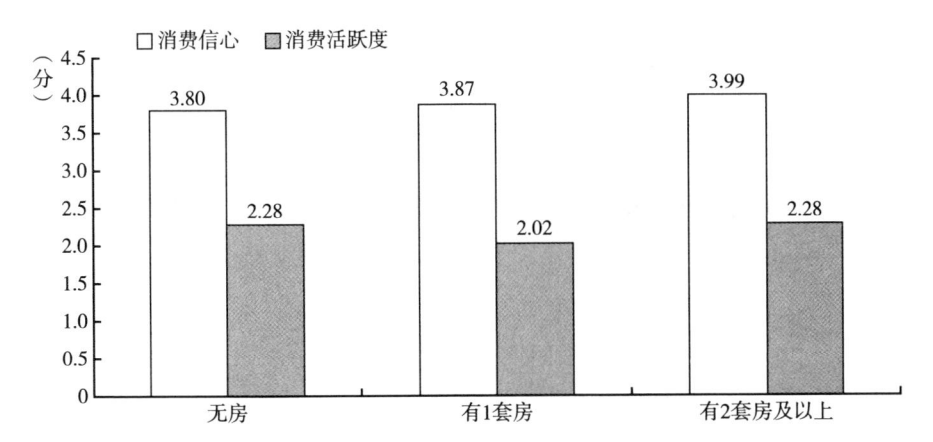

图6 消费活跃度与消费信心在不同房屋拥有量民众间的差异

4. 青年群体的消费活跃度显著高于总体民众的消费活跃度

比较消费活跃度与消费信心在青年群体与总体样本之间的差异，消费信心在两个群体之间并无显著差异，而消费活跃度存在显著差异，青年群体消费活跃度显著高于总体样本的消费活跃度（$p<0.01$，$F=8.368$），如图7所示。

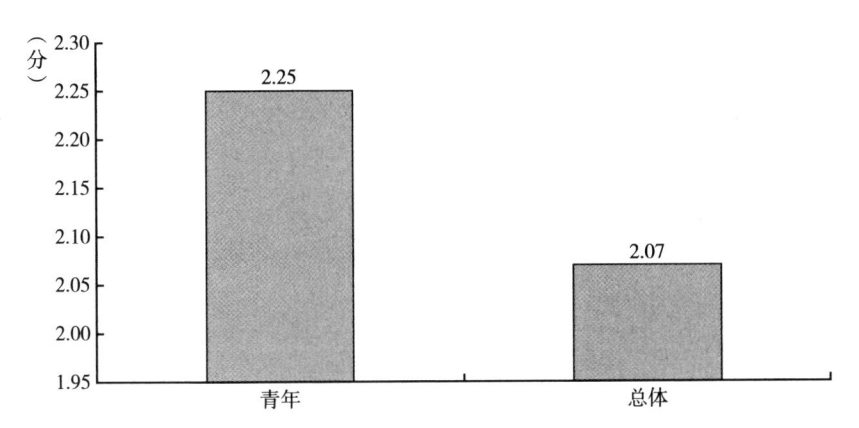

图7 青年群体与总体样本的消费活跃度均值对比

097

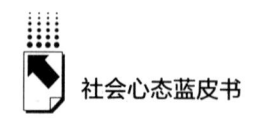

（三）消费行为的社会心态基础

1. 民众的个人预期越高，生活基础消费越少，一般生活压力越大，生活基础消费越多

进一步研究影响消费的社会心态因素，按照前文所述，将消费类型划分为生活基础消费、发展提升消费、休闲享受消费，并将其作为因变量，以美好生活需要、美好生活体验、幸福感、个人预期、社会预期、经济压力与一般生活压力为自变量，同时控制对消费类型产生影响的人口学变量，包括年龄、个人月收入、家庭月收入、受教育水平与主观社会阶层。在多层线性回归中，采用分层进入的方式分别纳入，考察每层中增加变量对回归方程的解释影响，并对增加变量对因变量的独立关联性做出判断。第一层进入人口学变量，第二层进入美好生活需要、美好生活体验、幸福感、个人预期、社会预期、生活压力与一般生活压力。结果如表7所示。

表7 社会心态因素对生活基础消费的回归模型（N=10071）

变量	第一层标准化系数	第二层标准化系数
年龄	-0.118***	-0.116***
个人月收入	0.75	0.072
家庭月收入	0.042	-0.034*
受教育水平	0.006*	0.029*
主观社会阶层	-0.048***	-0.033**
美好生活需要-个人物质		-0.016
美好生活体验-个人物质		0.008
幸福感		-0.009
个人预期		-0.043***
社会预期		-0.020
经济压力		0.093
一般生活压力		0.091***
R^2	0.032	0.043
ΔR^2	0.32	0.041
F	66.548***	37.213***

注：*** 表示 $p<0.001$，** 表示 $p<0.01$，* 表示 $p<0.05$。

控制了人口学变量后,美好生活需要等社会心态变量对回归方程的解释力有一定增加,个人预期与生活基础消费呈显著负相关,民众的个人预期越高,生活基础消费越低。一般生活压力与生活基础消费呈显著正相关,民众的生活压力越高,生活基础消费越高。

2. 个人预期、社会预期对发展提升消费均有显著影响

发展提升消费具体包含教育、培训支出,医疗保健支出,家用设备、用品及服务支出,发展提升消费整体可以看作民众进行自我提升的有效方式,也是民众参与社会活动的体现。例如,交通通信支出越高的人群,人际交往活动越频繁,社会活动空间较大,教育与培训支出较多的群体,较为注重自我的提升。

从表8可以看出,社会心态因素进入回归方程后可提升对发展提升消费的解释力。具体来看,年龄与发展提升消费呈显著正相关,年龄越大,民众的发展提升消费越高;个人月收入与发展提升消费呈显著负相关,个人月收入越高,民众的发展提升消费越低。

表8 社会心态因素对发展提升消费的回归模型（N=10071）

变量	第一层标准化系数	第二层标准化系数
年龄	0.029*	0.031
个人月收入	-0.091***	-0.088***
家庭月收入	0.005	0.009
受教育水平	-0.004	0.002
主观社会阶层	0.021	0.010
美好生活需要-个人物质		-0.005
美好生活体验-个人物质		0.004
幸福感		-0.013
个人预期		0.42**
社会预期		0.029*
经济压力		0.001
一般生活压力		0.029
R^2	0.009	0.012
ΔR^2	0.008	0.011
F	17.566***	10.423***

注：*** 表示 $p<0.001$，** 表示 $p<0.01$，* 表示 $p<0.05$。

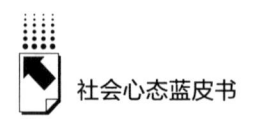

在社会心态各因素中，个人预期与发展提升消费呈显著正相关，民众的个人预期越高，发展提升消费越高；社会预期与发展提升消费呈显著正相关，民众的社会预期越高，发展提升消费越高。从相关系数来看，个人预期与发展提升消费的关系最为密切。

3. 幸福感对休闲享受消费有正向影响，一般生活压力对休闲享受消费有负向影响

休闲享受消费具体包含：文化、娱乐、旅游支出，杂项商品与服务支出。从表9可以看出，幸福感与休闲享受消费呈正相关关系，民众的幸福感越高，休闲享受消费越多；民众的一般生活压力与休闲享受消费呈负相关关系，民众的一般生活压力越大，休闲享受消费越少。

表9 社会心态因素对休闲享受消费的回归模型（N=10071）

变 量	第一层标准化系数	第二层标准化系数
年 龄	0.135***	0.129***
个人月收入	0.021	-0.021
家庭月收入	-0.050**	-0.044**
受教育水平	0.01	-0.006
主观社会阶层	0.026*	0.018
美好生活需要-个人物质		-0.031*
美好生活体验-个人物质		-0.011
幸福感		0.030*
个人预期		0.011
社会预期		-0.011
经济压力		0.047
一般生活压力		-0.157***
R^2	0.022	0.040
ΔR^2	0.021	0.039
F	44.511***	34.820***

注：*** 表示 $p<0.001$，** 表示 $p<0.01$，* 表示 $p<0.05$。

4. 美好生活体验等积极心态对消费活跃度有正向影响

从表10可以看出，在控制人口学变量的情况下，社会心态变量增加了回归方程的解释力，其中，美好生活需要与消费活跃度呈显著负相关，美好生活需要越强，消费活跃度越低；美好生活体验与消费活跃度呈显著正相关，民众的美好生活体验越好，消费活跃度越高；个人预期与消费活跃度呈显著正相关，民众的个人预期越高，消费活跃度越高。民众的经济压力与消费活跃度呈显著负相关，民众的经济压力越大，消费活跃度越低；而民众的一般生活压力与消费活跃度呈正相关，民众的一般生活压力越大，消费活跃度越高。

表10 社会心态因素对消费活跃度的回归模型（N=10071）

变 量	第一层标准化系数	第二层标准化系数
年 龄	-0.124 ***	-0.119 ***
个人月收入	0.101 ***	0.092 ***
家庭月收入	0.081 ***	0.073 ***
受教育水平	0.156 ***	0.159 ***
主观社会阶层	0.077 ***	0.054 ***
美好生活需要-个人物质		-0.073 ***
美好生活体验-个人物质		0.064 ***
幸福感		-0.002
个人预期		0.047 ***
社会预期		-0.011
经济压力		-0.146 ***
一般生活压力		0.266 ***
R^2	0.138	0.173
ΔR^2	0.137	0.172
F	320.956 ***	175.429 ***

注：*** 表示 p<0.001。

5. 社会心态因素对消费信心的影响

从表11可以看出，将社会心态因素与共同富裕信心纳入影响消费信心的变量中，控制了人口学变量，两步回归之后的方程可解释消费信心34.1%的变异。在人口学指标方面，年龄显著负向影响消费信心，年龄越大，民众的消费信心越低；个人月收入显著正向影响消费信心，民众的个人月收入越高，消费信心越强；家庭月收入显著正向影响消费信心，民众的家庭收入越高，消费信心越强；主观社会阶层显著正向影响消费信心，民众的主观社会阶层越高，消费信心越强。在社会心态因素方面，美好生活需要显著正向影响消费信心，民众美好生活需要越强烈，消费信心越强；幸福感显著正向影响消费信心，民众幸福感越高，消费信心越强；社会预期显著正向影响消费信心，民众社会预期越高，消费信心越强；经济压力显著负向影响消费信心，民众经济压力越大，消费信心越弱；一般生活压力显著正向影响消费信心，民众一般生活压力越大，消费信心越强；共同富裕信心与消费信心呈显著正相关关系，共同富裕信心越强，消费信心越强。

表11 社会心态因素对消费信心的回归模型（N=10071）

变量	第一层标准化系数	第二层标准化系数
年龄	-0.041***	-0.059***
个人月收入	0.096***	0.096***
家庭月收入	0.071***	0.069***
受教育水平	0.101***	0.072***
主观社会阶层	0.245***	0.116***
美好生活需要-个人物质		0.033***
幸福感		0.341***
社会预期		0.160***
经济压力		-0.185***
一般生活压力		0.140***
共同富裕信心		0.074***
R^2	0.147	0.342
ΔR^2	0.146	0.341
F	345.966***	474.355***

注：*** 表示 $p<0.001$。

四 总结与讨论

（一）关注青年群体与乡村民众的消费类型，释放消费活力

基于对不同年龄阶段民众生活状态的认识，青年群体较有精力与时间进行文化、旅游、娱乐消费，但这一群体在这类消费中的表现并不明显，但其

住房支出与教育、培训支出显著高于总体样本，而青年群体的消费活跃度也显著高于总体样本，释放消费活力应该主要关注青年群体。

城乡消费的差异是我国现代化建设、共同富裕等研究的重要内容，从经济发展的角度来看，农村消费结构的转型与优化是农村发展的重要指标。从城乡户籍民众的消费类型对比结果来看，农村户籍民众的一项生活基础消费即衣着支出占比明显高于城市户籍民众，而文化娱乐等休闲享受消费与城市户籍民众差距较大，农村民众的整体消费结构还有较大的优化空间。农村民众的住房支出比例显著低于城市民众，农村民众的生活资料也能部分自足，其消费活跃度有较大提升潜力。

（二）优化消费结构，实现消费结构的高质量发展

随着社会的不断发展，民众消费结构优化的整体导向应是在充分满足居民物质生活的基础上，提升精神消费支出。从消费需求层次的满足情况看，消费结构的优化关键在于基础需求层次如生活基础消费的降低，并转型为社交、尊重和自我价值实现的更高层次需求（彭泗清，2023），这也是消费高质量发展的重要指标。从数据分析的整体情况来看，食品支出仍是民众首要支出类型，而分居第二、三位的类别分别属于发展提升消费与休闲享受消费，民众的消费结构基本合理。从社会心态与消费结构的相关性分析中可以看出，积极的社会心态因素幸福感、个人预期、社会预期有助于发展提升消费与休闲享受消费的提升，而一般生活压力不仅会加大民众的生活基础消费，更会抑制民众的休闲享受消费。长期来看，针对消费结构的升级与优化，应以更高需求层次为导向，这是实现消费高质量发展的重要路径。

（三）积极社会心态的培育有助于提升民众消费活跃度与消费信心

2022年至今，国务院办公厅与国家发展改革委多次发文强调进一步释放消费潜力，促进消费恢复，并配套相关措施助力扩大消费，社会各界期待经济与消费的复苏。但从研究结果来看，民众的消费活跃度整体

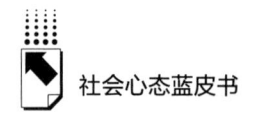

偏低，消费信心也处于中等偏下水平。从对不同收入群体的横向比较来看，民众的家庭月收入对消费活跃度与消费信心的影响显著，所以，提高民众的整体收入，是扩大消费的根本路径。从对消费活跃度整体的分析来看，良好的社会心态有助于提升民众的消费活跃度，应该积极满足民众美好生活需要，增加民众的美好生活体验，提升民众的个人预期，减轻民众的经济压力。

从长远来看，关注共同富裕信心对消费信心的影响作用，可提升民众的消费信心。作为我国长期战略性目标，实现共同富裕是党、国家和人民的共同期望，研究将共同富裕作为影响消费的社会心态基础，验证了共同富裕信心对消费信心的正向作用，所以，引导民众树立正确的共同富裕观念，提升民众实现共同富裕的信心，或可从长远提振民众的消费信心。

参考文献

〔英〕齐格蒙特·鲍曼：《全球化——人类的后果》，郭国良、徐建华译，商务印书馆，2013。

陈炜、郭国庆、陈凤超：《消费类型影响幸福感的实验研究述评与启示》，《管理评论》2014年第12期。

罗刚、王中忱主编《消费文化读本》，中国社会科学出版社，2003。

孙豪、曹肖烨：《消费主导型经济的演进逻辑、典型特征与政策取向》，《社会科学文摘》2023年第8期。

彭泗清：《我国居民消费结构变迁：新维度与新趋势》，《人民论坛》2023年第18期。

郭宏伟：《消费者信心指数的调查与分析》，首都经济贸易大学出版社，2014。

王俊秀：《社会心态：转型社会的社会心理研究》，《社会学研究》2014年第1期。

王毅武：《完善增强消费链 推进发展新格局》，《河北经贸大学学报》2022年第5期。

吴文锋、胡戈游、吴冲锋：《中国消费者信心指数的信号引导功能》，《系统工程理论方法应用》2004年第5期。

张翼：《当前中国社会各阶层的消费倾向——从生存性消费到发展性消费》，《社会学研究》2016年第4期。

周勇：《发挥消费对共同富裕的基础性作用》，《湖南社会科学》2023 年第 2 期。

Kumar, V., Leone, R. P., & Gaskins, J. N., "Aggregate and Disaggregate Sector Forecasting Using Consumer Confidence Measures", *International Journal of Forecasting*, 3 (1995).

Dominitz, J., & Manski, C. F., "How Should We Measure Consumer Confidence?", *Journal of Economic Perspectives*, 2 (2004).

B.5 青年生活压力应对的社会心态基础分析

马墨琳 高文珺*

摘　要： 青年群体的思想动向、精神状态，事关党和国家前途命运。本研究分析了18~44岁青年群体在当前生活中的主要压力来源，以及赖以应对各类压力的社会心态因素。对2022年中国社会心态调查6017名青年居民数据的分析发现：①我国青年的压力来源广泛，最集中体现在物价、医疗和交通问题上。压力来源在性别、城乡、受教育程度、代际维度存在差异。②青年群体的整体安全感、信任感、社会支持程度、社会公平感、社会流动感知和奋斗信念均对缓解青年群体的生活压力具有显著的正向作用。

关键词： 青年　压力　信任感　公平感　阶层流动

一　引言

2023年，中国青少年研究中心"青年精神素养发展现状及提升路径"课题组在全国开展调研，通过问卷和访谈的实证调查方式对当代青年的时代性压力进行了研究。其结果显示：青年群体的生活压力存在从物质层面扩展至精神层面，从低频次低强度转向高频次高强度，从单一性转向叠加性的整体趋势。面对从各个维度袭来的空前沉重的压力，青年群体一系列应对策略

---

* 马墨琳，中国社会科学院研究生院硕士研究生，研究方向为社会心理学；高文珺，中国社会科学院社会学研究所副研究员，社会心理大数据与人工智能实验室副研究员，博士，研究方向为社会心理学。

应运而生，从"丧"到"佛系"再到"躺平"和"摆烂"，青年群体试图用一系列自嘲的方式面对生活中的重重考验。在这些自嘲式用语的背后，体现出当今青年群体在压力下衍生的一种心理韧性（psychological resilience）。良好的心理韧性对于心理健康和个人主观幸福感均具有十分重要的意义。而良好的心理韧性，与社会支持度（Ozbay et al., 2007）、安全感（Lachman et al., 2011）、社会信任感（Kim et al., 2013）、社会公平感（Chen et al., 2017）、奋斗信念（Tao & Hong, 2014）等一系列社会心态特性均具有显著的正向关联。

本研究将使用 2022 年中国社会心态调查（Chinese Social Mentality Survey, CSMS）数据，对当代青年群体的主要压力源及其心理韧性基础与压力感知情况之间的关系进行考察。在心理韧性层面，具体考察安全感、信任感、社会支持程度、社会公平感、社会流动感知以及奋斗信念这六个重要的指标。

第一，安全感是心理健康的重要指标，能够减轻个体对社会环境的恐惧，增强其对环境的控制感，使其行为更加稳定和可预测（Kay et al., 2013），缺失安全感往往会带来焦虑、抑郁等不良后果（Pain, 2000），进而影响个体正常的社会交往。安全感对青年群体持续、稳定地投入社会建设具有十分重要的意义。

第二，信任感是为个体提供情感支持和实际帮助的重要心理基础。它能够减少群体内部摩擦，促进共同目标的实现（Coleman, 1988）。青年群体的社会信任感对实现共同富裕的伟大目标具有重要意义。同时，就陌生人信任而言，社会信任可以降低彼此之间的互动成本，促进人们合作行为的产生，从而提高参与志愿活动的意愿（Andreoni & Samuelson, 2006）。这对激发我国青年的志愿精神具有十分重要的意义。

第三，社会支持可以使个体感受到被关心、被理解、被尊重，从而获得情感上的慰藉，减轻压力情绪，并使其更加主动地采取行动去解决问题（Cohen, 2004）。它可以作为化解青年压力的情感慰藉，也可以间接为个体提供解决问题的实际手段。

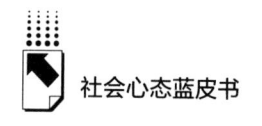

第四，党的二十大报告提出，健全覆盖全民、统筹城乡、公平统一、安全规范、可持续的多层次社会保障体系。①公平与均衡早已成为发展的重要关注点。公平感的缺失会导致社会动荡和冲突，而公平有利于维护社会稳定（Austin & Walster, 1995）。个体的公平感，是社会稳定的重要保障。

第五，习近平总书记曾强调"要防止社会阶层固化、畅通向上流动通道，给更多人创造致富机会，形成人人参与的发展环境"（习近平，2021）。积极的向上流动感知，能够增加人们向上流动的信心，人们的幸福感和公平感都会有所提升（张衍，2021；陈丽君等，2022）。这有助于青年群体在面临空前压力时继续保持积极向上的奋斗精神。

第六，奋斗是个体为了实现人生的理想和追求而采取的主观行为，建设中国特色社会主义社会新格局，也有赖于全体人民的共同奋斗，形成人人参与、人人共享的共建格局。在重视奋斗的文化背景下，有研究显示，奋斗信念与更低的压力水平相关（Tao & Hong, 2014），因此激发大众的奋斗信念可能有助于调节青年群体的压力感知状况，增强个体面对压力时的自我调节能力和信心。

本研究旨在了解当代青年群体的压力感知现状以及压力应对的心理现状，并探索这一系列心态基础是否真正帮助青年群体在生活压力面前维持向上的积极态度。

二　样本概况

本报告所选取的样本是年龄在18~44岁的中国青年，经筛选得到有效样本6017个，其基本情况如下。在全部样本中，男性占47.65%，女性占52.35%；在城乡分布上，城市样本占58.29%，农村样本占41.70%；在代际结构上，"70后"群体占10.27%，"80后"群体占51.07%，"90后"群体占31.78%，"00后"群体占6.88%；在受教育程度上，初中及以下受教

---

① 党的二十大报告，https://www.gov.cn/xinwen/2022-10/25/content_5721685.htm。

育程度群体占8.46%，高中、中专受教育程度群体占36.79%，大专及以上受教育程度群体占54.75%。

三 青年群体压力来源

调查中，我们从住房、交通、医疗、收入、赡养老人、子女教育等13个维度考察了受访者对其个人生活中各类问题的感知强度，用以反映各类问题给受访者日常生活带来的压力，要求受访者对每个维度用1~7分进行评分，1分为该类问题"非常不严重"，7分为该类问题"非常严重"。对各类问题的应答均值进行汇总，结果如表1所示。整体而言，青年群体具有中等程度的压力评分，针对大多数生活问题的评分集中于3~4分。其中，青年群体的压力源中排在前三位的分别是物价问题、医疗问题以及交通问题，其平均得分分别为4.28、3.72和3.59。最不显著的压力来源为家庭成员关系问题、邻里/同学/同事关系问题以及婚姻/恋爱问题。可以看出，青年群体的生活压力主要来自生活质量和社会保障的困扰，而人际交往层面的压力相对较低。

表1 青年群体主要压力来源

单位：分

压力来源	评价均分	压力来源	评价均分
物价问题	4.28	赡养老人问题	3.48
医疗问题	3.72	住房问题	3.42
交通问题	3.59	自己或家人的健康问题	3.21
自己或家庭收入问题	3.57	婚姻/恋爱问题	3.00
工作或学业问题	3.55	邻里/同学/同事关系问题	2.96
子女教育问题	3.54	家庭成员关系问题	2.79
自己或家人就业问题	3.51		

（一）性别与压力来源

分析不同性别群体压力来源的差异，结果如表2所示。整体而言，女性

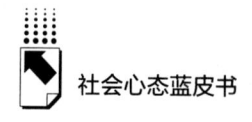

对于各类压力的评分高于男性,其中对于赡养老人、子女教育、邻里/同学/同事关系、工作或学业、自己或家人就业、物价问题的压力感知均显著高于男性群体。家庭的分工和职场的公平近年来越发引起全社会的重视,但女性依然在家庭事务和职场遭遇等社会现实中面临更大的压力。这可能意味着,想要应对生活中的压力,女性需要拥有更加稳定、强大的心态基础和更佳的自我调节能力。

表2 性别与压力来源

单位:分

压力来源	男性评价均分	女性评价均分
住房问题	3.37	3.47
交通问题	3.52	3.65
医疗问题	3.63	3.80
自己或家庭收入问题	3.47	3.66
赡养老人问题	3.39	3.56
子女教育问题	3.42	3.65
自己或家人的健康问题	3.13	3.28
家庭成员关系问题	2.76	2.81
邻里/同学/同事关系问题	2.93	2.98
婚姻/恋爱问题	2.99	3.02
工作或学业问题	3.47	3.63
自己或家人就业问题	3.42	3.59
物价问题	4.19	4.37
以上方面均分	3.36	3.50

（二）代际与压力来源

分析压力来源的代际差异可以看出（见表3）,越年轻的代际群体感知到的压力程度越大,"70后"群体整体压力评价最低,而压力评分最高的是"00后"群体。"70后"群体对物价和赡养老人之外的所有问题都具有相对其他代际更低的感知水平,而刚刚步入或尚未完全步入社会的"00后"群体对于住房、收入、家庭关系、婚姻恋爱、就业等问题的压力感知都明显高于前辈群体。当今的社会环境赋予了刚刚迈入成年大门的"00后"群体空前的压力，房价高涨、消费需求提高、自由恋爱的追求以及日益激烈的就业竞争都赋予了"00后"群体相比其他代际更大的压力。因此，相关政策应重视这些处于高压之下且相对"不稳定"的"新"青年群体，社区和高校应适时针对这些群体进行心理疏导。

表3 代际与压力来源

单位：分

压力来源	"70后"	"80后"	"90后"	"00后"
住房问题	3.15	3.41	3.51	3.57
交通问题	3.53	3.62	3.58	3.54
医疗问题	3.59	3.75	3.70	3.71
自己或家庭收入问题	3.45	3.54	3.63	3.75
赡养老人问题	3.41	3.49	3.51	3.38
子女教育问题	3.47	3.57	3.53	3.53
自己或家人的健康问题	3.03	3.20	3.28	3.20
家庭成员关系问题	2.67	2.74	2.87	2.94
邻里/同学/同事关系问题	2.80	2.89	3.09	3.08
婚姻/恋爱问题	2.86	2.90	3.14	3.33
工作或学业问题	3.39	3.51	3.62	3.84
自己或家人就业问题	3.27	3.46	3.60	3.78
物价问题	4.36	4.32	4.21	4.25
以上方面均分	3.31	3.42	3.48	3.53

（三）城乡与压力来源

居民的压力感知在城乡层面呈现一定的差异（见表4），整体而言，城市居民在大多数层面的压力感知都高于农村居民，其中在交通、健康和婚姻恋爱方面较为显著。而农村居民的压力在收入和就业问题上呈现明显高于城市居民的趋势。城市居民面临更快的生活节奏、更激烈的学业竞争、更复杂的

人际关系以及相对更高的物价,因此对这些层面的压力感知水平较高;而农村居民因受教育水平的限制和发展机会的缺乏,更容易在就业和收入层面感知到压力。城乡发展不平衡导致的结构性问题依然普遍存在,这需要通过进一步推进新型城镇化、提升农村社会保障和公共服务水平等措施来逐步改善。

表4 城乡与压力来源

单位:分

压力来源	城市居民评价均分	农村居民评价均分
住房问题	3.44	3.40
交通问题	3.64	3.53
医疗问题	3.73	3.70
自己或家庭收入问题	3.55	3.61
赡养老人问题	3.50	3.47
子女教育问题	3.55	3.53
自己或家人的健康问题	3.23	3.17
家庭成员关系问题	2.84	2.71
邻里/同学/同事关系问题	2.98	2.92
婚姻/恋爱问题	3.04	2.95
工作或学业问题	3.55	3.56
自己或家人就业问题	3.46	3.57
物价问题	4.31	4.25
以上方面均分	3.36	3.50

(四)受教育程度与压力来源

受教育程度与主观压力感知之间的关系十分显著,初中及以下受教育程度的群体在各方面均呈现最高的压力感知水平,大专及以上受教育程度的群体压力感知其次,而压力最小的是高中/中专受教育程度的群体,这一群体在各方面均呈现最低的压力感知程度(见表5)。这一方面可能与不同受教育程度群体生活境遇有关,比如初中及以下学历群体可能收入和社会地位相对较低,工作缺乏保障,面临较大的生存压力。大专及以上学历群体虽然生活水平较高，但需要面对的职场和学业竞争压力也更大，自我要求也可能更高，因此压力感也较明显。另一方面，这一结果可能是与代际相互作用而产生的，进一步分析发现，高中/中专受教育程度的人中"70后"青年最多，而大专及以上受教育程度的人中则是"90后"和"00后"青年最多，结合前述对代际差异的分析，上述受教育程度的差异可能也与不同代际面临不同的人生发展阶段有关。

表5 受教育程度与压力来源

单位：分

压力来源	初中及以下	高中/中专	大专及以上
住房问题	3.66	3.29	3.48
交通问题	3.69	3.55	3.60
医疗问题	3.98	3.64	3.73
自己或家庭收入问题	3.93	3.50	3.57
赡养老人问题	3.74	3.41	3.49
子女教育问题	3.95	3.45	3.54
自己或家人的健康问题	3.60	3.06	3.24
家庭成员关系问题	2.98	2.71	2.81
邻里/同学/同事关系问题	3.23	2.83	3.00
婚姻/恋爱问题	3.20	2.91	3.04
工作或学业问题	3.89	3.49	3.55
自己或家人就业问题	3.88	3.40	3.52
物价问题	4.35	4.27	4.28
以上方面均分	3.70	3.35	3.45

四 压力应对的心态基础

（一）安全感与压力感知：青年群体安全感整体较高，安全感越高，主观压力水平越低

调查中，测量了人们在人身安全、个人和家庭财产安全、信息安全、医

疗药品安全、食品安全、交通安全、环境安全、劳动安全、总体社会安全等9个方面的安全感知以及对于家附近走夜路安全感的评估，请受访者用1~7分进行评价，1分为"非常不安全"，7分为"非常安全"。分析时，将量表中9个方面的安全感分数进行平均计算，根据得分高低将安全感分为高、中、低三组。最终，分析结果如图1所示，可以看出，我国民众整体拥有较高的整体安全感，整体安全感处于中高水平的受访者达到了98.53%。对于家附近安全程度的评分也较为理想，安全感处于中高水平的受访者接近九成（88.36%）。

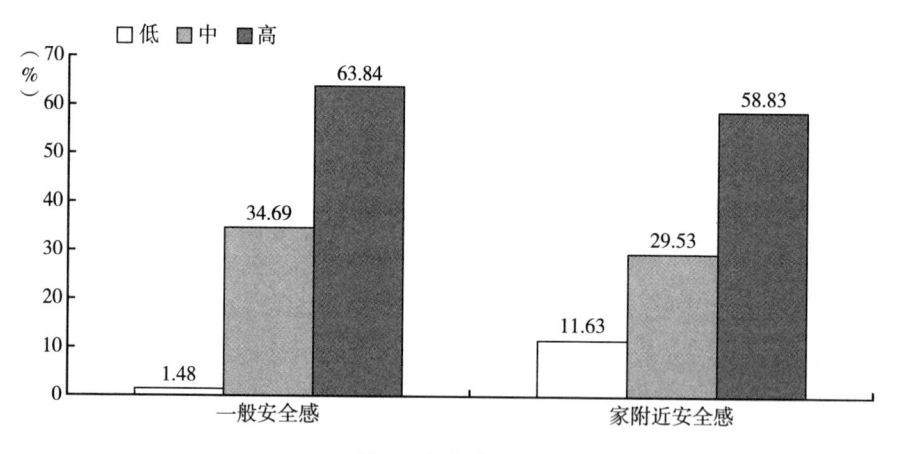

图1 安全感程度

将一般安全感与个体的压力感知进行交叉分析，结果发现二者存在显著的相关性，具有高安全感的群体的压力感知明显更低。如图2所示，高安全感群体具有最小的压力感知，压力感知程度低的比例超过了半数（50.43%），显著高于中等安全感群体（21.08%）和低安全感群体（19.10%）。一方面，高安全感往往意味着具有较强的心理保障，能满足基本需求并拥有更强的自信心，这为其应对压力提供了充裕的缓冲空间，而中低安全感的群体往往缺失这一缓冲空间，因此难以提供应对压力的有效支撑；另一方面，根据马斯洛的需求层次理论，当安全感受到威胁时，个体会经历焦虑，这种焦虑本身就会增加压力感，压力感很大程度上来自安全感的缺失。因此，提升个体的安全感将是减少个体压力体验的有效举措。

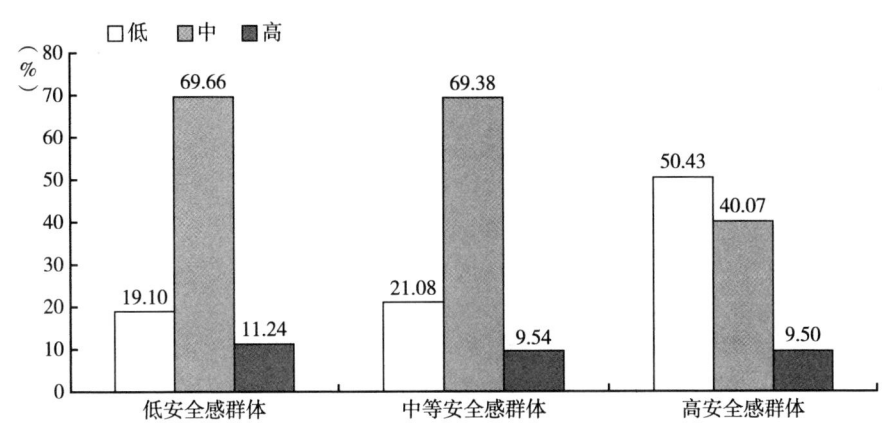

图 2 安全感和压力感知

（二）信任感：青年群体一般信任感整体较高，但对于陌生人群体的信任有所欠缺，信任感对于缓解生活压力具有正向意义

信任感是人们对社会体系和社会成员的一种信任感，是社会资本的重要组成部分。当个体具有高信任感时，其有助于提高公共决策和管理的效率，缓解阶层矛盾，维持社会稳定。本调查中以三道题目测量我国居民一般信任水平，7点计分，其中1分代表信任感非常低，7分代表信任感非常高，最终结果按照高、中、低排序。费孝通先生曾将中国人的人际关系以"差序格局"进行概括，在差序格局下，每个人都以自己为中心结成网络，这就像把一块石头扔到湖水里，以这个石头（个人）为中心点，在四周形成一圈一圈的波纹，波纹的远近可以标示社会关系的亲疏。这意味着中国人对于最外圈"波纹"——陌生人群体，在信任上往往存在障碍。因此在测量一般信任程度之外，还使用一道题目单独测量人们对于陌生人的信任程度。

结果如图3所示，就社会一般信任水平而言，可以看出中国民众的一般信任水平较高，对于社会整体具有中高信任程度的比例超过九成（91.92%）；

但针对陌生人群体，我国民众的信任程度明显较低，对于陌生人具有中高信任程度的比例约占六成（61.54%），其中具有高陌生人信任感的人不到三成。

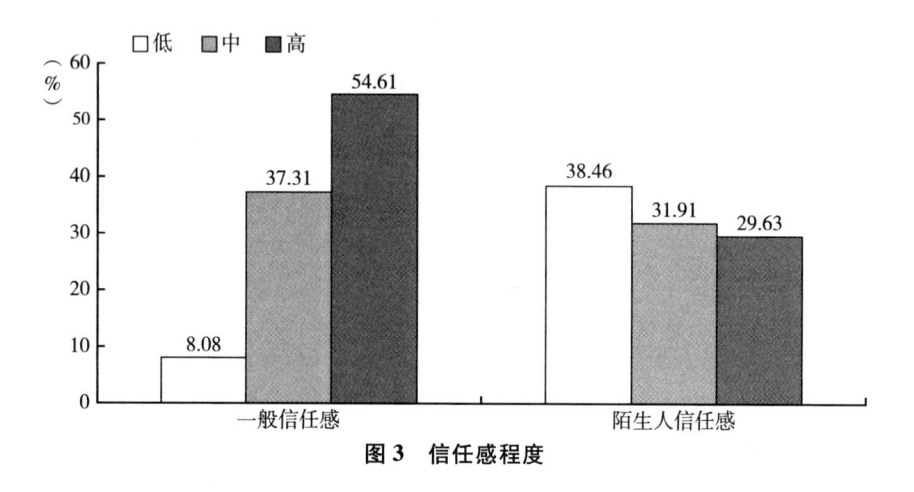

图3 信任感程度

交叉分析结果显示，一般信任感与压力感知程度之间也存在显著的相关性，具有高信任感的个体压力感知程度显著低于低信任感的群体，如图4所示。对于陌生人信任感的意义同样显著，对于陌生人的信任程度越高，其主观压力评价程度越低，如图5所示。高信任感意味着对他人和社会制度的信任，这可以减少对外部不确定性的担忧，从而减轻压力感，且高信任感带来的积极情绪可以直接减轻压力响应，并增强个体的心理弹性。低信任感则可能导致社会关系的疏远，减少个体获得支持的机会，进而在削弱个体压力应对能力的同时带来多样又复杂的压力源。因此，提升个体的社会信任水平，是降低其压力感知的有效手段，培养积极的互助文化（Aknin et al., 2013; Mellor et al., 2008），建立健全的社会制度（Rothstein & Stolle, 2002）将对提高社会信任感具有积极意义。

（三）社会支持程度：青年群体社会支持程度整体理想，社会支持度越高，压力感知越弱

主观社会支持程度是指个体感受到的来自社会网络的情感性支持和工具

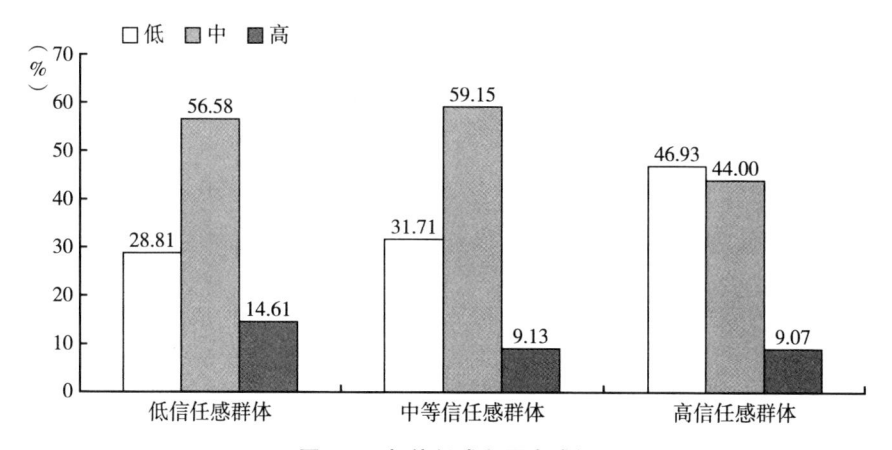

图4 一般信任感和压力感知

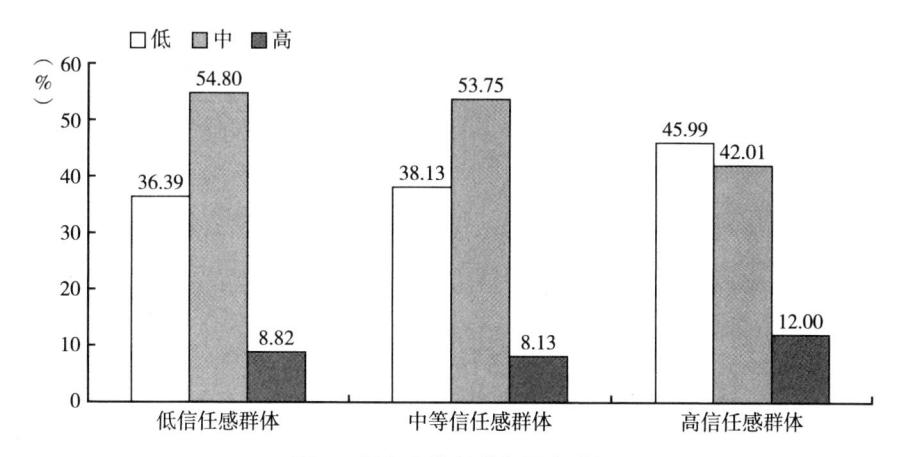

图5 陌生人信任感和压力感知

性支持程度。它反映了个体对社会支持的主观感受，是社会支持的一个重要维度。较高的主观社会支持水平能够预测较好的心理健康状态和社会适应能力。我们从家人、朋友、政府机关、社会组织四个维度对个体的主观社会支持水平进行了测量，7点计分，1分代表社会支持程度非常低，7分代表社会支持程度非常高，并对多维度的测量结果进行了平均值汇总，分为"高""中""低"三个等级用以描述个体的主观社会支持程度。分析结果显示（见图6），我国居民的主观社会支持程度整体较高，97.38%的受访者均具

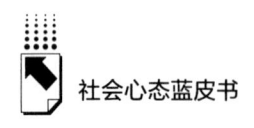

有中高水平的社会支持程度（其中40.49%具有中等社会支持程度，56.89%具有高社会支持程度）。

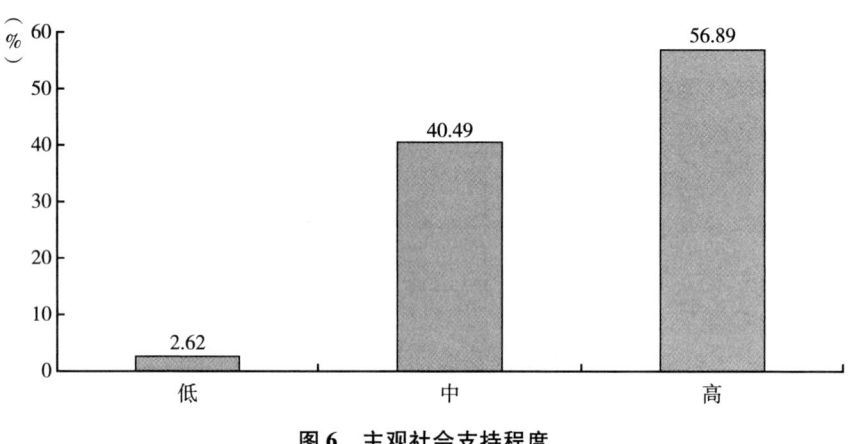

图6 主观社会支持程度

主观社会支持程度同样呈现了与压力感知水平的显著相关性，如图7所示，主观社会支持程度越高，个体对于压力的感知程度就越低。具有高社会支持程度的群体压力感知程度低的比例达到了46.80%，而低社会支持程度群体的这一比例却仅有20.25%。社会支持不仅能够通过提供情感上的慰藉和化解压力的直接资源来减轻个体的压力（Thoits，2011），还能够通过提升个体的自我效能感和情绪调节能力（Cohen & Wills，1985）提升个体应对压力的内在能力，而同时，社会孤立本身就是一种压力。因此避免边缘群体的出现，提升社会全体成员的社会支持感，将对调节大众的压力感知水平具有重要意义。

（四）社会公平感：青年群体社会公平感认知整体积极，社会公平感越强，压力感知越弱

社会公平感是指人们对社会资源和机会分配的公平性的主观感受。它反映了人们对社会公平与正义的看法。本调查从制度、政治权利、医疗、就业、财富、养老等13个维度测量了居民对于社会生活各方面的公平程度的

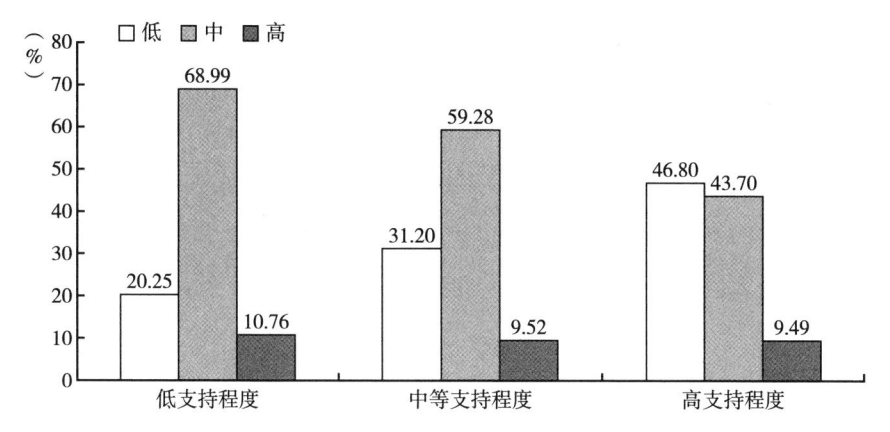

图7 主观社会支持程度和压力感知

感知，7点计分，1分代表社会公平程度非常低，7分代表社会公平程度非常高，对其评分结果取平均值并按照高、中、低排序。汇总结果显示（见图8），我国居民的社会公平感整体较高，社会公平感处于中高水平的比例达到了97.94%，处于低水平的仅有2.06%。其中，社会公平感"高"的民众超过了半数（54.71%）。

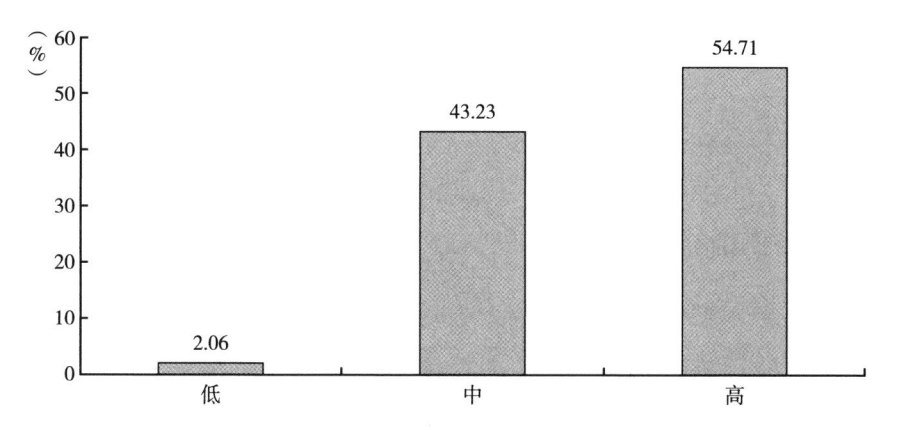

图8 社会公平感程度

个体的压力感知程度也在主观社会公平感维度呈现显著差异（见图9）。具有高社会公平感的群体对于压力的感知程度明显低于中低公平感群体，具有高公平感的群体中，具有低压力感知的比例超过了半数（53.46%），而中低公平感群体的这一比例分别为23.57%和16.94%。高公平感意味着个体对于社会资源分配和机会公正性的感知程度高，当人们的公正需求被满足时，相对剥夺感会被减弱，对于环境的不确定性也会降低，由此高公平感群体的压力得到减弱。而同时，低公平感可能会给个体带来不满心理，长期存在需要表达的不满情绪也会增加个体的压力感知。因此，维护各类制度公平，优化资源配置，建立公正可靠的社会制度，能够有效减轻公众的压力感知。

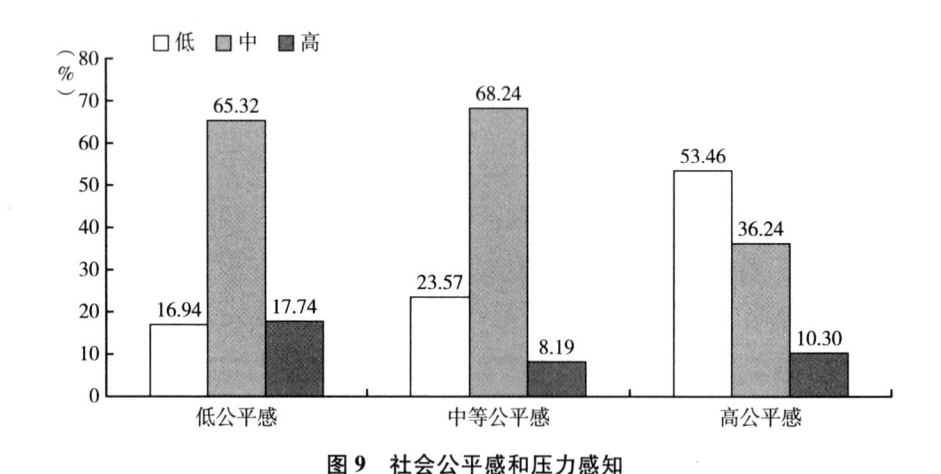

图9 社会公平感和压力感知

（五）社会流动感知：社会流动性有待进一步提升，阶层固化感越强，压力感知越强

社会流动感知是个体奋斗信念形成的重要指标之一，本报告对社会流动感知进行了测量，主要考察受访者对于阶层固化的主观认知，用以反映青年群体是否拥有通过奋斗实现自身价值和阶级跨越的心态基础。阶层固化感是个人对社会阶层流动的主观感知，认为不同社会阶层之间难以流动，自身所在阶层难以通过个人努力或能力改变。它反映了社会流动性和公平机会的状况，关系到个人的发展动力和整个社会的稳定。本调查通过三道题目测量了受访者的阶层固化感知，7点计分，1分代表社会阶层固化程度非常低，7分代表社会阶层固化程度非常高，对其评分结果取平均值并划分为高、中、低三组。汇总结果显示（见图10），受访者中，社会阶层固化感知较低的占比为14.34%，社会阶层固化感知中等的占比为54.36%，社会阶层固化感知高的占比为31.29%。整体而言，超过八成的受访者对当前我国社会存在阶层固化和流动性不足的问题表示认同或不确定，尽管大众对于社会公平感的认同程度整体较高，但对于当前的社会阶层流动性依然不够满意。

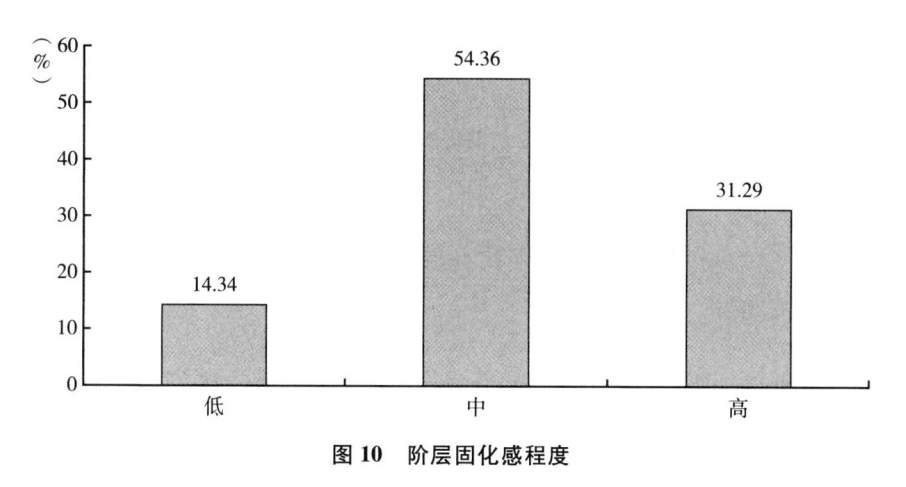

图10 阶层固化感程度

压力感知情况也在个体的阶层固化感层面呈现显著差异，具有低阶层固化感的个体对于压力的感知程度明显低于高阶层固化感的个体（见图11）。在低阶层固化感群体中，压力感知程度低的个体超过半数（56.55%），而中高阶层固化感的个体这一比例明显较低（分别为38.18%和34.89%）。低阶层固化感意味着个体感知到更多的社会流动性，能够看到自身阶层得到改善的可能性，随之产生的个体控制感和自我效能感有助于个体积极应对外部压力；而高阶层固化感容易导致个体产生无力感和相对剥夺感，削弱其应对压力的信心和内在资源。因此，应通过设置合理的财富分配机制，加强公平竞争，创造更多的就业机会和流动渠道来增强民众对社会阶层具有流动性的感知，这对于缓解青年群体生活压力具有重要意义。

社会心态蓝皮书

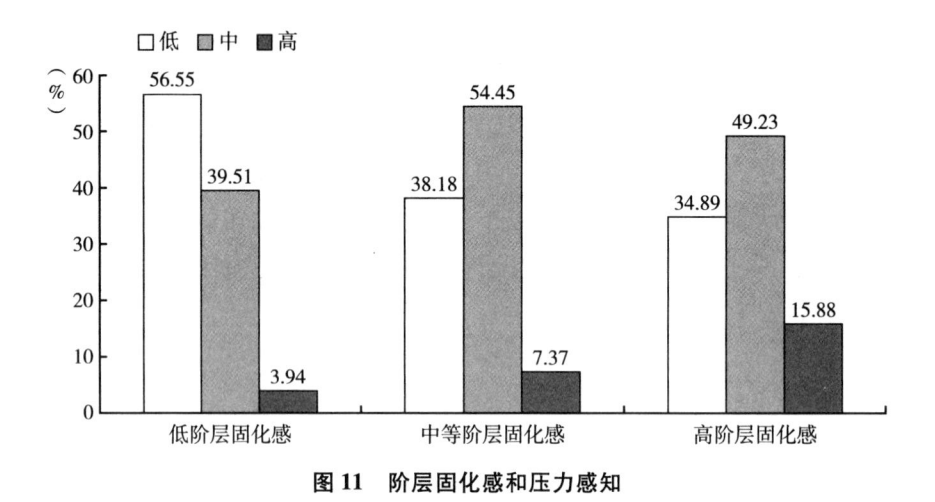

```
        □低  ■中  ■高
(%)
60   56.55
                        54.45
50        49.23
         39.51
40  38.18
         34.89
30
20
                              15.88
10            7.37
        3.94
 0
   低阶层固化感  中等阶层固化感  高阶层固化感
```

图11　阶层固化感和压力感知

（六）奋斗信念：青年群体奋斗信念整体良好，奋斗信念越强，主观压力感知越弱

面对压力，拥有积极的应对心态是迎难而上的基础，而是否拥有向上的动力是决定青年群体的认知能否与实际行动产生有效联结的重要因素。奋斗信念正是这一重要动力的来源。本研究用四道题目考察了我国居民的奋斗信念，得分越高，奋斗信念越强，同样对得分进行高、中、低的划分。结果显示（见图12），15.32%的受访者具有低奋斗信念，44.27%的受访者具有中等奋斗信念，还有40.40%的受访者具有高奋斗信念。整体而言，我国居民的奋斗信念整体良好，大部分民众相信努力奋斗会带来积极回报。但依然存在少部分受访者奋斗信念较低。这值得国家和社会予以关注，及时调动这一群体的创造性和积极性。进一步分析发现，奋斗信念在代际层面呈现显著差异，如图13所示，"90后""00后"群体的奋斗信念相比于"70后""80后"群体，具有明显的"断档式"差距。奋斗信念最强的"70后"群体相比奋斗信念缺失最严重的"90后"群体，具有高奋斗信念的比例高出15.67个百分点。"70后""80后"群体成长在改革开放后的中国，生活环境和条件相比上一代有了较大改善，其身边也不乏通过个人努力实现阶层跨

122

青年生活压力应对的社会心态基础分析

越的例子,因此其对于努力的信念往往较强;而"90后""00后"生活在物质丰富和经济发达的时代,前述分析已显示其压力较大,当前分析又发现其奋斗信念较低,因此,对这一群体应给予更多的关注。

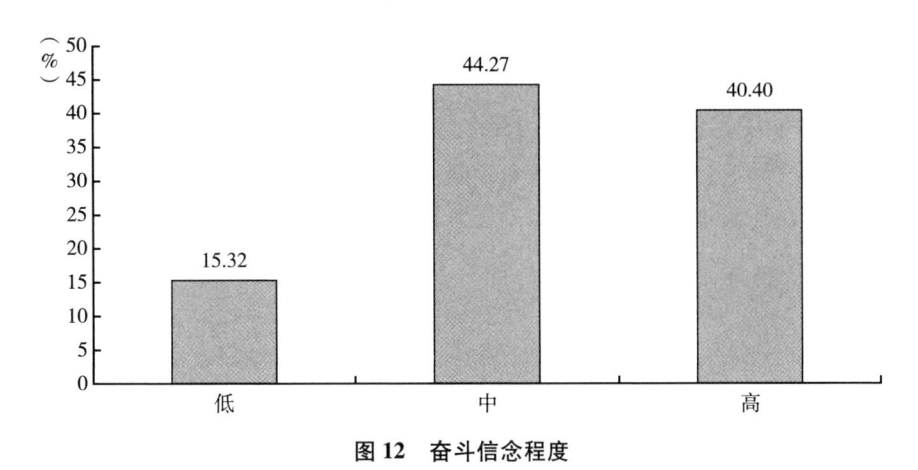

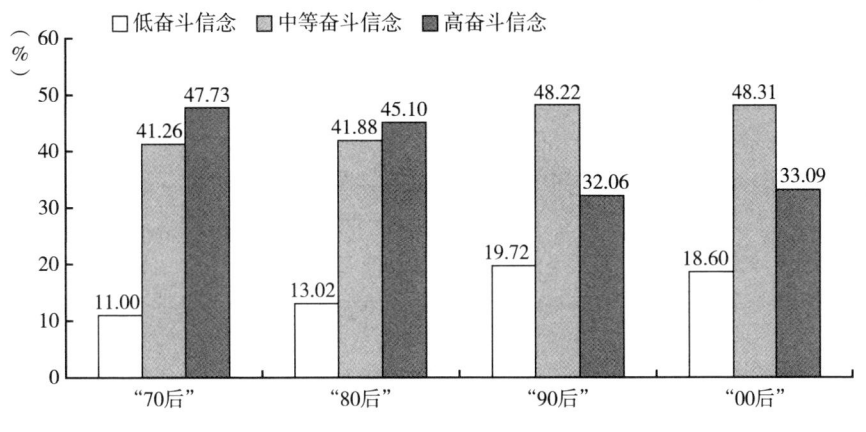

图12 奋斗信念程度

图13 不同代际的奋斗信念

奋斗信念与个人的压力感知程度之间呈现十分显著的相关性,奋斗信念并未成为个人生活的负担,相反,奋斗信念越强,对于压力的感知程度越低。具有低奋斗信念的群体,其压力感知程度低的比例为17.90%,而具有中高奋斗信念群体的这一比例却分别达到了31.27%和57.42%(见图14)。

123

较强的奋斗信念往往意味着更明确的目标和方向，这可以赋予生活更多的意义，从而让压力带来的迷茫和焦虑感有所缓解。对奋斗的信念也能够提高个体的自我效能感，让人相信只要努力就可以克服困难，这使人在面对压力时具有更强的信心，缓解个体的无力感。这可能可以解释"90后"和"00后"群体奋斗信念较低和压力感知强烈的研究发现。因此，可以高校为主体通过教育引导青少年树立远大目标，讲述奋斗故事，树立奋斗榜样，增强奋斗信念，并通过完善社会保障和救助机制降低奋斗风险，使青年群体专注于奋斗，创造更大的社会价值。

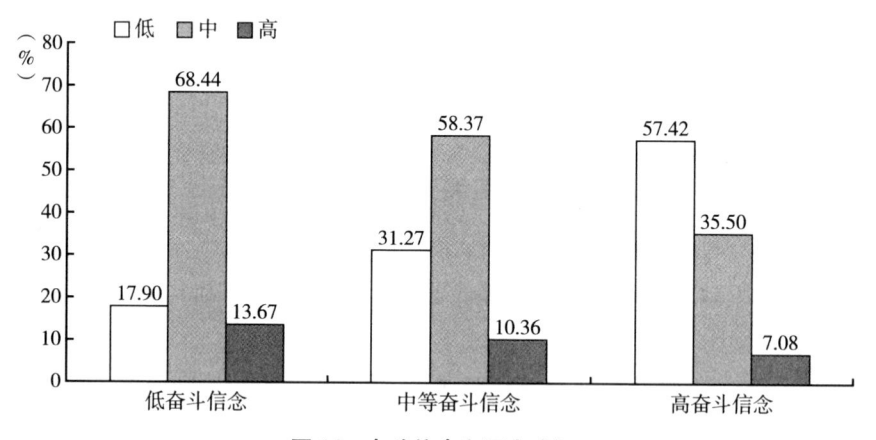

图14 奋斗信念和压力感知

五 结论与总结

（一）物价、医疗和交通问题是核心压力源，城市居民和低受教育程度群体压力感知程度高，值得重点关注

青年群体对于生活各方面的压力均具有中等程度的评价，其中较为核心的压力来源是物价问题、医疗问题和交通问题。这提示相关领域的政策应及时关注青年群体的需求，并及时予以有效的干预和调节。同时，研究还发现，城市居民的压力感知程度高于农村居民，低受教育程度受访者的压力感知程度高于中高受教育程度的受访者。压力感知程度反映了不同群体所面临的主要生活矛盾。想要化解这些相对"高压"群体的生活压力，除了保障教育和制度公平，还应该积极推广心理健康教育，让人们在压力面前能够找寻到正确的疏解途径，从而及时、有效地应对压力，回归日常生活。

（二）我国民众整体拥有应对生活压力的良好心态基础，这为有效化解青年群体的生活压力提供了重要基础

调查中，受访群体具有较为良好的安全感、信任感、社会支持程度、社会公平感和奋斗信念，中等程度的社会流动感知。这反映出经济平稳发展，社会治理体系不断完善，公共服务体系建设成效显著，群众安全感、获得感、幸福感明显增强的良好趋势。人们能够在一个相对稳定和谐的社会环境中生活，并对当前的社会状况持较为积极的态度。而进一步的分析也发现，安全感、信任感、社会支持程度、社会公平感、社会流动感知以及奋斗信念均对化解个体生活压力具有显著的积极意义。因此，维持青年群体整体的优良心态，并对女性、低受教育水平群体、"00后"等呈现较高压力感知水平的相对"弱势"群体的社会心态加以调节，有助于缓解青年群体的压力感知，进而充分调动其奋斗动力和创造性，将对中国特色社会主义建设具有重要意义。

（三）"90后""00后"青年群体呈现高压力感知和奋斗信念缺乏的趋势，社会和高校应加以引导

当今"90后""00后"青年群体承受着较大的生活压力，其压力主要来自升学就业、婚姻恋爱以及收入等方面。在这些现实压力下，其对于阶层向上流动预期普遍不高，对改变现状和翻转命运缺乏信心。奋斗信念也在这种环境下逐渐被削弱。这一现象的根源，一方面，在于当前社会流动感知的下降，容易认为个人的向上阶层流动面临阻碍；另一方面，在于受互联网和各种媒体影响的青年群体的主观意识也有待引导。要解决这一问题，需要社会各界共同努力。第一，继续深化改革开放，保证教育、就业等方面的公平

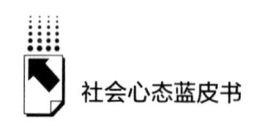

机会，增强社会流动性。第二，鼓励青年群体树立远大理想，看到奋斗的意义，激发其上进心。第三，社会和高校应对青年群体加强正面引导，充分发挥心理咨询、职业生涯规划等部门的作用，帮助青年群体正确面对生活压力。只有让青年重拾奋斗信念，才能激发他们的潜力，使其在未来的社会中发挥应有作用。

参考文献

陈丽君、胡晓慧、顾昕：《社会流动感知和预期如何影响居民幸福感？——公共服务满意度的中介作用和社会公平感的调节作用》，《公共行政评论》2022年第1期。

费孝通：《乡土中国》，人民出版社，2008。

习近平：《扎实推动共同富裕》，《求是》2021年第20期。

张衍：《主客观地位和流动感知对公平感的影响与变化（2019~2020年）》，载王俊秀主编《中国社会心态研究报告（2021）》，社会科学文献出版社，2021。

Aknin, L. B., Dunn, E. W., & Norton, M. I., "Making a Difference Matters: Impact Unlocks the Emotional Benefits of Prosocial Spending", *Journal of Economic Behavior & Organization*, 88 (2013).

Andreoni, J., & Samuelson, L., "Building Rational Cooperation", *Journal of Economic Theory*, 1 (2006).

Austin, W., & Walster, E., "Equity with the World: The Trans-relational Effects of Equity and Inequity", *Sociometry*, 1995.

Chen, E., Brody, G. H., & Miller, G. E., "Childhood Close Family Relationships and Health", *American Psychologist*, 6 (2017).

Cohen, S., "Social Relationships and Health", *American Psychologist*, 8 (2004).

Cohen, S., & Wills, T. A., "Stress, Social Support, and the Buffering Hypothesis", *Psychological Bulletin*, 2 (1985).

Coleman, J. S., "Social Capital in the Creation of Human Capital", *American Journal of Sociology*, 94 (1988).

Flanagan, C. A., Bowes, J. M., Jonsson, B., Csapo, B., & Sheblanova, E., "Ties that Bind: Correlates of Adolescents' Civic Commitments in Seven Countries", *Journal of Social Issues*, 3 (1998).

Kay, R., & Eibach, R., "Compensatory Control and its Implications for Ideological Extremism", *Journal of Social Issues*, 3 (2013).

Kim, E. S., Sun, J. K., Park, N., & Peterson, C., "Purpose in Life and Reduced Incidence of Stroke in Older Adults: 'The Health and Retirement Study'", *Journal of Psychosomatic Research*, 5 (2013).

Lachman, M. E., Neupert, S. D., & Agrigoroaei, S., "The Relevance of Control Beliefs for Health and Aging", In K. W. Schaie & S. L. Willis (eds.), *Handbook of the Psychology of Aging* (7th ed.), Academic Press, 2011.

Mellor, D., Hayashi, Y., Firth, L., Stokes, M., Chambers, S., & Cummins, R., "Volunteering and Well-being: Do Self-esteem, Optimism, and Perceived Control Mediate the Relationship?", *Journal of Social Service Research*, 4 (2008).

Ozbay, F., Johnson, D. C., Dimoulas, E., Morgan, C. A., Charney, D., & Southwick, S., "Social Support and Resilience to Stress: from Neurobiology to Clinical Practice", *Psychiatry (Edgmont)*, 5 (2007).

Pain, R., "Place, Social Relations and the Fear of Crime: A Review", *Progress in Human Geography*, 3 (2000).

Rothstein, B., & Stolle, D., "How Political Institutions Create and Destroy Social Capital: An Institutional Theory of Generalized Rrust", Annual Meeting of the American Political Science Association, Boston, MA, 2002.

Tao, V. Y. K., & Hong, Y. Y., "When Academic Achievement is an Obligation: Perspectives from Social-oriented Achievement Motivation", *Journal of Cross-Cultural Psychology*, 1 (2014).

Thoits, P. A., "Mechanisms Linking Social Ties and Support to Physical and Mental Health", *Journal of Health and Social Behavior*, 2 (2011).

B.6 民众积极社会心态特点与影响因素

高文珺*

摘 要： 幸福感、奋斗信念和生命意义感可以构成积极的社会心态，这是一种积极的心理品质，促进其积极投入社会主义现代化建设之中。本研究通过对2022年中国社会心态调查10071名居民的数据分析，探讨了民众积极社会心态的现状、特点和影响因素。结果发现，民众积极社会心态处在中上水平，但其中生命意义感相对较弱。不同群体的积极社会心态水平有差异，"90后"和"00后"青年、受教育程度较低的群体、主观社会阶层较低的群体积极社会心态水平较低。个体层面，成长型思维方式有利于积极社会心态的形成；社会发展环境层面，社会安全感、社会公平感和社会流动感知的提升，能够促进积极社会心态的形成。

关键词： 积极社会心态 幸福感 奋斗信念 生命意义感

一 引言

中国式现代化坚持以人民为中心，以人民对美好生活的向往为现代化建设的出发点和落脚点。[①] 让人们的生活更加幸福美好，既有赖于国家层面的

---

* 高文珺，中国社会科学院社会学研究所副研究员，社会心理大数据与人工智能实验室副研究员，博士，研究方向为社会心理学。
① 习近平：《高举中国特色社会主义伟大旗帜 为全面建设社会主义现代化国家而团结奋斗——在中国共产党第二十次全国代表大会上的报告》，http：//www.news.cn/politics/cpc20/2022-10/25/c_1129079429.htm，2022年10月16日。

发展和建设，也有赖于个体层面民众积极投入社会主义现代化建设之中，共同奋斗创造美好生活。要促进这种投入，社会层面离不开政治、经济、文化等方面的发展保障，个体层面则可从塑造积极社会心态入手。

社会心态是在一定时期的社会环境和文化影响下形成的，社会中多数成员表现出的普遍的、一致的心理特点和行为模式，并成为影响每个个体成员行为的模板（王俊秀，2014）。从积极心理学的视角看，积极的心态能够促进人发挥自己的优势和潜能，让其生活得更幸福、更充实，更能实现个人价值（斯奈德、洛佩斯，2013）。在积极心理学中，幸福的三个取向包括愉悦的生活、投入的生活和有意义的生活（Alan Carr，2013）。这三个幸福取向与社会心态中的幸福感、奋斗信念和生命意义感恰好对应，因此，本研究将这三种社会心态的成分界定为积极社会心态。这种积极社会心态能够成为个体的积极心理品质，激发其优势和潜能，促进其发展与适应。

本研究所提出的积极社会心态中，幸福感是指个体对自己生活的评价与感受，可通过生活满意度来评定。生活满意度通常是指个体按照自己所选择的标准对自己生活质量的总体性认知评估，可作为"愉悦的生活"的评定指标。在社会心态研究中，奋斗信念可以描摹出人们奋斗进取的心态，秉持一种勤奋努力有回报的信念，就会更有动力去积极奋斗（高文珺，2023），可作为"投入的生活"的一种评定指标。生命意义感是指人们发现和理解自己生命的意义、确定和追寻生命中的目标。生命意义感会给予人们长远的目标指向、动力和价值（Steger，2012；赵礼等，2022），可通过生命意义感来评定"有意义的生活"。

本研究将从个体思维方式和社会发展环境两个方面探讨积极社会心态形成的影响因素。个体思维方式上，本研究认为关于个人和社会的成长型思维方式会促进积极社会心态的形成。成长型思维（growth mindsets）最初指的是个体相信人的才智通过不断的练习和努力是可以改变的，与之相对应的固化型思维（fixed mindsets）则认为人的才智是天生的，无法为后天的努力和经验所改变（Dweck et al.，1995）。后续研究相继拓展了成长型思维的内涵，包括个体品格特征可以改进（Chiu et al.，1997）和社会特征可以改进

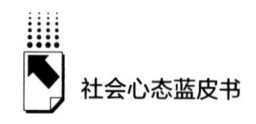

的思维方式（Bacova，Viera，1998）。已有研究显示，成长型思维会影响幸福感、心理健康、社会应对等（周旭冉等，2022）。因此，本研究认为这种个体思维方式会影响积极社会心态的形成。

社会发展环境层面，本研究认为，一方面，社会发展满足人们的基本需要，会影响其积极社会心态的形成。通过社会成员对社会生活的感受，可以评定需要满足的程度。根据马斯洛的需要层次理论，社会安全感、社会公平感可以体现安全需要的满足程度（高文珺等，2013）。安全需要是个体希望获得稳定、安全、秩序、保障，免受恐吓、焦虑和混乱的折磨等的需要（车文博，1998）。本研究假定这一基本需要的满足会促进积极社会心态的形成。另一方面，社会流动渠道畅通能给人以希望和奋斗的动力。已有研究显示社会流动感知会影响人们的幸福感和奋斗信念（高文珺，2023），因此，社会流动环境也会影响积极社会心态的形成。

基于上述分析，本研究根据2022年中国社会心态调查（Chinese Social Mentality Survey，CSMS）对全国10071名居民的调查数据[①]，从幸福感（生活满意度）、奋斗信念和生命意义感三个维度来分析当前民众积极社会心态的特点，从个体成长型思维方式和社会发展环境方面的社会安全感、社会公平感和社会流动感知来分析积极社会心态形成的影响因素，并在此基础上提出塑造积极社会心态的建议。

二 变量说明

（一）积极社会心态

对于本研究所提出的积极社会心态的三个维度，幸福感的题目来自"生活满意度量表"（Diener et al.，1985；高文珺，2021），7点量表计分，得分越高，生活满意度越高。奋斗信念的题目源自社会公理（social axioms）量表

[①] 调查抽样及调查对象具体情况参见本书总报告部分。

相应分量表（Leung et al., 2002），得分越高，代表调查对象越相信勤奋努力会获得回报、取得成就，奋斗信念越坚定。生命意义感题目源自"生命意义感量表"（Steger et al., 2006；刘思斯、甘怡群，2010），高分代表认为自己的生命存在意义或是自己在努力寻求生命意义。因素分析结果显示，积极社会心态呈现清晰的三维度结构，每个维度和量表总维度的信度都较高。

为清晰呈现结果，在分析中会将各维度得分划分为高、中、低三组，高分组分别代表生活满意度高、相信勤奋有回报和生命意义感强；低分组分别代表生活不满意、不相信勤奋有回报和找不到生命意义感；中分组表示相应维度处于中间水平。同时，将这三个维度构成的积极社会心态总分按照得分高低也划分为高、中、低三组，分别代表积极社会心态的"高""中""低"水平。

（二）积极社会心态影响因素测量

1. 个体思维方式测量

针对成长型思维，本研究采用经典的测量方式（Chiu et al., 1997），分别测量人们对于个体品格特征的可变性和社会本质特征的可变性的认知。得分越高，代表人们越相信个体品格不是固定不变的，可以改进；社会特征也不是固有的，有变好的空间。

2. 社会发展环境测量

社会安全感的测量采用自编"社会安全感量表"（高文珺等，2013），从10个方面测量人们对于财产安全、人身安全、交通安全、食品安全、隐私安全等多个社会生活领域的安全感知。以量表总均分为社会安全感得分，分数越高，安全感越强。

社会公平感的测量采用自编"社会公平感量表"（高文珺，2015），测量人们感知到的义务教育、高考制度、就业机会、公共医疗、社会保障、城乡待遇等12个方面的社会公平程度。以量表总均分为社会公平感得分，分数越高，公平感越强。

社会流动感知的测量源自"社会流动感知量表"，通过4个题目测量人们

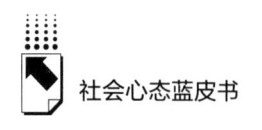

对于当前社会阶层可以流动而不是固化不变的感知。以量表总均分为社会流动感知的得分，分数越高，社会阶层流动性感知越强。

三 研究结果

（一）积极社会心态特点

1. 积极社会心态的一般特点

民众积极社会心态整体处于中等偏上的水平，7点量表计分，三个维度的积极社会心态总体均值是5.12，从分值高低看，六成多的民众积极社会心态得分较高。从积极社会心态的各个组成成分看，民众的奋斗信念最强，68.86%的民众奋斗信念得分较高；其次是生活满意度，也就是幸福感程度，64.26%的民众得分较高。相对而言，生命意义感得分较低，能够感知或是寻求生命意义的人数比例刚刚过半，还有近半数的人对生命意义的感知不是特别明确，处于中等水平（见图1）。

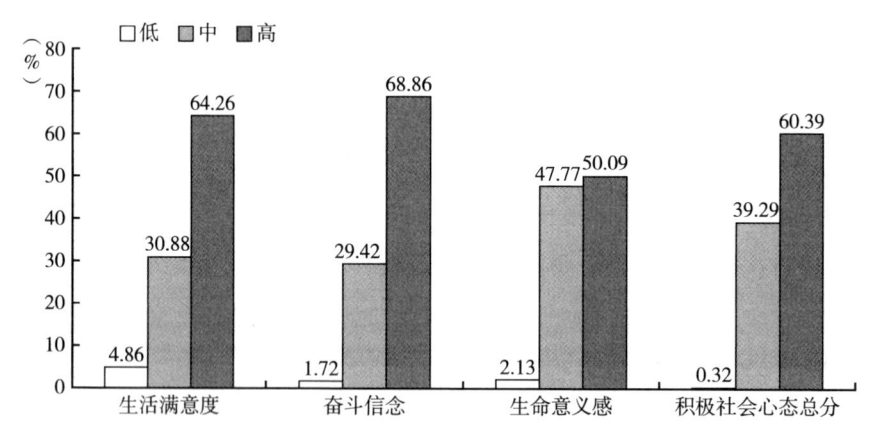

图1 民众积极社会心态的一般特点（N=10071）

分析积极社会心态的人口学特点，发现积极社会心态在受教育程度、代际和主观社会阶层上存在一定的差异。

2. 受教育程度与积极社会心态

在受教育程度上，初中及以下受教育程度的民众积极社会心态最低，高中/职高、大学专科和本科及以上受教育程度的民众积极社会心态较高的比例都在六成以上，而初中及以下受教育程度的民众积极社会心态较高的比例则为53.54%，明显低于其他民众（见图2）。

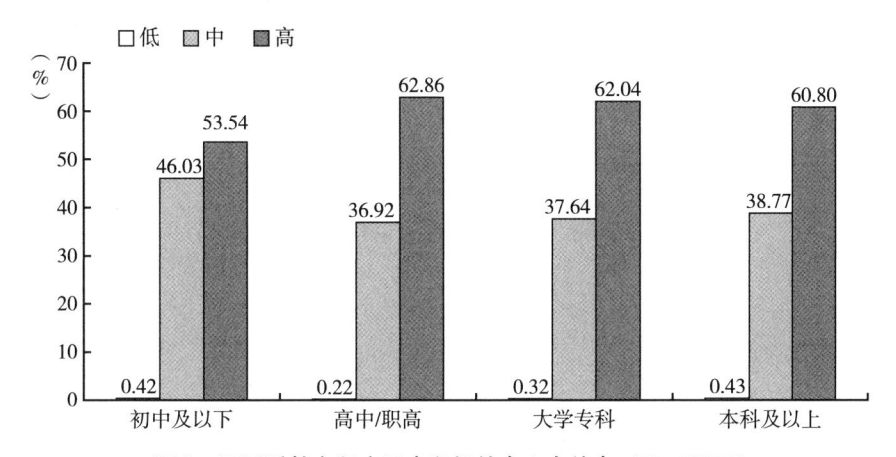

图2 不同受教育程度民众积极社会心态特点（N=10071）

进一步分析积极社会心态各维度在不同受教育程度群体中的特点，结果发现（见图3、图4、图5），在生活满意度上，初中及以下受教育程度的群体明显低于其他三类受教育程度的群体，进一步方差分析表明，高中/职高、大学专科和本科及以上这三类受教育程度的民众在生活满意度上的差异并不显著。奋斗信念上则与整体积极社会心态的分析趋势有所不同，高中/职高受教育程度的群体奋斗信念最强，其他三类受教育程度的群体在奋斗信念上没有明显差异。生命意义感方面，初中及以下受教育程度的群体对生活有意义的感知最弱，明显低于其他三类受教育程度的群体，但另外三类受教育程度的群体之间则没有明显差异。

3. 代际与积极社会心态

在代际方面，"70后"民众最具有积极社会心态，66.02%的人积极社会心态水平较高，其次是"80后"以及"50后"和"60后"，"90后"和

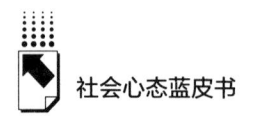

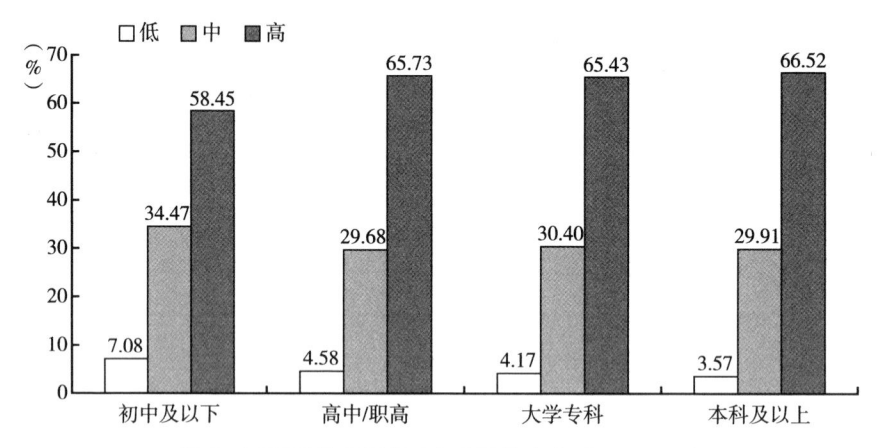

图 3 不同受教育程度民众生活满意度（N=10071）

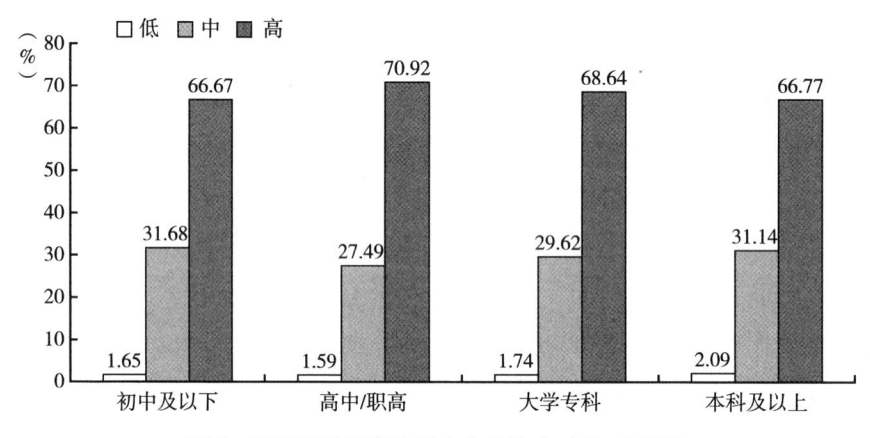

图 4 不同受教育程度民众奋斗信念（N=10071）

"00后"的积极社会心态水平则明显低于其他代际，有51.71%的人表现出较高水平的积极社会心态（见图6）。

进一步分析积极社会心态各维度在不同代际中的特点（见图7、图8、图9）。与积极社会心态整体的分析相类似，"90后"和"00后"的青年在生活满意度、奋斗信念和生命意义感方面都是最为消极的，"70后"民众则在各个方面都表现得更为积极。"50后"和"60后"的生命意义感和生活

民众积极社会心态特点与影响因素

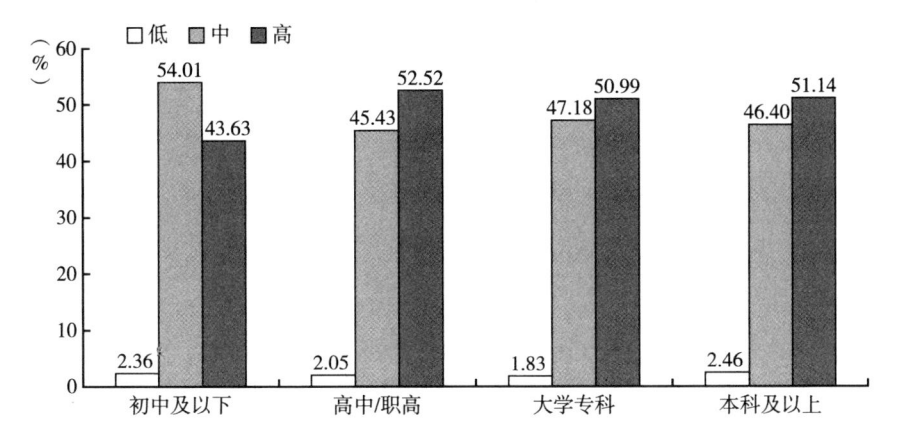

图5 不同受教育程度民众生命意义感（N=10071）

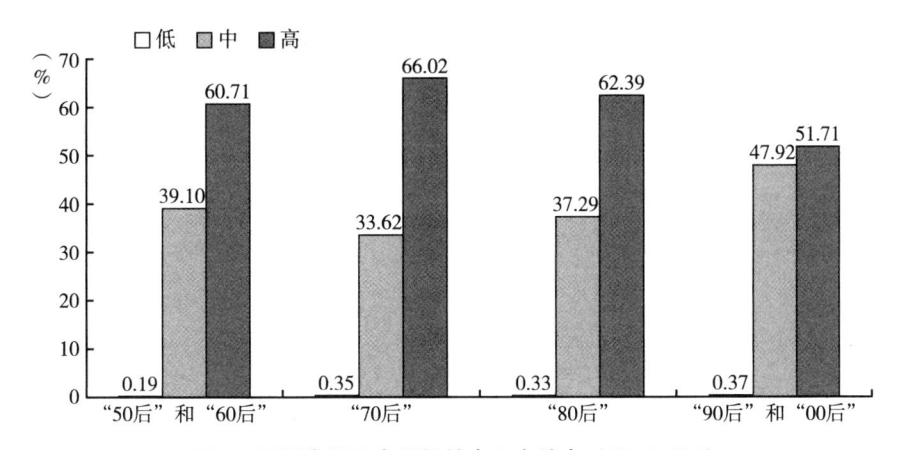

图6 不同代际民众积极社会心态特点（N=10071）

满意度相对也比较低，可能与其步入老年心理和身体的变化有关，但其对付出有回报这样的奋斗信念的认可程度较高。

4. 主观社会阶层与积极社会心态

主观社会阶层是民众对自己在社会所处阶层位置的主观感知，分析显示，随着主观社会阶层的升高，民众积极社会心态水平提升。认为自己处于社会中下层的民众，其积极社会心态水平较高的比例为47.67%，认为自己处于社会中层的民众这一比例则为65.49%，而认为自己处于社会中上层的

135

社会心态蓝皮书

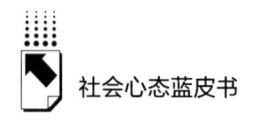

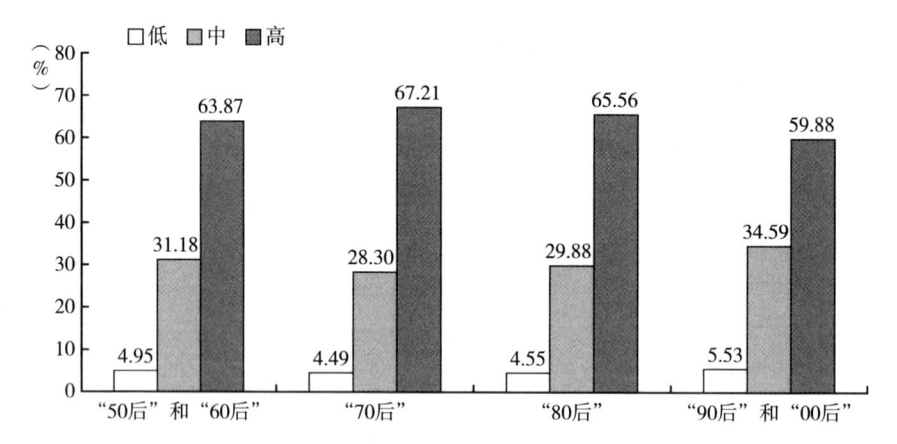

图7 不同代际民众生活满意度（N=10071）

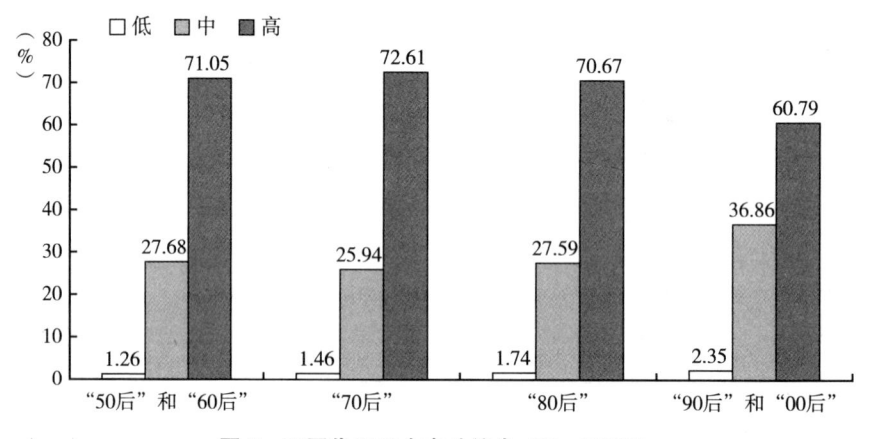

"50后"和"60后"：低 4.95，中 31.18，高 63.87
"70后"：低 4.49，中 28.30，高 67.21
"80后"：低 4.55，中 29.88，高 65.56
"90后"和"00后"：低 5.53，中 34.59，高 59.88

图8 不同代际民众奋斗信念（N=10071）

"50后"和"60后"：低 1.26，中 27.68，高 71.05
"70后"：低 1.46，中 25.94，高 72.61
"80后"：低 1.74，中 27.59，高 70.67
"90后"和"00后"：低 2.35，中 36.86，高 60.79

民众，其积极社会心态水平较高的比例则达到了71.42%（见图10）。

进一步分析积极社会心态各维度在不同主观社会阶层民众中的特点（见表1）。各维度在不同主观社会阶层民众中的趋势变化与整体的分析相类似，随着主观社会阶层的升高，生活满意度、奋斗信念和生命意义感都会提升。但在变化大小上，不同维度有些差异。生活满意度和生命意义感在不同主观社会阶层之间差异较为明显，奋斗信念则主要表现为中下层相信勤奋有回报的人数比例最少，而中层和中上层之间的差异则较小。

民众积极社会心态特点与影响因素

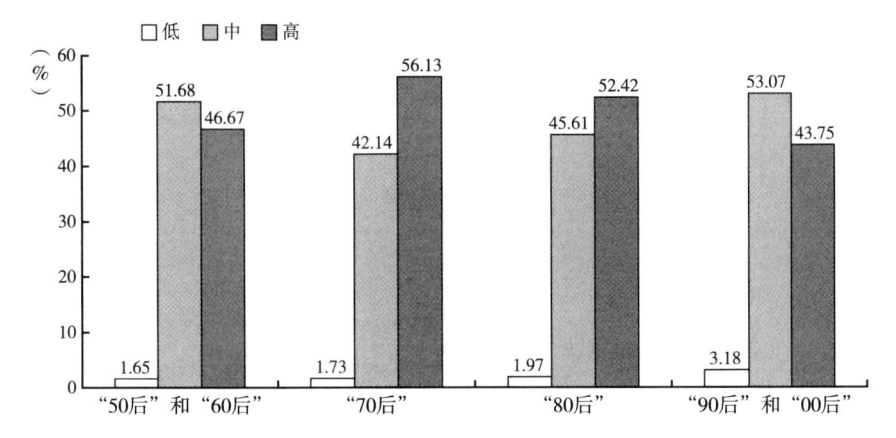

图9 不同代际民众生命意义感（N=10071）

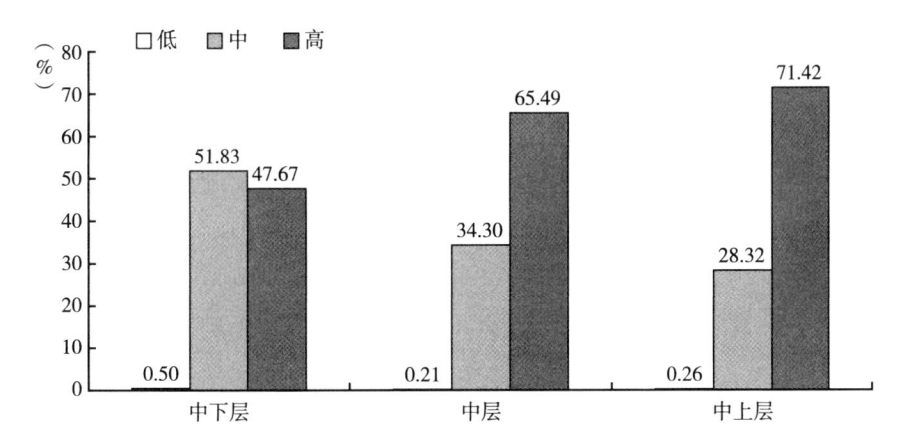

图10 不同主观社会阶层的民众积极社会心态特点（N=10071）

表1 不同主观社会阶层民众积极社会心态各维度特点（N=10071）

单位：%

变 量	积极社会心态	中下层	中层	中上层
生活满意度	低	8.59	3.20	2.17
	中	37.80	28.99	21.88
	高	53.60	67.81	75.95
奋斗信念	低	2.54	1.26	1.45
	中	37.89	25.57	23.65
	高	59.57	73.17	74.90

137

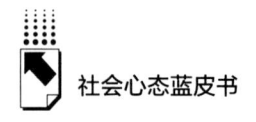

续表

变量	积极社会心态	中下层	中层	中上层
生命意义感	低	2.78	1.78	1.91
	中	54.73	46.35	37.12
	高	42.50	51.87	60.97

（二）成长型思维与积极社会心态

本研究假定个体层面，个人的成长型思维方式会影响其积极社会心态的形成。此次调查中，认为个人品格可以改变的人占比41.23%，认为不太可能改变的占比18.61%，不确定能否改变的人占比40.15%。认为社会本质特征可以改变的人占比29.53%，认为社会特征不太可能改变的占比26.17%，不确定是否会有根本性改变的人占比44.30%。采用卡方检验，分别分析了关于个人品格成长型思维和关于社会特征成长型思维与积极社会心态的关系，结果见表2。

表2　民众成长型思维与积极社会心态的关系（N=10071）

单位：%

积极社会心态	个人品格成长型思维			社会特征成长型思维		
	低	中	高	低	中	高
低	0.69	0.35	0.12	0.42	0.34	0.20
中	38.15	50.64	28.75	40.90	45.60	28.41
高	61.15	49.01	71.13	58.69	54.07	71.39

当人们认为一个人的品格能发生改变的时候，其更容易形成积极的社会心态，幸福感、奋斗信念、生命意义感都更强，持有个人品格成长型思维的人中，有71.13%的人积极社会心态水平较高。而相对于认为个人品格较难改变的人，对个人品格能否改变不确定、持有中立态度的民众，其积极社会心态水平会更低，只有49.01%的人积极社会心态水平较高。社会特征成长

型思维与积极社会心态的关系也呈现类似的模式，认为社会特征可以改变的人群中，有71.39%的人都持有较强的积极社会心态，对社会特征是否可以改变持有中立态度的人群中积极心态水平较高的比例最低。整体上，具有成长型思维，即相信个人品格可以有根本性改变，或是相信社会本质特征具有可变性或可改进性，有利于积极社会心态的形成。

进一步分析成长型思维与积极社会心态三个维度之间的具体关系（见表3），相信个人品格可以改变的成长型思维方式会提升人们的生活满意度、奋斗信念和生命意义感；对于品格是否改变持有不确定性态度时，生活满意度、奋斗信念和生命意义感都是最低的，这一点在生命意义感和奋斗信念上体现得更为明显。相信社会特征可以改变的成长型思维方式会增强人们各维度的积极社会心态；对于社会特征是否可改变不确定时，奋斗信念和生命意义感较低。

表3　民众成长型思维与积极社会心态三维度的关系（N=10071）

单位：%

变量	积极社会心态	个人品格成长型思维			社会特征成长型思维		
		低	中	高	低	中	高
生活满意度	低	7.52	5.91	2.62	8.57	4.55	2.02
	中	32.50	38.11	23.12	33.99	34.88	22.13
	高	59.98	55.98	74.26	57.44	60.57	75.86
奋斗信念	低	2.83	1.78	1.16	1.93	1.84	1.34
	中	25.99	36.75	23.84	27.92	33.33	24.88
	高	71.18	61.47	75.01	70.14	64.83	73.77
生命意义感	低	3.04	2.27	1.59	3.03	2.02	1.51
	中	46.37	59.52	36.96	47.00	56.47	35.41
	高	50.59	38.20	61.45	49.96	41.52	63.08

（三）社会安全感与积极社会心态

在社会发展环境层面，本研究的假定之一是社会安全感与积极社会心态的形成关联紧密。卡方检验的分析结果验证了这一点（见表4），社会安全

感越高的民众，社会心态越积极。在社会安全感较高的人群中，有74.14%的民众都表现出积极的社会心态，比例远远高于安全感中等（35.76%）或较低（31.65%）的人群。

表4 民众社会安全感与积极社会心态的关系（N=10071）

单位：%

积极社会心态	社会安全感		
	低	中	高
低	5.04	0.58	0.08
中	63.31	63.67	25.78
高	31.65	35.76	74.14

进一步分析社会安全感与积极社会心态三个维度之间的具体关系（见表5），各维度与社会安全感之间的关联与对积极社会心态的整体分析在趋势上相类似，随着社会安全感的提升，生活满意度、奋斗信念和生命意义感都会有所提升。但提升幅度略有不同，主要表现在奋斗信念在社会安全感由低变到中等程度时，提升幅度更高；生命意义感在安全感由低到中等变化时，提升幅度则较小。

表5 民众社会安全感与积极社会心态三维度的关系（N=10071）

单位：%

变量	积极社会心态	社会安全感		
		低	中	高
生活满意度	低	21.58	8.63	2.49
	中	39.57	47.22	21.98
	高	38.85	44.15	75.53
奋斗信念	低	7.19	2.72	1.07
	中	51.80	45.11	20.58
	高	41.01	52.17	78.36
生命意义感	低	7.19	3.45	1.33
	中	64.03	65.43	38.01
	高	28.78	31.12	60.67

（四）社会公平感与积极社会心态

本研究假定另一个与积极社会心态关联紧密的环境层面因素是社会公平感，分析结果表明（见表6），社会公平感越高的民众，社会心态越积极。在社会公平感较高的人群中，有76.68%的民众都表现出积极的社会心态，而这一比例在中等程度公平感人群中是42.66%，在公平感较低的人群中只有23.42%。

表6　民众社会公平感与积极社会心态的关系（N=10071）

单位：%

积极社会心态	社会公平感		
	低	中	高
低	3.60	0.49	0.04
中	72.97	56.85	23.28
高	23.42	42.66	76.68

进一步分析社会公平感与积极社会心态三个维度之间的具体关系（见表7），各维度与社会公平感之间的关联与整体分析在趋势上相类似，随着社会公平感的提升，生活满意度、奋斗信念和生命意义感都会有所提升。但提升幅度存在一定差异，生活满意度和奋斗信念在社会公平感由低变到中等程度时，提升幅度比较高；但生命意义感在社会公平感由低到中等变化时，提升幅度则较小。

表7　民众社会公平感与积极社会心态三维度的关系（N=10071）

单位：%

变量	积极社会心态	社会公平感		
		低	中	高
生活满意度	低	24.32	7.75	1.64
	中	46.40	42.68	20.41
	高	29.28	49.56	77.95

续表

变量	积极社会心态	社会公平感		
		低	中	高
奋斗信念	低	7.21	2.12	1.15
	中	52.70	40.02	19.63
	高	40.09	57.85	79.21
生命意义感	低	9.01	2.77	1.32
	中	65.32	63.93	33.59
	高	25.68	33.30	65.09

（五）社会流动感知与积极社会心态

社会阶层流动感知是本研究假定的另一个影响积极社会心态的因素，分析结果见表8。社会流动性感知与积极社会心态正相关，越是认为社会阶层流动性较强，阶层上升渠道畅通，那么民众的积极社会心态水平就会越高。在社会流动性感知较强的人群中，有77.04%的民众都表现出较高水平的积极社会心态，社会流动感知中等的人群中，这一比例为49.02%，而社会流动感知较低，即认为阶层固化、阶层流动较难的民众中，社会心态比较积极的比例只有23.81%。

表8 民众社会流动感知与积极社会心态的关系（N=10071）

单位：%

积极社会心态	社会流动感知		
	低	中	高
低	2.67	0.24	0.13
中	73.52	50.74	22.83
高	23.81	49.02	77.04

进一步分析社会流动感知与积极社会心态三个维度之间的具体关系（见表9），各维度与社会流动感知之间的关联与对积极社会心态的整体分析在趋

势上也是相类似，随着对社会阶层具有流动性的感知增强，生活满意度、奋斗信念和生命意义感都会有所提升。但提升幅度有所不同，奋斗信念和生命意义感在社会流动感知由低到高变化时，提升幅度最大，均提升了40多个百分点。生活满意度提升幅度则较小，提升33.87个百分点。此外，奋斗信念在社会流动感知由低到中等变化时，提升幅度也是三个积极社会心态维度中最大的。

表9 民众社会流动感知与积极社会心态三维度的关系（N=10071）

单位：%

变量	积极社会心态	社会流动感知		
		低	中	高
生活满意度	低	14.29	6.02	2.50
	中	43.05	38.67	20.96
	高	42.67	55.31	76.54
奋斗信念	低	8.57	1.64	1.01
	中	56.76	36.64	18.38
	高	34.67	61.71	80.61
生命意义感	低	10.10	2.19	1.16
	中	67.62	58.82	33.40
	高	22.29	38.99	65.44

（六）民众积极社会心态影响因素的综合分析

综合分析成长型思维方式、社会安全感、社会公平感和社会流动感知相互作用，对于民众积极社会心态的影响。以积极社会心态为因变量，以成长型思维方式、社会安全感、社会公平感和社会流动感知为自变量，同时控制前述可能影响积极社会心态的人口学变量，包括代际（年龄）、受教育程度和主观社会阶层，进行线性回归分析。自变量采用层次进入的方式，考察每层中增加的变量对回归方程解释力度的影响，从而判定增加的变量是否和因变量独立关联。具体而言，回归方程中，第一层进入人口学变量，第二层进入所考察的影响因素变量，结果如表10所示。

表10　积极社会心态对影响因素的回归结果（N=10071）

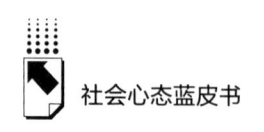

变　量	第一层标准化系数β	第二层标准化系数β
代际（年龄）	0.095***	0.100***
受教育程度	0.061***	0.074***
主观社会阶层	0.238***	0.119***
个人品格成长型思维		0.026**
社会特征成长型思维		0.023**
社会安全感		0.242***
社会公平感		0.242***
社会流动感知		0.277***
调整后 R^2	0.066	0.418
△F	239.909***	1215.996***

注：*** 表示 $p<0.001$，** 表示 $p<0.01$。

两步回归之后的回归方程可解释积极社会心态41.8%的变异。控制了人口学变量的影响之后，所考察的变量增加了回归方程的解释力，成长型思维、社会安全感、社会公平感、社会流动感知与积极社会心态都是显著正相关，相信个人品格和社会特征具有可变性的成长型思维，提升社会安全感、社会公平感和社会流动感知都能促进积极社会心态的形成。从相关系数大小看，积极社会心态与个体思维方式关联较小，与社会发展环境因素关联更大，关联最紧密的是社会流动感知，其次是社会安全感和社会公平感。

四　结果讨论与提升积极社会心态的建议

（一）主要结果讨论

本研究提出幸福感（操作化为生活满意度）、奋斗信念和生命意义感可以构成积极社会心态，分析了当前民众积极社会心态的特点，探讨了个体层面的成长型思维方式和社会发展环境层面的社会安全感、社会公平感和社会流动感知如何影响积极社会心态的形成，得到了以下主要研究发现。

1. 民众积极社会心态整体处于中上水平，但青年积极社会心态水平较低

本调查显示，民众整体积极社会心态处于中等偏上水平，六成多民众具有较高的积极社会心态水平。其中奋斗信念最强，但生命意义感较弱，有近半数民众对自己生命的意义和目标尚不十分明确。

积极社会心态存在明显的人口学差异。受教育程度在初中及以下的民众积极社会心态水平较低。积极社会心态与社会经济地位也有关联，从主观社会阶层分析看，社会经济地位越高，社会心态越积极。"70后"的积极社会心态水平较高。"50后"和"60后"居民有较坚定的奋斗信念，但幸福感和生命意义感较低，可能是因为其步入老年，生理和心理会产生一定变化，影响其对幸福生活的体验和对生命意义的思考。值得注意的是，正处于壮年和奋斗阶段的"90后"和"00后"，成长于物质丰富、文化多元、科技日新月异的时代，但是，其积极社会心态各个维度在各年龄段中却都处于最低水平。如何塑造青年的积极社会心态应引起更多关注。

2. 成长型的思维方式与良好的社会发展环境能够促进积极社会心态的形成

分析发现，成长而不是固化的思维方式是最有利于积极社会心态形成的，当人们认为个体的品格或是社会的本质特征具有可变性，其社会心态最为积极，这可能是因为相信人或社会都有进步的空间，会让人更容易形成积极的心态。社会发展环境方面，提升社会安全感、社会公平感和社会阶层的流动性，都会大幅提升人们的积极社会心态水平，其影响力度要高于个体的成长型思维方式。这也表明，幸福感的提升、奋斗信念的培养和对生命意义认识的增强，都离不开社会发展环境的建设。

（二）促进积极社会心态形成的建议

从本研究发现看，促进民众积极社会心态形成可从以下几方面着手。

首先，更加关注青年群体积极社会心态的培育。青年是中国式现代化建设的主力军，社会心态的积极性会影响其奋斗精神和行为。针对成长于新时代的青年积极社会心态水平最低的现象，应该给予充分重视。未来应更系统、深入地了解青年的社会心态，分析其社会心态积极性较低的成因，切实

解决妨碍青年积极社会心态形成的困扰。

其次，可从个体思维方式塑造上入手，促进积极社会心态的形成。在学校教育中，更强调成长型思维的培养，让人更多地以成长变化的眼光去看待问题，发挥成长型思维的积极作用。此外，积极社会心态的现状分析显示生命意义感相对较弱，在学校重视开展生命意义教育也是促进积极社会心态形成的重要途径。

最后，塑造有利于积极社会心态形成的社会发展环境。本研究发现，人们对社会发展环境积极的主观感知可以大幅提升其积极社会心态的水平。因此，在社会发展建设过程中，提升与人们日常生活息息相关的食品、交通、隐私、人身等领域的安全性，提高在教育、就业、医疗、司法、区域待遇等方面的公平性，促进社会向上流动通道的畅通，可以提升人们的社会安全感、社会公平感和社会流动感知，由此促进积极社会心态的形成。

参考文献

〔爱尔兰〕Alan Carr：《积极心理学——有关幸福和人类优势的科学（第二版）》，丁丹等译，中国轻工业出版社，2013。

车文博：《西方心理学史》，浙江教育出版社，1998。

高文珺：《社会公平感特点及社会心理效应——基于2013"中国社会状况综合调查"（CSS）》，载王俊秀、杨宜音主编《中国社会心态研究报告（2015）》，社会科学文献出版社，2015。

高文珺：《中国民众目标追求特征及其对幸福体验的影响》，载王俊秀主编《中国社会心态研究报告（2021）》，社会科学文献出版社，2021。

高文珺：《中国民众奋斗信念和信心的社会心态基础分析》，载王俊秀主编《中国社会心态研究报告（2022）》，社会科学文献出版社，2023。

高文珺、杨宜音、赵志裕、王俊秀：《几种重要需求的满足状况：基于网络调查数据的社会心态分析》，载王俊秀、杨宜音主编《中国社会心态研究报告（2012~2013）》，社会科学文献出版社，2013。

刘思斯、甘怡群：《生命意义感量表中文版在大学生群体中的信效度》，《中国心理卫生杂志》2010年第6期。

〔美〕C. R. 斯奈德、沙恩·洛佩斯：《积极心理学：探索人类优势的科学与实践》，王彦、席居哲、王艳梅译，人民邮电出版社，2013。

王俊秀：《社会心态：转型社会的社会心理研究》，《社会学研究》2014年第1期。

杨宜音：《个体与宏观社会的心理关系：社会心态概念的界定》，《社会学研究》2006年第4期。

赵礼、管健、黄明珠：《国家认同、国家信心与大学生生命意义感》，《青年研究》2022年第4期。

周旭冉、宁波：《成长型思维对主观幸福感的影响：一个链式中介模型——基于中爱两国PISA 2018数据的比较研究》，《教育测量与评价》2022年第5期。

Bacova, Viera, "Implicit Personal Theories on Specific Domains of the Social World", *Studia Psychologica*, (1998).

Chiu, Chi Yue, Y. Y. Hong, and C. S. Dweck, "Lay Dispositionism and Implicit Theories of Personality", *Journal of Personality & Social Psychology*, 1 (1997).

Diener, Emmons, Larsen, & Griffin, "The Satisfaction with Life Scale", *Journal of Personality Assessment*, 49 (1985).

Dweck, Carol S., C. Y. Chiu, and Y. Y. Hong, "Implicit Theories and Their Role in Judgments and Reactions: A Word from Two Perspectives", *Psychological Inquiry*, 6.4 (1995).

Leung, K., et al., "Social Axioms the Search for Universal Dimensions of General Beliefs about How the World Functions", *Journal of Cross-Cultural Psychology*, 33.3 (2002).

Steger, M. F., "Experiencing Meaning in Life: Optimal Functioning at the Nexus of Well-Being, Psychopathology, and Spirituality", In P. T. P. Wong (ed.), *The Human Quest for Meaning* (2nd edition), New York: Routledge, 2012.

Steger, M. F., Frazier, P., Oishi, S., et al., "The Meaning in Life Questionnaire: Assessing the Presence of and Search for Meaning in Life", *Journal of Counseling Psychology*, 53 (2006).

青年共同富裕心态

Common Prosperity Cognition of Young People

B.7 青年群体的公平感和共同富裕认知[*]

张 衍[**]

摘 要： 青年群体作为祖国的未来，了解他们的公平感和共同富裕认知，对于实现共同富裕和社会治理具有重要意义。本研究利用2022年中国社会心态调查全样本数据，分析了18~44岁青年群体的公平感及其对共同富裕的认知，并与45~70岁的中老年群体进行比较，同时对青年群体内部在公平感和共同富裕认知上的差异进行分析，另外还分析了公平感和共同富裕认知的关系。结果发现，相比中老年群体，青年群体的公平感更高，对共同富裕内涵的认知差距较小，但更认可第二、三次分配的作用，对共同富裕的信心更为分化。无工作的青年群体公平感相对较低，且对共同富裕的信心也较低。中等收入群体的共同富裕信心也

---

[*] 本报告受国家社会科学基金青年项目"城镇化进程中社会心态的隧道效应研究"（21CSH045）资助。
[**] 张衍，博士，中国社会科学院社会学研究所助理研究员，研究方向为社会心理学和文化心理学。

较低。因此，应注意提高无工作青年群体的公平感，在扩大中等收入群体的同时，提高中等收入群体的共同富裕信心。最后，应持续通过宣传、教育等手段建立民众对于共同富裕的合理认知，认知越合理的青年群体，公平感越高，对实现共同富裕的信心也越高。

关键词： 青年　公平感　共同富裕认知　共同富裕信心

一　引言

中国式现代化是全体人民共同富裕的现代化。在中央财经委员会第十次会议上，习近平总书记深刻指出："共同富裕是社会主义的本质要求，是中国式现代化的重要特征。"共同富裕包括"共同"和"富裕"两个部分，其中，"共同"显然指向的是公平。

对于什么样的分配是公平的，许多学者提出了他们的观点。例如，罗尔斯（1988）提出公平的正义原则和差异原则；亚当斯和罗森鲍姆（1984）提出比较自身的投入产出比和其他对象的投入产出比的公平法则；莫顿·多伊奇（Deutsch，1975）定义了赢者通拿、比例公平、无差别均等和按需分配四种分配公平原则；汤姆·泰勒强调人际和程序公平原则；等等。

与研究者所讨论的分配原则不同，民众自身存在一套朴素的原则，这反映在公平感上就是民众对社会公平程度的主观评价，它被认为是反映社会稳定的重要指标之一，是心理学常用的概念。在一定意义上，其关系到社会稳定和社会治理方面，社会公平感这一主观指标比社会平等这一客观指标更为重要，因为对于广大民众来说没有客观指标的概念，更多的是主观的感受。青年群体是祖国的未来，了解他们的公平感对于社会稳定和治理具有重要意义。

笔者在《中国社会心态研究报告（2022）》中发现，结果公平感对共同富裕信心的预测力最强（张衍，2023）。然而，关于共同富裕，人们还存在一些错误的认识和观念。共同富裕不是少数人的富裕，而是全体人民的富裕；不是整齐划一的平均主义，而是分阶段促进的过程；不是劫富济贫，而是授人以渔；不是"养懒汉"，而是靠勤劳智慧来创造；不是仅有物质财富的极大丰富，还包括精神财富的不断丰盈（王俊秀、张衍，2023）。在迈向共同富裕的重要历史时刻，中国民众，尤其是受教育程度更高的青年群体正确理解共同富裕，关系到这一宏伟事业的推进速度与质量。

因此，本报告将重点分析青年群体的公平感及其对共同富裕的认知，并分析两者之间的关系，为更好地提高青年群体的公平感，促进青年群体合理的共同富裕认知提供相应的对策建议。

二 研究方法

本研究所用数据来源于2022年中国社会心态调查，这是由中国社会科学院社会学研究所社会心理学研究中心发起的一项全国大型连续性随机抽样入户调查项目，抽样方法和样本情况详见总报告。青年群体指的是18~44岁的居民（N=6074），而中老年群体对应的是45~70岁的居民（N=3997）。

针对本研究所用的公平感，从高考制度、义务教育、公共医疗等12个细分项以及对总体社会公平程度的认知维度，测量了民众对社会具体领域和总体公平的感知，从非常不公平（=1）到非常公平（=7）进行评分。公平感测量的内部一致性信度较高，Cronbach's $\alpha=0.912$。

根据王俊秀和张衍（2023）的划分方法，本研究将共同富裕认知分为共同富裕内涵、手段和信心三个部分。其中，共同富裕内涵通过三组相对应的题目来测量。第一组相对立的观点为"共同富裕是要彻底消除贫富差距"和"共同富裕是要缩小贫富差距到合适水平"；第二组相对立的观点为"共同富裕就是要平均分配"和"共同富裕就是要公平公正地分配"；第三组相对立的观点为"共同富裕就是要大家同时、同步富裕起来"和

"共同富裕是由部分到整体的逐步富裕"。民众从非常同意A（每组中的第一个观点，=1）到非常同意B（每组中的第二个观点，=7）间进行评分，分数越高代表民众越不认可共同富裕是平均主义，对共同富裕内涵有更为正确的理解。

在对于共同富裕手段的理解上，本研究请调查者在"提高经济效率做大蛋糕""税收调节和社会保障""慈善捐赠等第三次分配"中进行排序，选择他们认为最重要的举措。这三个选项分别代表了第一次分配、第二次分配和第三次分配的相关措施。

在对实现共同富裕的信心上，本研究用一道题目"您对实现共同富裕的信心"进行测量，被调查者从完全没信心（=1）到非常有信心（=7）间进行评分。

三 研究结果

（一）青年群体的公平感

1. 青年群体公平感与中老年群体的比较分析

将公平感量表中非常不公平（=1）、不公平（=2）和比较不公平（=3）的选项进行合并，并重新编码为"不公平"；中立（=4）的选项不变，还是编码为"中立"；将比较公平（=5）、公平（=6）和非常公平（=7）的选项进行合并，并重新编码为"公平"。图1是全部样本对于各领域公平状况的感知。可以看到，民众总体认为公平的程度较高，选择公平的比例为73.60%。在各细分领域当中，民众选择公平的比例从高到低依次是义务教育、高考制度、公民实际享有的政治权利、司法与执法、公共医疗、财政和税收政策、养老等社会保障待遇、工作与就业机会、不同地区和行业间的待遇、财富及收入分配、选拔党政干部、城乡之间的权利和待遇。可见，民众认为教育领域公平性较高，而工作和地区相关领域公平性较低。

社会心态蓝皮书

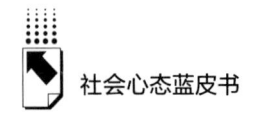

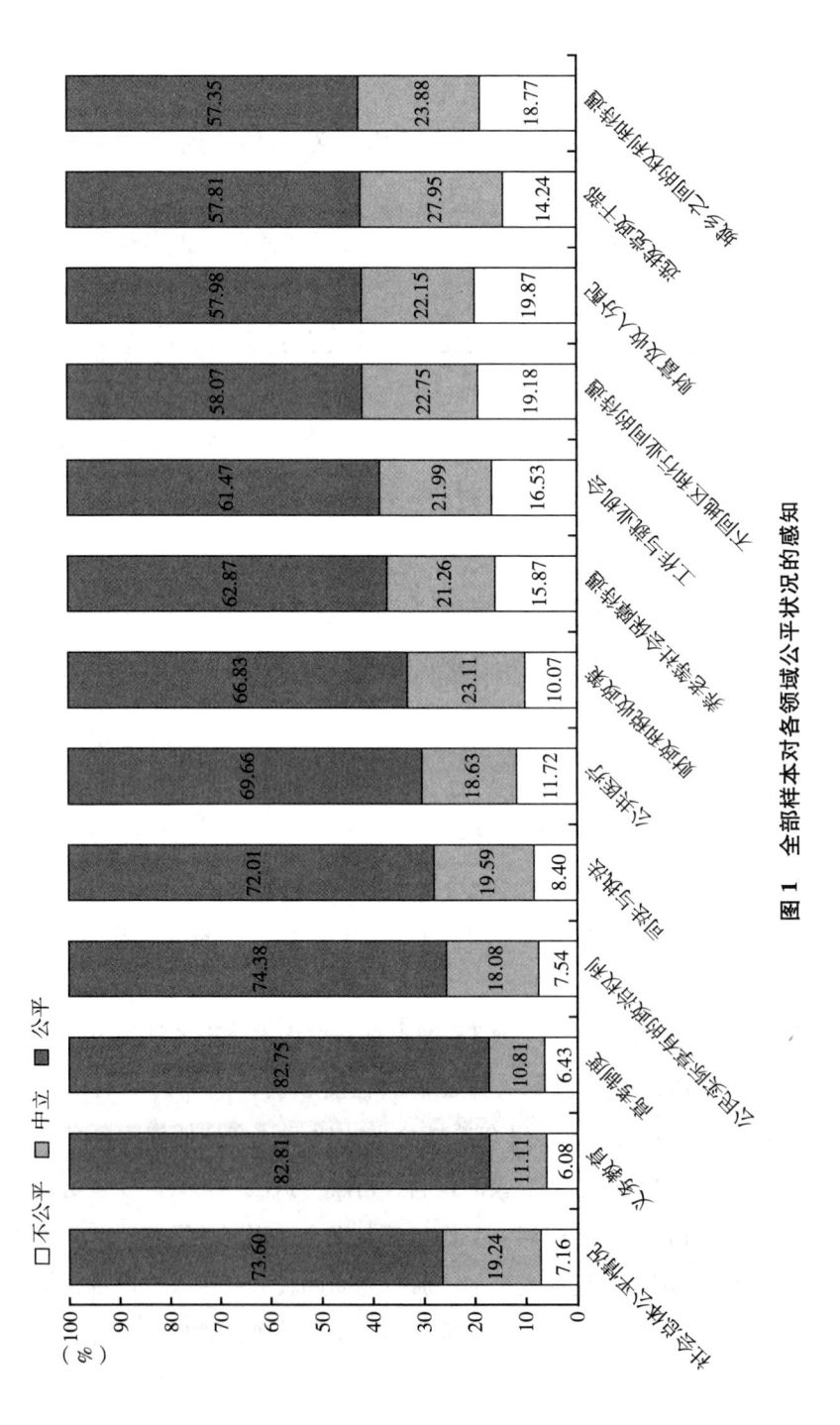

图 1　全部样本对各领域公平状况的感知

将全部样本分为18~44岁的青年群体和45~70岁的中老年群体并对他们的公平感知进行比较后发现（见图2），青年群体选择公平的比例（74.17%）略高于中老年群体（72.73%）。在各细分领域中，青年群体在义务教育领域选择公平的比例（81.81%）略低于中老年群体（84.34%）；在司法与执法领域选择公平的比例（71.85%）也略低于中老年群体（72.25%）。除此之外，青年群体在其他领域选择公平的比例均高于中老年群体，说明青年群体的公平感普遍较高。

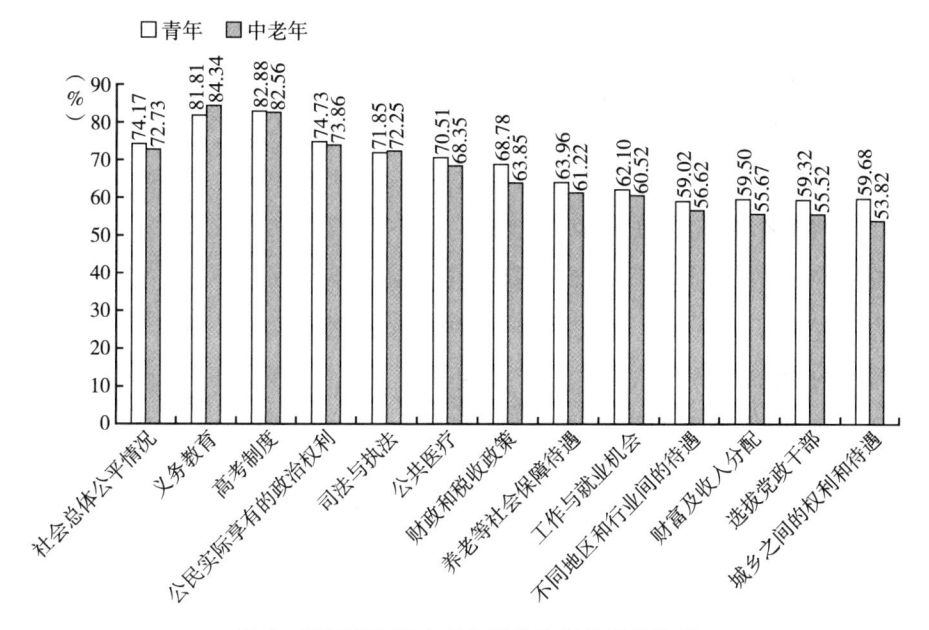

图2 青年群体和中老年群体选择公平的比例

其中，两类群体差异较大的是在城乡之间的权利和待遇领域的公平感，青年群体选择公平的比例（59.68%）高出中老年群体（53.82%）5.86个百分点；以及在财政和税收政策领域的公平感，青年群体选择公平的比例（68.78%）高出中老年群体（63.85%）4.93个百分点。这可能与青年群体所处的世代有关，他们感受到了更多的社会公平性；也可能与青年群体对城乡差距、财政税收等尚缺乏相关概念有关。因此，接下来本研究将考察青年群体内部在公平感上的差异，以分析年龄、教育、收入、所在地区等因素是否会影响青年群体的公平感。

2.青年群体内部的公平感差异

(1)青年群体内部在公平感上的年龄差异

将青年群体的年龄按5岁一档分为18~22岁、23~27岁、28~32岁、33~37岁、38~44岁(含7岁)五个年龄段。其中,18~22岁对应的正好是上大学的年龄,按照埃里克森的理论,此时需要完成的是同一性任务;23~27岁对应的是大学毕业参加工作或读研究生这几年,亲密关系任务开始出现;28~32岁对应的是工作和步入婚姻这几年,亲密关系和生育任务开始出现;33~37岁基本上完成了成家立业的任务;38~44岁接近中年,开始面对上有老下有小的压力。

控制省份、性别、受教育程度、城乡地区、城乡户口、工作状况、子女状况、赡养老人状况、婚姻状况和家庭月收入,得到如图3所示不同年龄青年群体的公平感预测值。从图中可以看到,在社会总体公平感知上,不同年龄青年群体的差异不显著,几乎是一样的。在高考制度、义务教育、公民实际享有的政治权利、司法与执法、公共医疗、工作与就业机会、财富及收入分配、不同地区和行业间的待遇等具体领域,年龄的差异也不明显。但是在养老等社会保障待遇、选拔党政干部、城乡之间的权利和待遇以及财政和税收政策等细分领域,存在一定的年龄差异,总的来说,越年轻的青年群体对这几个方面的公平感知越高,而33~37岁的青年群体对这几个方面的公平感都是最低的。

可见,青年群体对城乡差距、财政税收的公平感较中老年群体高约5%,这可能与青年群体的年龄更小有关。年龄较小的青年群体对养老等社会保障待遇、选拔党政干部、城乡之间的权利和待遇以及财政和税收政策等领域缺乏相关概念,而正在经历或面临这些待遇、保障或政策的33岁及以上青年群体或因感受到此间的一些不公平,而公平感更低。

(2)青年群体内部在公平感上的城乡差异

城乡有居住地和户口两种划分方式,将它们两两交叉,得到四个分类,但是因为其中居住在农村但户口是城镇的青年群体仅44人(0.72%),人数

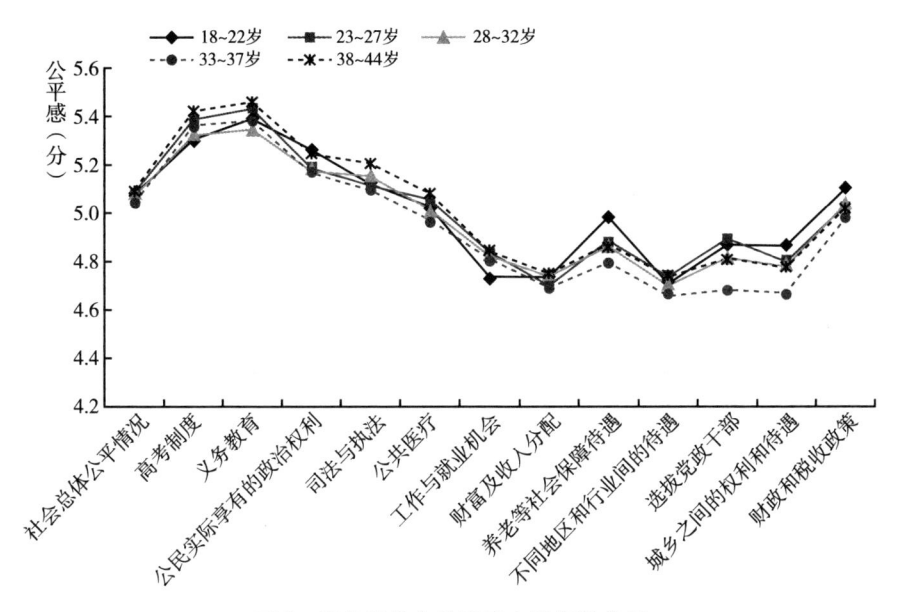

图3 青年群体在公平感上的年龄差异

太少,故在分析中不纳入这部分群体,而只包括居住地和户口均在农村的农村青年、居住地在城镇但户口在农村的流动青年,以及居住地和户口均在城镇的城镇青年。

控制了其他变量后的结果如图4所示,可以看到三个青年群体的公平感差异并不明显,尤其是在社会总体公平感、高考制度和义务教育方面。尽管如此,也可以看到,在多数细分领域流动青年的公平感更高,农村青年的公平感更低,而城镇青年的公平感位于两者之间。这有可能是因为农村青年确实面临着更大的不公,而流动青年从农村流动到城镇的经验,提升了他们的公平感。

(3) 青年群体内部在公平感上的性别差异

控制了其他变量后(见图5),男性青年群体的公平感都高于女性青年群体,这与全部样本的结论一致(张衍,2023)。

(4) 青年群体内部在公平感上的受教育程度差异

青年群体受过高等教育的比例(54.44%)远高于中老年群体(12.48%),

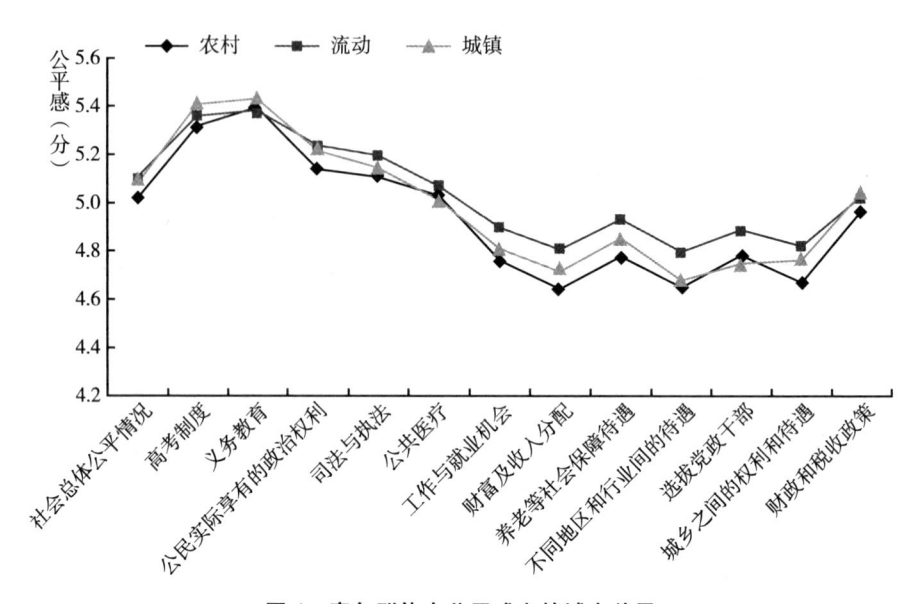

图 4　青年群体在公平感上的城乡差异

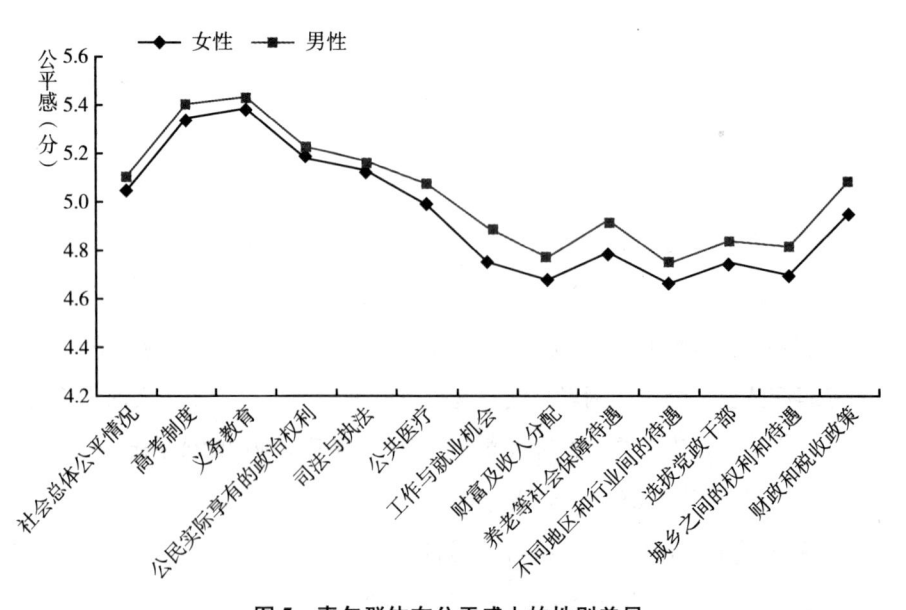

图 5　青年群体在公平感上的性别差异

将他们的受教育程度按是否受过高等教育划分为是、否评价的二分类变量。控制了其他变量后,两个青年群体的公平感预测值如图6所示。可以看到,两个群体的公平感差异较小,尽管如此,在总体公平感和多数维度,受过高等教育的群体公平感更低。教育可能降低了人们对于不平等的容忍度,从而降低了受过高等教育群体的公平感。但是,在养老等社会保障待遇领域,受过高等教育的青年群体公平感高于未受过高等教育的青年群体。

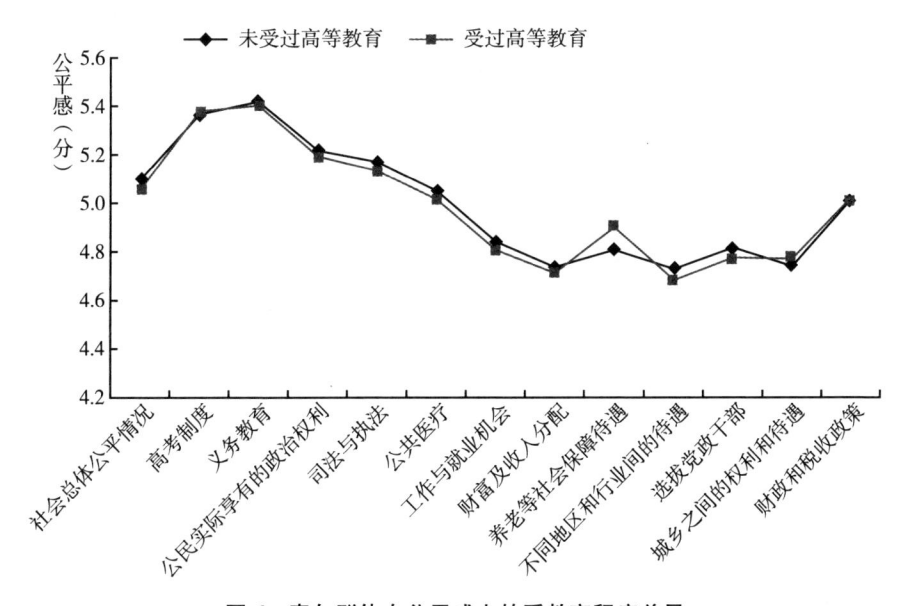

图6 青年群体在公平感上的受教育程度差异

(5)青年群体内部在公平感上的工作状况差异

将青年群体按目前的工作状况分为无工作、全日制学生和有工作(含非固定工作)三类,控制了其他变量后,如图7所示,无工作青年群体在总体公平感和所有细分领域的公平感均明显低于其他两类群体。而学生和有工作青年群体的公平感差异较小,在高考制度、工作与就业机会、财富及收入分配、不同地区和行业间的待遇等领域有工作青年群体的公平感高于学生;而在义务教育、公民实际享有的政治权利、司法与执法、公共医疗、养老等社会保障待遇、选拔党政干部、城乡之间的权利和待遇等领域,有工作青年群体的公平感低于学生。可见，在就业机会、收入和行业待遇上有工作青年群体有着较高的公平感，但是在相关社会保障上的公平感略低，尽管如此，其仍高于无工作的青年群体。

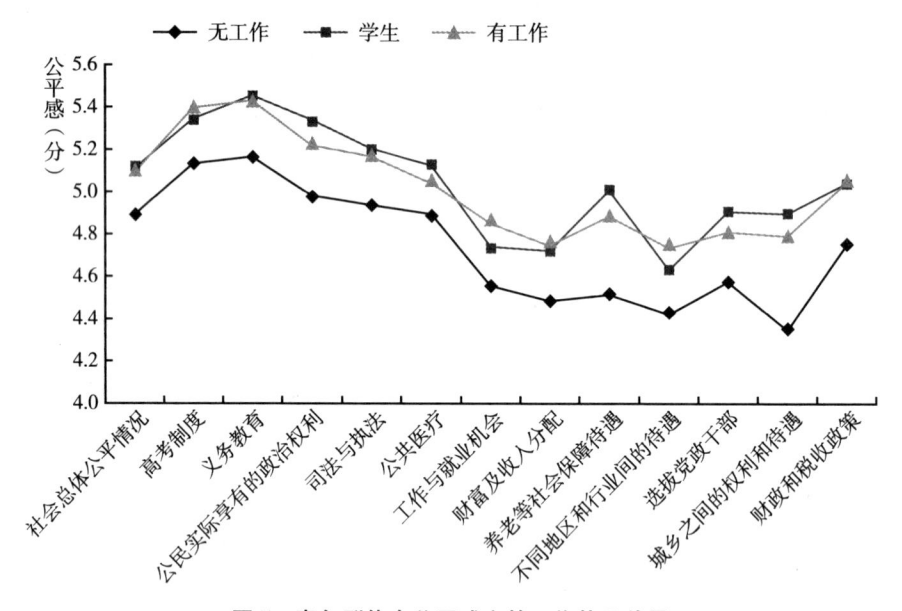

图7 青年群体在公平感上的工作状况差异

（6）青年群体内部在公平感上的子女状况差异

根据青年群体目前的子女状况，分为是、否有子女两类，控制了其他变量后，如图8所示，在总体公平感和多数细分领域均是无子女的青年群体公平感低于有子女的群体。

（7）青年群体内部在公平感上的赡养老人状况差异

将青年群体按是、否有老人需要赡养分为两类，控制了其他变量后，如图9所示，无老人需要赡养的青年群体公平感总体低于有老人需要赡养的青年群体，在细分领域，主要是在公民实际享有的政治权利、司法与执法、公共医疗等方面无老人需要赡养的青年群体公平感更低，在养老等社会保障待遇等领域两者差异较小，但仍然是有老人要赡养的群体公平感更高。可见，无子女和无老人要赡养的青年群体公平感低于相对应的有子女和有老人要赡

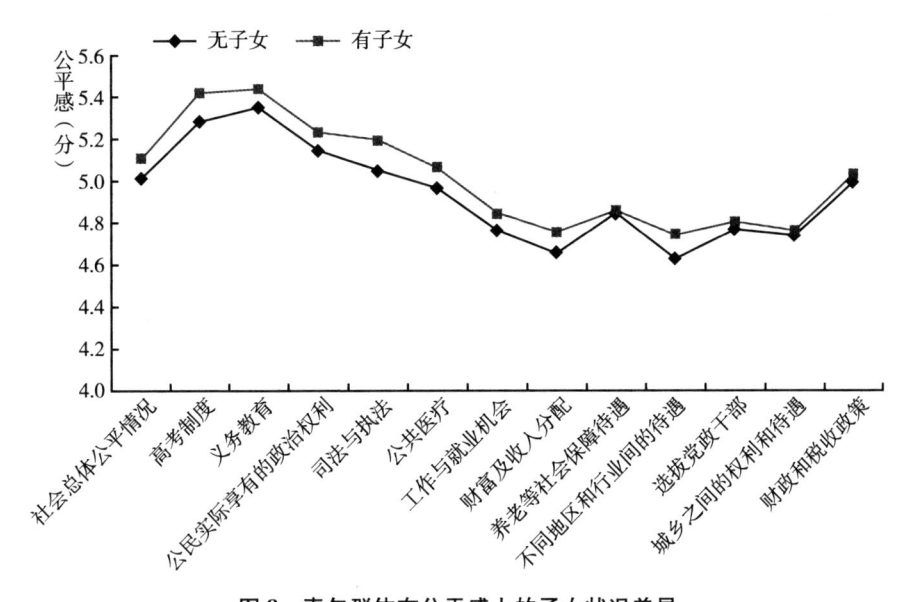

图 8　青年群体在公平感上的子女状况差异

养的青年群体，这是否与他们所处的生命阶段不同有关，以下将通过对青年群体在婚姻状况上的公平感差异来再次检验。

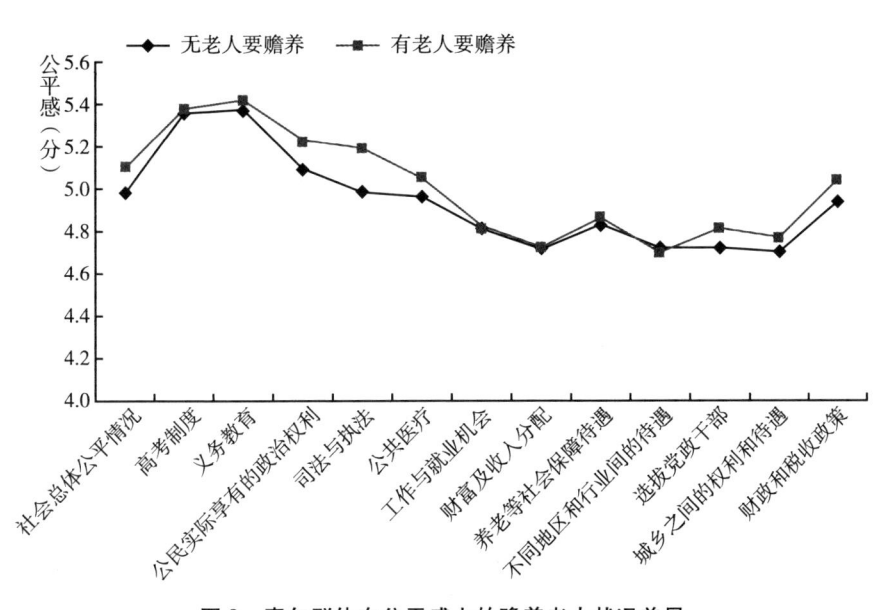

图 9　青年群体在公平感上的赡养老人状况差异

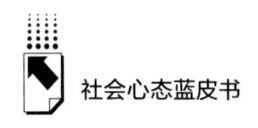

（8）青年群体内部在公平感上的婚姻状况差异

从图10可以看到，控制了其他变量后，未婚青年群体的公平感总体低于已婚青年群体，且在多数细分领域也是如此。尽管此处的未婚指的是未在婚姻状态中，包括同居、离婚、丧偶和未婚，但是前三种婚姻状况的比例在青年群体中较低，总计为1.43%，而未婚占24.45%。因此，图10中的未在婚姻状态的青年群体还是以未婚为主，他们与无子女和无老人需要赡养的群体重合度较高，在生命历程中，都是尚未成家立业的青年群体。因此，上述结果均说明这类未成家立业的青年群体的公平感相对低于已成家立业的青年群体。

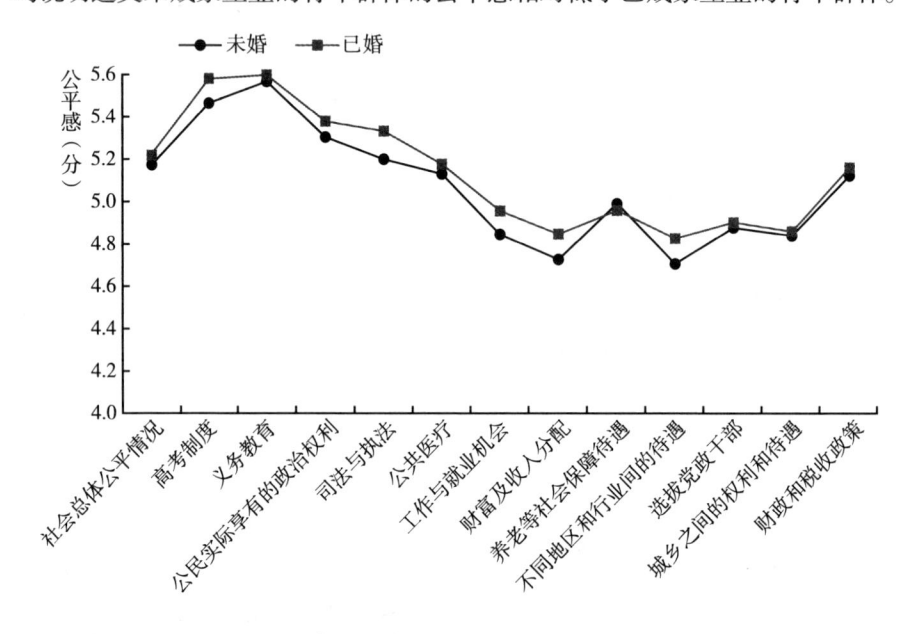

图10 青年群体在公平感上的婚姻状况差异

（9）青年群体内部在公平感上的收入状况差异

将青年群体的家庭月收入合并为6000元及以下（14.83%）、6001~15000元（66.88%）、15000元以上（18.29%）三类，从三类青年群体所占比例来看，基本符合收入五等分且将其中20%~80%分为中等收入群体的划分方法，这三类收入群体可称为青年群体中的低、中、高收入群体。控制了其他变量后，如图11所示，三类青年群体的公平感差异较小，但是从公平感预测值来看，家庭收入越高的青年群体反而公平感越低。在高考制度和义务教育领域也是高家庭收入的青年群体公平感最低。但是在养老等社会保障待遇、财政和税收政策领域，高家庭收入的青年群体公平感更高。

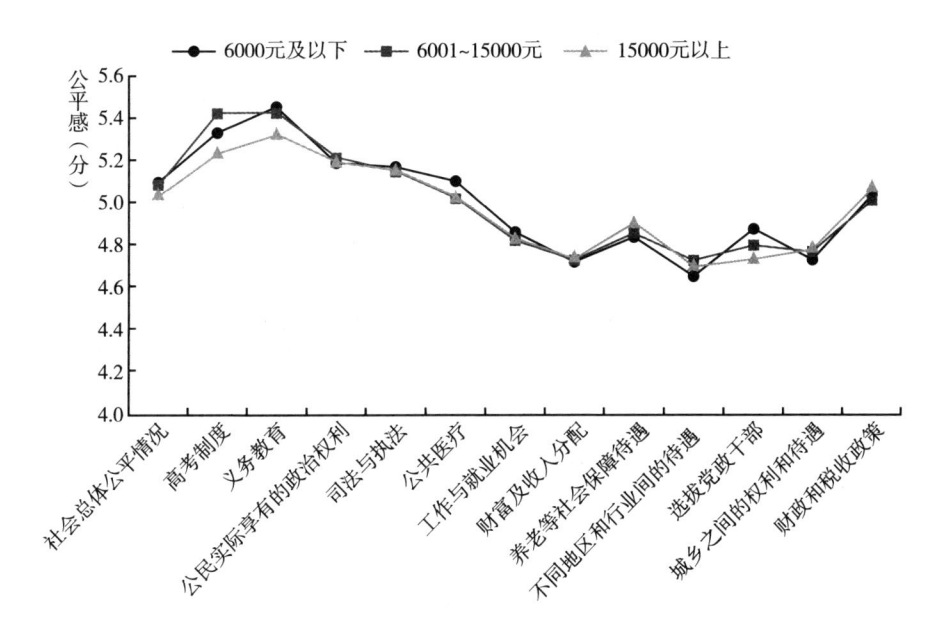

图 11 青年群体在公平感上的收入状况差异

（二）青年群体的共同富裕认知

1. 青年群体的共同富裕认知与中老年群体的比较分析

如图 12 所示，总体而言，对于共同富裕的内涵，民众都更赞同 B，即共同富裕是要缩小贫富差距到合适水平、共同富裕就是要公平公正地分配、共同富裕是由部分到整体的逐步富裕。也就是说，民众对共同富裕持有合理的认知。但是，在共同富裕是要缩小贫富差距到合适水平上，青年群体的赞同度（49.8%）略低于中老年群体（50.7%）；而在共同富裕就是要公平公正地分配和共同富裕是由部分到整体的逐步富裕认知上，青年群体的赞同度（分别为 53.5% 和 49.2%）略高于中老年群体（分别为 53.4% 和

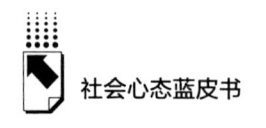

48.2%)。可见，青年群体和中老年群体对于共同富裕的认知有一定的差异，但是两者差异非常小，约在1个百分点。

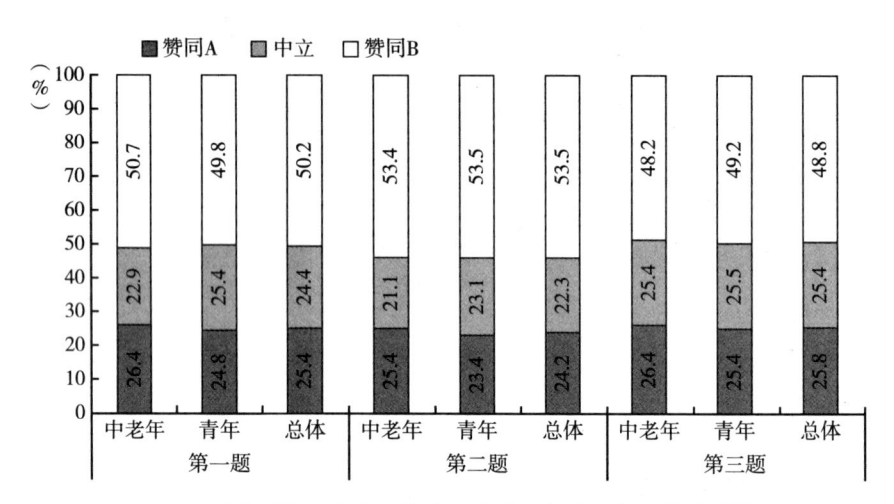

图12 青年群体对共同富裕内涵的认知与中老年群体的比较

在对共同富裕手段的认知上（见图13），多数民众认为第一次分配是促进共同富裕的主要手段，其次是第二次分配，最后才是第三次分配，这与国家的主要战略分布是一致的。但是相比于中老年群体，青年群体更认可第二次分配和第三次分配的作用。

在共同富裕信心上，民众整体的信心程度较高，为76.05%（见图14）。相比于中老年群体（73.71%），青年群体对共同富裕的信心更高（77.59%）；与此同时，青年群体信心低的比例（9.35%）也高于中老年群体（9.03%）。可见，青年群体对于共同富裕的信心更为分化。

2. 青年群体内部在共同富裕认知上的差异

在对共同富裕内涵的认知上（见图15），分年龄来看，28~32岁的青年群体对共同富裕内涵的认知最为合理，而33~37岁的青年群体对共同富裕内涵的认知最不合理。分城乡来看，流动青年的认知最为合理，而农村和城镇青年的认知得分一样。分受教育程度来看，受过高等教育的青年群体对共同富裕内涵的认知较未受过高等教育的青年群体更合理。而从工作状况来

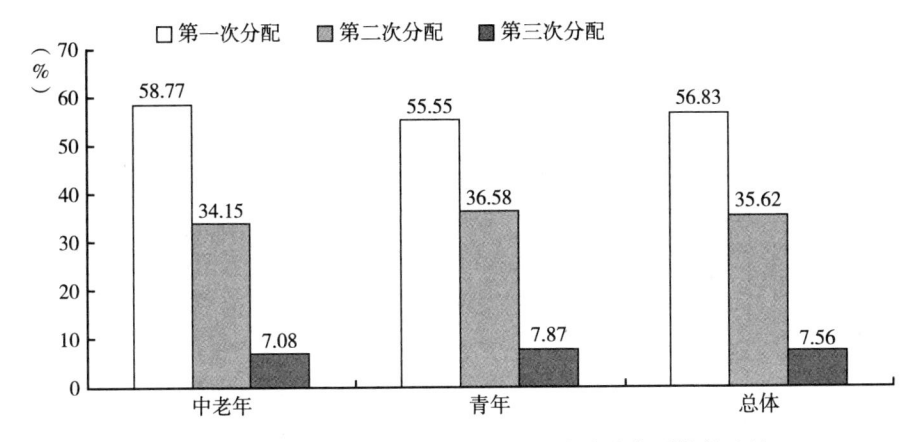

图 13 青年群体对共同富裕手段的认知与中老年群体的比较

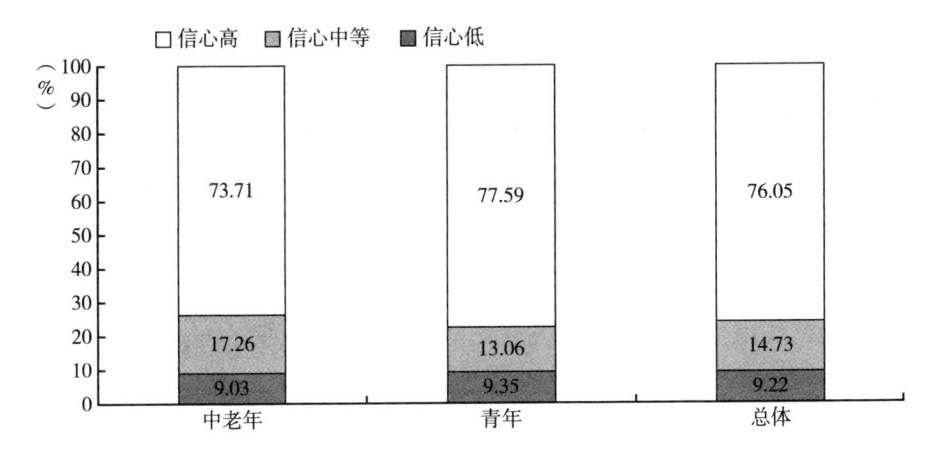

图 14 青年群体的共同富裕信心与中老年群体的比较

看，学生对共同富裕的认知最为合理，而无工作和有工作的青年群体在认知层面几乎一样。从家庭结构来看，无子女、无老人要赡养和未婚的青年群体对共同富裕内涵的认知更为合理。而从收入来看，中等收入青年群体对共同富裕内涵的认知最不合理，低收入青年群体最为合理。根据上述结果，总的来看，更年轻、受教育程度更高和未成家立业的学生群体对共同富裕内涵的认知更为合理。

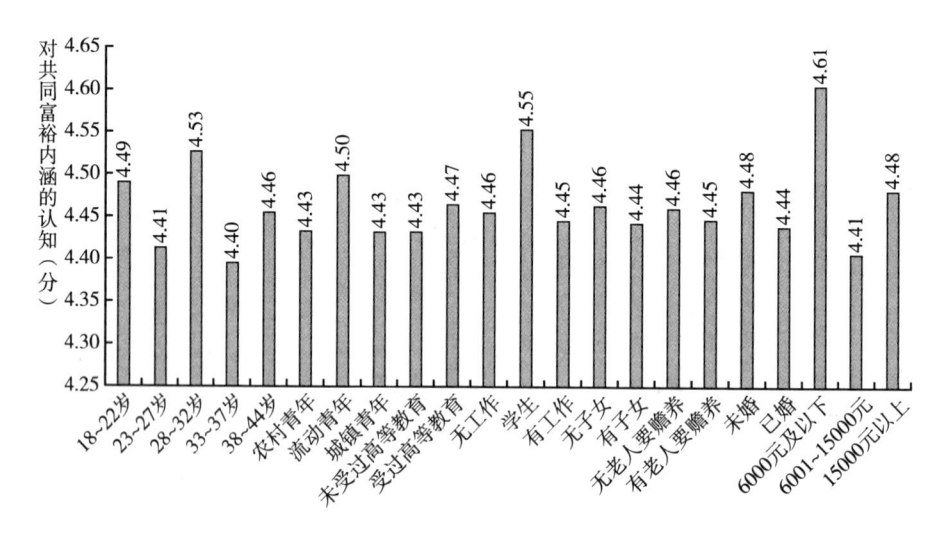

图 15 青年群体内部对共同富裕内涵认知的差异

在对共同富裕手段的认知上（见图16），23~27岁处于事业起步早期的青年群体更认可第一次分配的作用，而38~44岁基本完成成家立业任务的青年群体更认可第三次分配的作用，可见，对共同富裕手段的认知可能会受到个体所处人生阶段的影响。分城乡来看，农村青年更认可第一、三次分配的作用；流动青年更认可第二、三次分配的作用；而城镇青年更认可第一、二次分配的作用。分受教育程度来看，是否受过高等教育在对第一次分配作用的认可上没有明显差异，但是受过高等教育的青年群体更认可第二次分配的作用，相对来说，不太认可第三次分配的作用。分工作状况来看，无工作的青年群体更认可第一次分配的作用，学生群体次之，有工作的群体最后。根据马斯洛的需要层次理论，这可能是因为无工作青年群体的生存需要未得到满足，因此也就更认可做大蛋糕的作用。相似地，无子女、无老人要赡养、未婚，以及收入更低的青年群体更认可第一次分配的作用。

在对共同富裕的信心上（见图17），18~22岁的青年群体信心远高于其他年龄的青年群体，高出约0.25分。农村青年群体的共同富裕信心高于流动和城镇青年群体。是否受过高等教育在共同富裕信心上没有明显的差异，但是学生群体的共同富裕信心更高。在家庭结构方面，共同富裕信心并没有

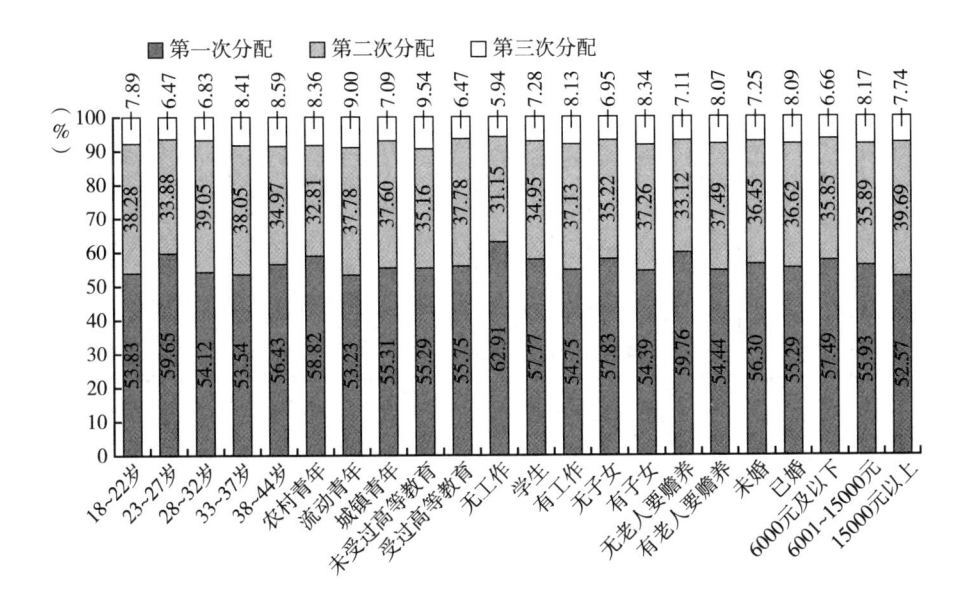

图16　青年群体内部对共同富裕手段认知的差异

表现出以往结果中那么明显的与无子女、无老人要赡养和未婚青年群体表现一致的趋势，而是无子女、有老人要赡养和未婚青年群体的共同富裕信心更高。在收入方面，也并非收入越高，信心越高，而是呈U形，中等收入群体的共同富裕信心最低，高收入群体的共同富裕信心最高。

（三）青年群体公平感和共同富裕认知的关系

从上述结果中可以看到，共同富裕认知与青年群体的经历有一定的关系，其中一个更直接的经历就是他们的公平感受，那么，青年群体的公平感与他们的共同富裕认知有什么关系？尽管在本报告中，笔者将对共同富裕内涵的认知、对共同富裕手段的认知和对共同富裕的信心都放到了共同富裕认知中，但是在它们与公平感的关系中，笔者认为对共同富裕内涵的认知影响了公平感，进而影响了对共同富裕手段的认知和对共同富裕的信心，如图18所示。

可以看到（见表1），对共同富裕内涵持有更合理认知的青年群体，其各维度的公平感均显著更高。而在对共同富裕手段的认知上，感到城乡之

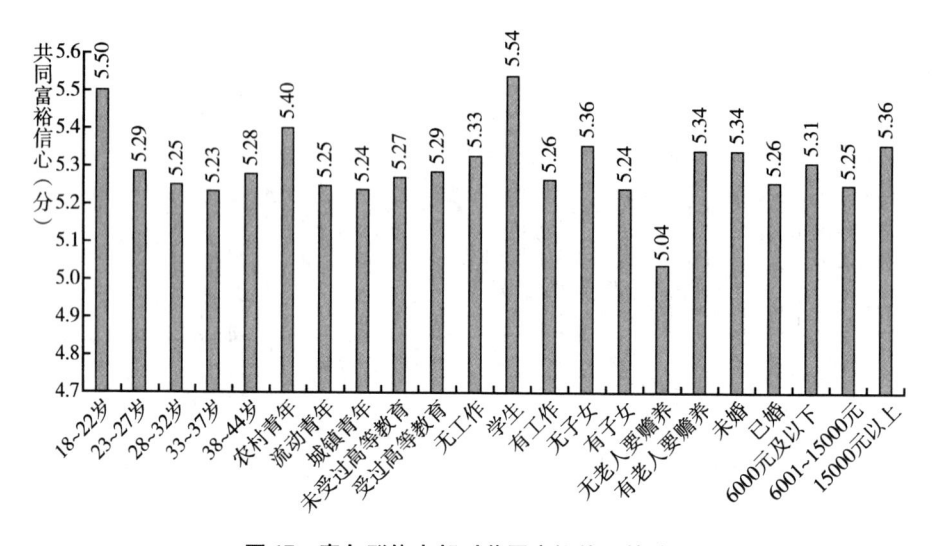

图17 青年群体内部对共同富裕信心的差异

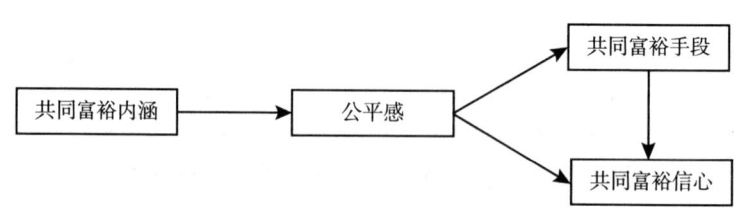

图18 公平感与共同富裕认知关系的假设

间的权利和待遇越公平的青年群体，越认可第二次分配，即分好蛋糕的作用；而感到财富及收入分配越公平的青年群体，越认可第三次分配，如慈善捐赠的作用；其他领域的公平感对共同富裕手段认知没有显著影响。在共同富裕信心上，除了总体公平感可以显著提高共同富裕信心以外，对共同富裕信心提高作用较大的是公民实际享有的政治权利的公平感，其次是财富及收入分配的公平感，再次是财政和税收政策的公平感。而奇怪的是，感到不同地区和行业间的待遇越公平的青年群体，反而共同富裕信心越低，这可能是因为本结果中控制了其他领域的公平感，如果只有不同地区和行业间的待遇的公平感提高，而其他领域公平感未得到提高的话，有可能损坏共同富裕信心。

表1 公平感和共同富裕认知的关系

变量	模型1 B	模型1 p	模型2 B	模型2 p	模型3 B	模型3 p	模型4 B	模型4 p
高考制度	0.05	0.001	-0.02	0.627	0.00	0.936	-0.02	0.262
义务教育	0.09	0.000	0.01	0.641	-0.05	0.408	0.02	0.317
公民实际享有的政治权利	0.08	0.000	-0.02	0.585	-0.07	0.217	0.12	0.000
司法与执法	0.07	0.000	0.07	0.038	0.05	0.372	-0.01	0.470
公共医疗	0.09	0.000	-0.05	0.142	-0.04	0.533	0.02	0.305
工作与就业机会	0.08	0.000	-0.03	0.357	-0.03	0.306	0.03	0.053
财富及收入分配	0.08	0.000	-0.02	0.485	0.14	0.012	0.07	0.000
养老等社会保障待遇	0.08	0.000	-0.03	0.294	-0.06	0.306	0.00	0.858
不同地区和行业间的待遇	0.03	0.101	-0.04	0.145	0.06	0.302	-0.04	0.017
选拔党政干部	0.07	0.000	0.00	0.879	0.10	0.073	0.02	0.197
城乡之间的权利和待遇	0.04	0.038	0.09	0.004	0.01	0.820	0.00	0.784
财政和税收政策	0.07	0.000	0.03	0.394	-0.05	0.400	0.05	0.003
社会总体公平情况	0.06	0.000	0.00	0.971	-0.02	0.799	0.07	0.000

注：模型1的因变量为各领域的公平感（共有13个多元线性回归模型），自变量为对共同富裕内涵的认知，并控制其他变量；模型2和模型3的因变量为对共同富裕手段的认知，是多分类逻辑斯蒂回归分析的结果，参照变量均为第一次分配，模型2对应的是第二次分配的结果，模型3对应的是第三次分配的结果，各领域的公平感为自变量，同时纳入模型；模型4的因变量为共同富裕信心，自变量为各领域的公平感，采用多元线性回归，同时纳入模型并控制其他变量。

最后，笔者考察了哪种对共同富裕手段的认知，其共同富裕信心更高，结果发现，控制了其他变量后，对共同富裕手段的认知对共同富裕信心均没有显著的预测作用（Bs=-0.007~0.042，ps=0.455~0.833）。

四 结论与讨论

（一）青年群体的公平感更高，更认可第二、三次分配的作用，对共同富裕的信心更分化

本研究结果表明，相比于45~70岁的民众，18~44岁的青年群体公平感

更高，更认可第二、三次分配的作用，但是对共同富裕的信心更为分化。尽管青年群体的公平感相对更高，但也要注意，这有可能与青年群体对部分领域缺乏相关概念和经验有关，例如城乡之间的权利和待遇、财政和税收政策方面。因此，在具体的公平感领域，如何保证民众在有了相关经验和概念之后，还能维持较高的公平感，甚至提高公平感，考验的是该领域实际的公平程度。从这个角度来看，目前青年群体公平感更高，仍不能视为一个乐观的现象，只有当青年群体对具体领域的公平感确实来自更多的社会公平性时才是较优的。现在我们强调第二次和第三次分配在共同富裕中的作用，显然青年群体对此的接受程度更高，而这可能也与青年群体对新鲜事物的接受度更高有关。此外，还应注意的是民众总体对共同富裕持有较高的信心，但青年群体对共同富裕的信心较为分化，分化的社会共识有可能是社会不稳定的一个潜在风险。

（二）应关注无工作青年群体的公平感

本研究中，无工作青年群体的公平感较低，且他们对共同富裕的信心也较低。因此，应关注无工作青年群体的公平感。作为保障生活的重要来源，工作受挫意味着生活受影响，生活质量和生活稳定性下降。受疫情影响，就业市场景气度明显下降。中国就业市场景气指数（CIER）从2019年第四季度的2.18大幅下降至2020年第一季度的1.43。① 之后国家空前加大了"保就业"政策的实施力度，提出各项政策要应出尽出，这对就业市场也产生一定的积极影响。CIER逐月回升，4~6月分别为1.16、1.30和1.65。但是2022年4月以来，CIER又从2022年第一季度的1.56下降至1.35。② 此外，就业稳定性问题也成为人们的关注点。2022年国考计划招录3.12万人，而报名

---

① 《疫情冲击下的中国就业市场：短期波动与长期展望》，http://www.stats.gov.cn/tjsj/sjjd/202009/t20200928_1792070.html。
② 《2022年二季度〈中国就业市场景气报告〉发布》，http://sc.china.com.cn/2022/yaowen_0725/457212.html。

人数首次突破200万人，职位最高竞争比甚至达到了20813∶1。[①] 可见，在多重不确定性和风险之下，提高民众，尤其是青年群体的社会公平感，保障就业率和就业稳定性仍应作为重中之重。

（三）扩大中等收入群体的同时，应注意提高中等收入群体的共同富裕信心

实现共同富裕的一个重点是扩大中等收入群体，目前我国中等收入群体占比约为40%，离60%的橄榄型社会还有一段距离。但是除了扩大中等收入群体之外，还应注意提高中等收入群体的共同富裕信心。本研究中，中等收入群体的共同富裕信心最低。"中产焦虑"是近些年被广泛提到的词，它描述的是中产阶级一方面觉得自己很难有上升的空间，另一方面又恐惧自己所处阶层下滑。因此，在实现共同富裕的过程中，要尽量打通民众向上流动的渠道和避免向下流动（张衍，2023）。

（四）建立民众合理的共同富裕认知

本研究中，共同富裕认知越合理的青年群体，公平感越高，对实现共同富裕的信心越高。共同富裕不等于平均主义。但是越持有共同富裕是平均主义观点的青年群体，越不能容忍差距，因而其公平感也越低。尽管本研究中，多数民众和青年群体对共同富裕持有合理的认知，且青年群体和中老年群体对于共同富裕的认知差异非常小，在1个百分点左右。但是，不能忽视的是，赞同共同富裕是要缩小贫富差距到合适水平的民众仅占约50%，剩下的一半青年群体持中立态度，另一半青年群体认为共同富裕是要彻底消除贫富差距。这种对共同富裕不合理的认知，既可能阻碍共同富裕的实现，也不利于公平感的提高。因此，应持续通过宣传、教育等手段建立民众对于共同富裕的合理认知。

[①] 数据来源于中公教育网2022年国家公务员考试职位信息查询平台，http://zw.offcn.com/gj/tongji/？51351351355。

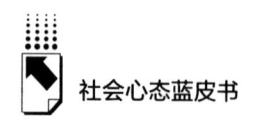

参考文献

〔美〕亚当斯、罗森鲍姆：《工人关于工资不公平的内心冲突同其生产率的关系》，薛华等译，中国社会科学出版社，1984。

〔英〕亚当·斯密：《国民财富的性质和原因的研究》，郭大力、王亚南译，商务印书馆，1776。

王俊秀、张衍：《共同富裕的社会心态基础》，《中共中央党校（国家行政学院）学报》2023年第4期。

〔美〕约翰·罗尔斯：《正义论》，何怀宏等译，中国社会科学出版社，1988。

张衍：《民众的结果和机会公平感及其与共同富裕信心间的关系》，载王俊秀主编《中国社会心态研究报告（2022）》，社会科学文献出版社，2023。

Deutsch, M., "Equity, Equality, and Need: What Determines Which Value will be Used as the Basis for Distributive Justice?", *Journal of Social Issues*, 31 (1975).

B.8 青年慈善公益意愿和行为的特点与影响因素[*]

刘娅萱 谭旭运[**]

摘 要： 慈善公益作为第三次分配方式，是促进社会发展、实现共同富裕目标的重要途径。青年人是我国慈善公益领域发展的主导力量，改革开放以来，青年人的公益活动也实现了多元化发展。本报告基于中国社会心态调查数据，分析当前青年人慈善公益意愿和行为的基本情况及其影响因素。结果发现，青年人的整体慈善公益意愿较高，在文化创新方面的得分尤其突出；慈善公益行为整体得分中等，志愿公益维度的得分高于捐款捐物维度。总体上受教育程度较高、收入较低、阶层认同较高的青年人慈善公益意愿更高；而年龄较高、受教育程度较高、收入较高的青年人慈善公益行为频率更高。未来需要政府、社会、学校、青年人共同努力，进一步完善青年慈善公益平台，深化青年人对于现代慈善公益理念的认识，充分发挥青年人的慈善热情，推动我国现代慈善事业的转型与发展。

关键词： 慈善公益 青年人 慈善意愿 慈善行为 志愿服务

---

[*] 本报告由国家社会科学基金重点项目"共同富裕目标下的社会心态特征与演变趋势"（项目编号23ASH004）资助。

[**] 刘娅萱，中国社会科学院大学社会与民族学院硕士研究生；谭旭运，中国社会科学院社会心理与行为实验室副研究员，中国社会科学院社会学研究所社会心理学研究中心副研究员，中国社会科学院大学社会与民族学院硕士生导师，研究方向为社会心态、获得感、亲社会行为的社会心理机制。

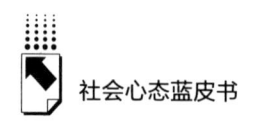

一 引言

慈善公益是基于人们的利他主义和平等主义倾向而进行的福利转移行为，是社会成员主动将自己的部分利益让渡给贫困或弱势群体的行为（楼慧心，2009）。慈善公益在推动社会公平、促进社会和谐发展等方面发挥着关键作用（吴静、袁会敏，2023），是我国国家治理体系现代化发展、实现共同富裕目标的重要渠道（贾月，2023）。改革开放以来我国青年公益呈现多元化发展趋势，经历了由早期"学雷锋"等临时性、短暂性活动逐渐向长期性志愿服务的转变。1987年广州市建立全国第一条志愿服务热线，1994年建立中国青年志愿者协会，再到2008年抗震救灾和奥运会中慈善志愿服务参与人群迅速扩大。加入慈善公益和志愿服务的青年人逐年递增，在激发社会公众志愿服务参与热情的同时，也积极推动我国慈善公益事业的现代化转型（吴建清，2015；陈东利，2022）。

慈善的参与行为是慈善文化培养和慈善公益意愿的最终呈现形式，中国的慈善事业经历长期发展，随着我国对于德育教育和校园慈善文化的重视程度增加，民众的整体慈善公益意愿相对较高，但是在具体的慈善参与行为上仍有较大的提升空间。"世界捐赠指数"2015年的调查结果显示，我国的个人捐款指数和志愿服务指数仍有较大上升空间。而在2019年的报告中，中国志愿服务指标的排名已经上升至第73位。该调查2021年的报告数据显示，2016~2020年这五年间，我国的慈善捐赠指数整体增幅排名第8位。引起明显增长的部分原因可能是，中国于2016年出台了《慈善法》，从法律层面为中国慈善事业的发展提供保障，极大程度上也避免了慈善引发矛盾而打击民众慈善积极性的问题。

虽然我国慈善捐赠近些年的整体涨幅明显，但是在指标排名上仍处于世界中等位置。在民众慈善意愿的培养转化为全民参与的慈善社会方面仍有较大发展空间。研究发现，人们的慈善意愿和慈善行为存在较大分离，但其背后机制尚不明确。关于其他社会现象的意愿与行为差异研究中，大多基于行为计划理论展开（贾丽、乔光华，2022）。该理论指出，意愿是最重要的行为预测指标，个人行为意愿受行为态度、主观规范和知觉行为控制三个因素共同影响。在慈善公益活动中，行为态度指的是个体对于开展慈善公益行为的积极或消极评价，主观规范概括了社会外界对于特定个体或群体是否开展慈善公益的期待或社会压力，而知觉行为控制则是对于个体而言参与慈善公益活动的困难程度，也就是个体的资本积累等因素。

已有研究围绕不同群体参与慈善捐赠和公益服务的影响因素进行了探讨。人们幼年时期所展现出的明显利他主义偏好和平等主义偏好被视为慈善的缘起，而中国社会以家庭为基本单位的结构特点，也是人们在生命周期早期产生慈善公益意识的主要场所。先前研究指出，家本位的儒家思想是中国人进行慈善公益行为的主导要素，进而出现封闭化的慈善偏好（杨永娇、史宇婷、张东，2019）。因此，我国慈善事业对于社会化、开放性和广泛性有着较强的需求，而青年人作为网络公益的主要参与群体，成为推动全民公益的重要力量。

围绕青年公益参与的研究指出，青年人对于社会抱有极大的热情，而更长时间的受教育经历使他们社会公平感强、富有同情心、对弱势群体和不公平现象的容忍度更低，受教育年限的增加也在一定程度上强化了青年人的文化反哺意识（陆士桢、孙远君，2016）。此外，部分长期处于学校环境的青年人进入社会的时间较短，对于弱势群体的认识和了解有限，因此他们更多地倾向于参与组织化的慈善公益项目而非资助或募捐等活动（吴建清，2015）。总体上说，青年人被视为公益慈善的主导力量，具有极大的发展空间和社会价值，但受制于个人社会资本、参与渠道、组织管理、扶持力度等多方面因素，青年人的慈善公益参与热情向实际行为的转化程度还有一定提升空间。

为此，本报告基于中国社会心态调查数据，探明青年人的慈善公益意愿现状，并探讨不同青年群体在慈善公益意愿和行为上存在的偏好与差异，为促进青年群体参与慈善公益提供参考。

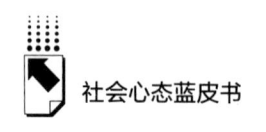

二 研究方法

（一）样本

本研究使用数据来自2022年中国社会心态调查，是中国社会科学院社会学研究所社会心理学研究中心发起的全国范围大型连续性随机抽样入户调查项目。本次调查最终获得有效问卷10071份。本研究选取18~44岁的青年样本进行分析，有效数据6017份。其中男性占47.6%，女性占52.4%，平均年龄34.01±6.81岁，具体抽样方法和样本情况见总报告。

（二）测量工具

1.慈善公益意愿

使用题目"您是否愿意为以下活动提供慈善捐助"测量青年人的慈善公益意愿。慈善公益活动共有六个类型，题目内部一致性系数良好（Cronbach's α=0.920）。本研究将慈善公益意愿分为三个维度，其中扶贫救难维度包括"扶贫、济困"与"扶老、救孤、恤病、助残、优抚"两个类型（Cronbach's α=0.941）。服务建设维度包括"资助教育、卫生、体育、养老场所和硬件建设"与"资助教育、卫生、体育、养老等领域购买社会化服务"两个类型（Cronbach's α=0.940）。文化创新维度包括"用于科技创新、科学研究"与"弘扬传统文化"两个类型（Cronbach's α=0.914）。采用李克特量表进行7点计分，被试从1（非常不愿意）到7（非常愿意）进行选择。将各维度题目的均分作为三个维度的意愿得分，将六个题目的整体均分作为青年人总体慈善公益意愿的得分。

2.慈善公益行为

在慈善公益行为方面，本研究选择"请根据您过去一年的实际情况，选择最符合的选项"中的三道题进行测量。所选题项内部一致性系数良好（Cronbach's α=0.802），具体慈善公益行为的类型可以分为两个维度。其中捐款捐物维度选择题目"您是否为帮助受困受灾的人而捐款捐物";志愿公益维度包括"您是否参加志愿者服务活动"和"您是否参加绿色出行、节约用水、垃圾分类、减少使用塑料袋这类活动"两个题目（Cronbach's α=0.891）。采用李克特量表进行7点计分，被试从1（从来没有）到7（总是）进行选择。将志愿公益维度两道题的均分作为该维度的行为得分，将三道题的整体均分作为青年人慈善公益行为的得分。

（三）人口学变量

本报告还使用了数据库中的性别、年龄、月收入、受教育水平和主观社会阶层共五个人口学变量。具体测量题目及计分方法见总报告。选择18~44岁青年人样本，人口学变量的基本描述统计结果如表1所示。

表1 18~45岁青年人样本的基本情况

单位：人，%

人口学变量	分组	样本量	占比
性别	男	2867	47.6
	女	3150	52.4
年龄	18~24岁	736	12.2
	25~29岁	852	14.2
	30~34岁	1331	22.1
	35~39岁	1542	25.6
	40~44岁	1556	25.9
月收入	1000元及以下	309	5.1
	1001~2000元	201	3.3
	2001~3000元	539	9.0
	3001~4000元	1192	19.8
	4001~5000元	1243	20.7
	5001~6000元	908	15.1
	6001~8000元	910	15.1
	8001~10000元	450	7.5
	10000元以上	265	4.4

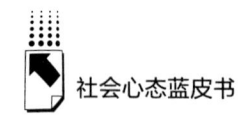

续表

人口学变量	分组	样本量	占比
受教育水平	小学及以下	48	0.8
	初中	461	7.7
	高中（技校、职高、中专）	2213	36.8
	大学专科（含在读）	1826	30.4
	大学本科（含在读）	1410	23.4
	研究生及以上	58	1.0
主观社会阶层	1（最底层）	109	1.8
	2	202	3.4
	3	574	9.5
	4	1041	17.3
	5	1957	32.5
	6	1156	19.2
	7	666	11.1
	8	264	4.4
	9	38	0.6
	10（最顶层）	10	0.2

三 研究结果

（一）慈善公益意愿的分布情况

青年人在慈善公益意愿的扶贫救难、服务建设和文化创新维度的得分，均为负偏态分布（见表2、图1）。扶贫救难维度和服务建设维度的得分整体变化趋势相似，均集中于"5有点愿意"和"6愿意"之间。相比之下，文化创新维度的青年人意愿得分则更为分散，主要分布在"4中立"到"6愿意"之间。

青年慈善公益意愿和行为的特点与影响因素

表2 青年人慈善公益意愿各项得分的占比

单位：人，%

意愿	扶贫救难				服务建设				文化创新			
	扶贫济困		扶危济难		硬件建设		社会化服务		科研创新		弘扬文化	
	人数	占比	人数	占比	人数	占比	人数	占比	人数	占比	人数	占比
1	63	1.0	113	1.9	117	1.9	111	1.8	78	1.3	60	1.0
2	279	4.6	304	5.1	266	4.4	303	5.0	229	3.8	197	3.3
3	421	7.0	395	6.6	515	8.6	523	8.7	435	7.2	297	4.9
4	1121	18.6	970	16.1	1378	22.9	1313	21.8	1184	19.7	981	16.3
5	1944	32.3	1899	31.6	1660	27.6	1641	27.3	1668	27.7	1674	27.8
6	1885	31.3	1882	31.3	1626	27.0	1621	26.9	1755	29.2	1891	31.4
7	304	5.1	454	7.5	455	7.6	505	8.4	668	11.1	917	15.2

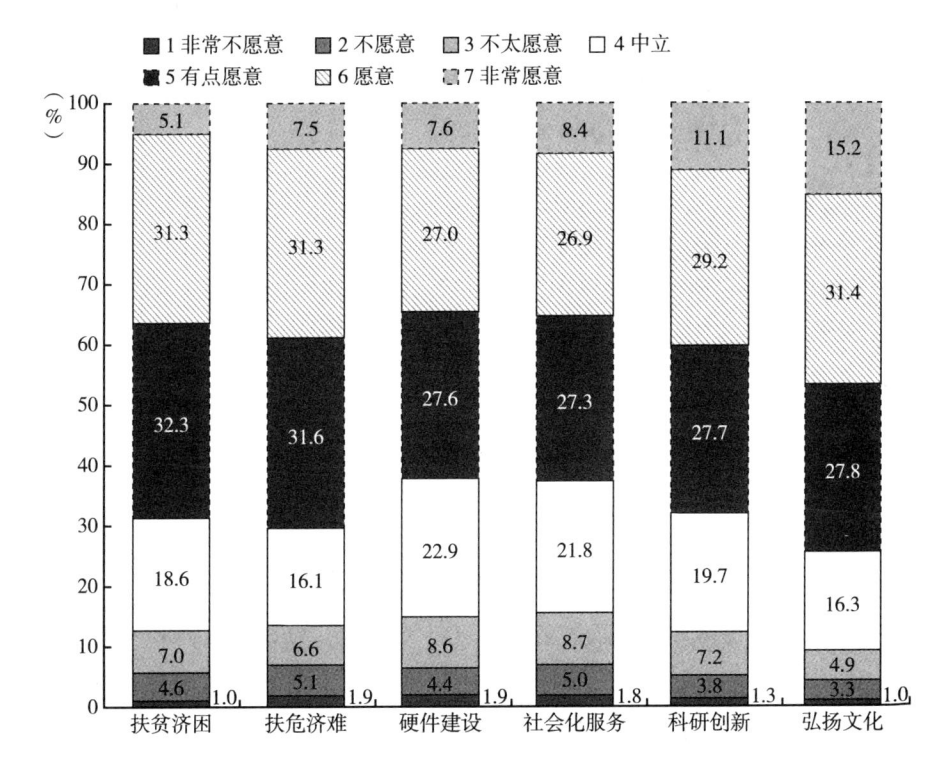

图1 青年人慈善公益意愿各项得分的占比

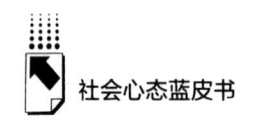

（二）慈善公益行为的分布情况

青年人在慈善公益行为中捐款捐物和志愿公益两个维度的得分均呈现正偏态分布（见表3），但两个行为维度的得分变化趋势存在较大差异。在捐款捐物维度，青年人的得分主要集中在"2很少"和"3有时"之间。在志愿公益维度得分则更为分散，从"2很少"到"5不少时间"均有一定数量的青年人选择。

表3　青年人慈善公益行为各项得分的占比

单位：人，%

行为	捐款捐物 慈善捐赠 人数	捐款捐物 慈善捐赠 占比	志愿公益 志愿服务 人数	志愿公益 志愿服务 占比	志愿公益 社会公益 人数	志愿公益 社会公益 占比
1 从来没有	300	5.0	1050	17.5	300	5.0
2 很少	1375	22.9	1636	27.2	672	11.2
3 有时	2247	37.3	1556	25.9	1057	17.6
4 中等频率	774	12.9	754	12.5	875	14.5
5 不少时间	770	12.8	562	9.3	1140	18.9
6 大部分时间	439	7.3	335	5.6	1371	22.8
7 总是	112	1.9	124	2.1	602	10.0

（三）慈善公益意愿和行为的相关性

青年人在慈善公益意愿三个维度和慈善公益行为两个维度的得分情况如表4、图2所示。从整体来看，青年人的慈善公益意愿处于中等偏上水平，其中文化创新维度的得分最高（M=5.11，SD=1.17），其次是扶贫救难维度（M=4.93，SD=1.19）。服务建设维度则在慈善公益意愿中得分相对较低（M=4.82，SD=1.25）。青年人的慈善公益行为整体得分中等，明显低于意愿得分。其中志愿公益维度得分较高（M=3.67，SD=1.29），而捐款捐物维度得分较低（M=3.35，SD=1.38）。

通过表4中意愿与行为各维度的相关关系可知，在慈善公益意愿中，扶贫救难维度与服务建设维度的相关性最高，服务建设维度和文化创新维度的相关性也较高，而扶贫救难维度与文化创新维度的相关性中等，这在一定程度上体现了三个维度所对应的中国慈善事业从传统到现代的转化。而捐款捐物和志愿公益与其他各维度之间相关关系均较弱，体现了青年人在慈善公益中从意愿到行为的转化程度有限。

表4 青年人慈善公益意愿与行为各维度得分和相关关系

单位：分

变量	M±SD	扶贫救难	服务建设	文化创新	捐款捐物	志愿公益
扶贫救难	4.93±1.19	1				
服务建设	4.82±1.25	0.701**	1			
文化创新	5.11±1.17	0.602**	0.670**	1		
捐款捐物	3.35±1.38	0.263**	0.246**	0.207**	1	
志愿公益	3.67±1.29	0.202**	0.233**	0.215**	0.472**	1

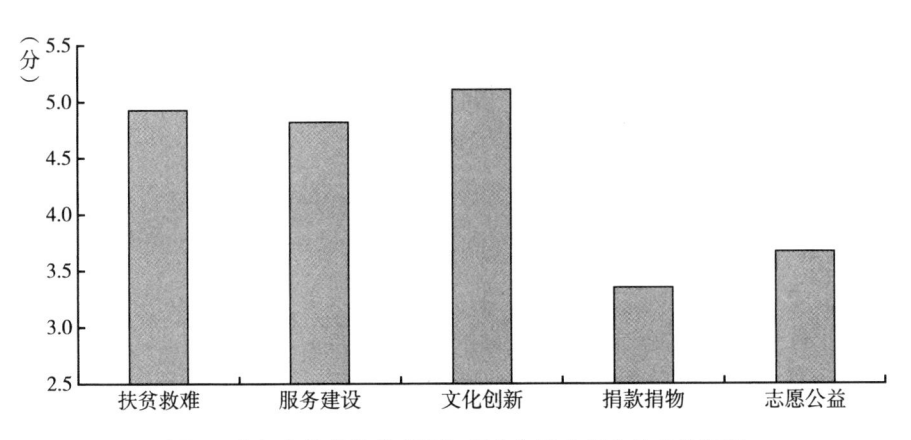

图2 青年人慈善公益意愿与行为各维度得分的总体情况

（四）慈善公益意愿和行为特点的人口学差异分析

1. 性别

采用独立样本t检验的方法，检验青年人群在慈善公益意愿与行为中的性别差异。整体慈善意愿与慈善行为的检验结果显示（见表5、图3），男性和女性在慈善意愿与行为方面的总体得分无显著差异，其中慈善公益意愿均处于中等偏上水平（M=4.93，SD=1.08；M=4.97，SD=1.04），而慈善公益行为则均处于中等水平（M=3.60，SD=1.16；M=3.53，SD=1.14）。

表5 慈善公益意愿和行为的性别差异

单位：人，分

变量	样本量	慈善意愿	慈善行为
男	2867	4.93±1.08	3.60±1.16
女	3150	4.97±1.04	3.53±1.14
t	—	2.28	1.87

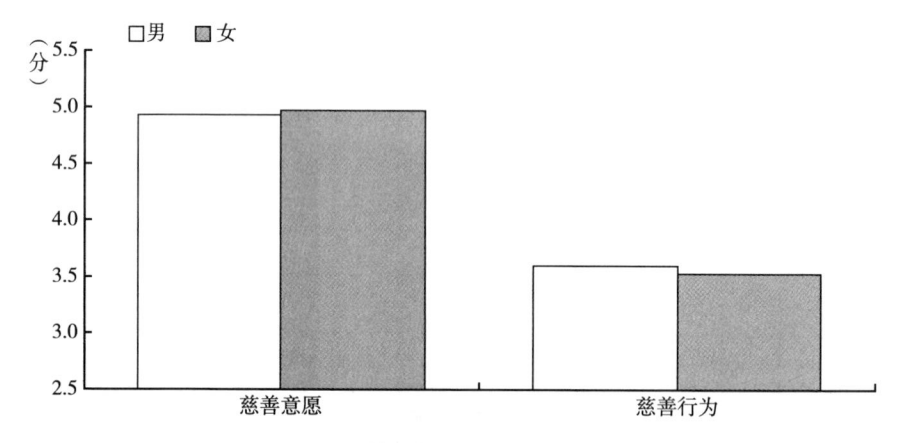

图3 慈善公益意愿和行为的性别差异

男性和女性在意愿与行为各个维度的检验结果显示（见表6、图4），在慈善意愿的服务建设维度，女性得分显著高于男性（t=4.73，p<0.05）；而在慈善行为的捐款捐物维度，男性得分则显著高于女性（t=8.41，p<0.01）。在意愿与行为的其他维度，男性与女性之间不存在显著差异。

表6 慈善公益意愿和行为各维度的性别差异

单位：分

变量	意愿			行为	
	扶贫救难	服务建设	文化创新	捐款捐物	志愿公益
男	4.90±1.22	4.78±1.28	5.12±1.17	3.41±1.39	3.69±1.29
女	4.95±1.17	4.85±1.23	5.11±1.17	3.30±1.37	3.65±1.29
t	3.05	4.73*	0.03	8.41**	0.12

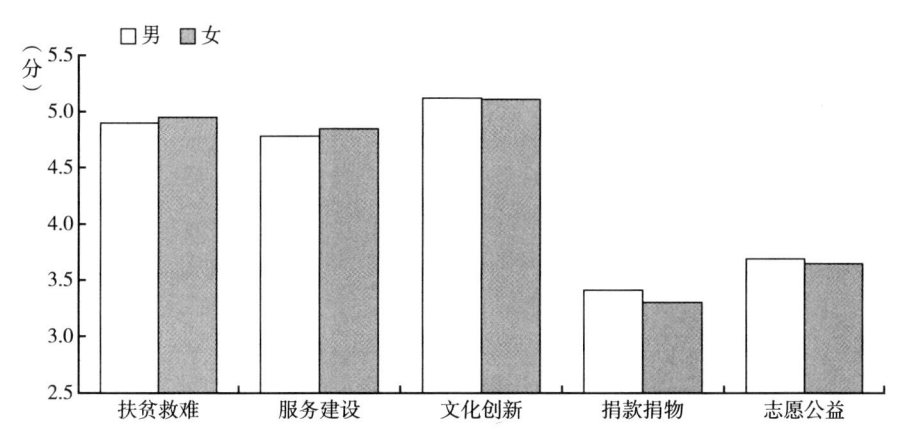

图4 慈善公益意愿和行为各维度的性别差异

2. 年龄

利用多元方差分析的方法，检验青年人群在慈善公益意愿与行为方面的年龄差异。对于整体慈善意愿与慈善行为的检验结果显示（见表7、图5），不同年龄段在意愿和行为上均存在显著差异。其中，40~44岁人群的整体慈善意愿显著高于其他年龄阶段的青年人（$p<0.001$）；在慈善行为中，18~34岁人群整体得分较低，且显著低于35~44岁人群（$p<0.05$）。

不同年龄段青年人群在意愿和行为各个维度的检验结果显示（见表8、图6），慈善意愿的三个维度（$F=6.30$，$p<0.001$；$F=9.43$，$p<0.001$；$F=4.20$，$p<0.05$）以及慈善行为的两个维度（$F=7.46$，$p<0.001$；$F=4.78$，$p<0.01$），均存在显著的年龄差异。在慈善意愿的扶贫救难和文化创新维度，40~44岁

181

群体的得分显著高于34岁及以下人群（p<0.01，p<0.05）；在服务建设维度，35~44岁人群的得分显著高于其他人群（p<0.001）。慈善行为中捐款捐物维度的得分随着年龄增长而提升，其中35~44岁人群的得分显著高于34岁及以下人群（p<0.01）；在志愿公益维度，35~44岁的青年群体得分显著高于25~34岁人群（p<0.05）。

表7 慈善公益意愿和行为在年龄阶段上的差异

单位：人，分

年龄	样本量	慈善意愿	慈善行为
18~24岁	736	4.87±1.14	3.52±1.15
25~29岁	852	4.86±1.12	3.45±1.15
30~34岁	1331	4.89±1.05	3.49±1.10
35~39岁	1542	5.01±1.04	3.63±1.16
40~44岁	1556	5.04±1.01	3.63±1.18
F	—	7.46***	6.58*
φ	—	0.002	0.001

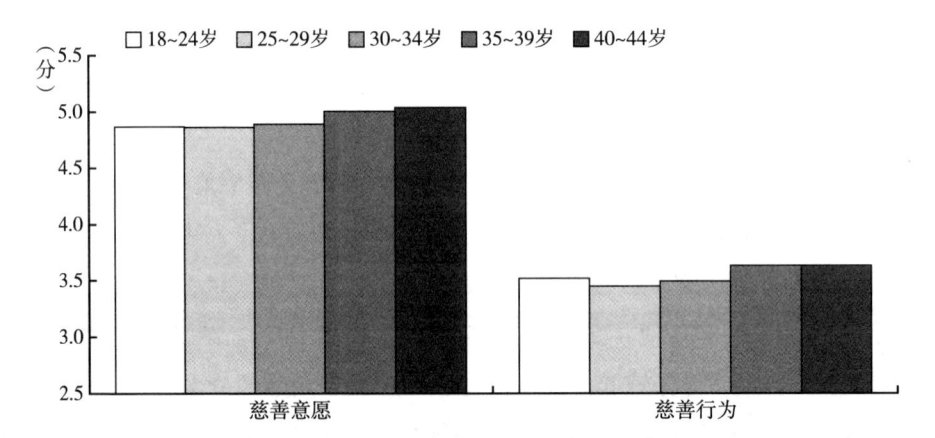

图5 慈善公益意愿和行为在年龄阶段上的差异

青年慈善公益意愿和行为的特点与影响因素

表 8 慈善公益意愿和行为各维度在年龄阶段上的差异

单位：分

年龄	意愿			行为	
	扶贫救难	服务建设	文化创新	捐款捐物	志愿公益
18~24 岁	4.87±1.27	4.69±1.33	5.05±1.29	3.20±1.38	3.68±1.28
25~29 岁	4.80±1.28	4.71±1.32	5.09±1.22	3.22±1.35	3.56±1.28
30~34 岁	4.88±1.16	4.74±1.24	5.05±1.18	3.31±1.33	3.59±1.27
35~39 岁	4.96±1.18	4.90±1.19	5.16±1.12	3.42±1.40	3.74±1.29
40~44 岁	5.02±1.13	4.82±1.25	5.17±1.13	3.45±1.40	3.73±1.30
F	6.30***	9.43***	4.20*	7.46***	4.78**
φ	0.002	0.001	0.000	0.003	0.000

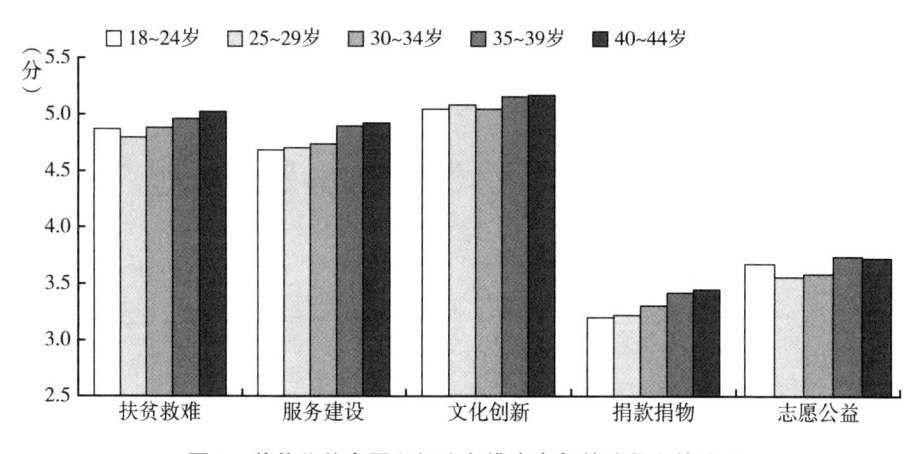

图 6 慈善公益意愿和行为各维度在年龄阶段上的差异

3. 月收入

利用多元方差分析，对青年人群慈善公益意愿与行为的月收入差异进行检验。通过检验结果可知（见表 9、图 7），不同月收入的青年在慈善意愿和慈善行为方面均存在显著差异（F = 8.31，p<0.001；F = 4.44，p<0.001）。在慈善意愿中，得分最高的群体为较低收入群体，月收入 2001~4000 元的人群得分显著高于月收入 4001~6000 元的人群（p<0.01）。而在慈善行为上，月收入不足 2000 元的群体得分显著较低（p<0.001），而其余各个群体的得分则整体比较接近。

表9 慈善公益意愿和行为在月收入上的差异

单位：人，分

月收入	样本量	慈善意愿	慈善行为
1000元及以下	309	4.83±1.07	3.29±1.14
1001~2000元	201	5.02±0.94	3.31±1.14
2001~3000元	539	5.11±0.98	3.57±1.17
3001~4000元	1192	5.10±0.93	3.64±1.15
4001~5000元	1243	4.84±1.10	3.56±1.16
5001~6000元	908	4.84±1.18	3.53±1.13
6001~8000元	910	4.96±1.10	3.61±1.14
8001~10000元	450	4.96±1.00	3.60±1.13
10000元以上	265	4.93±1.11	3.53±1.22
F	—	8.31***	4.44***
φ	—	0.001	0.001

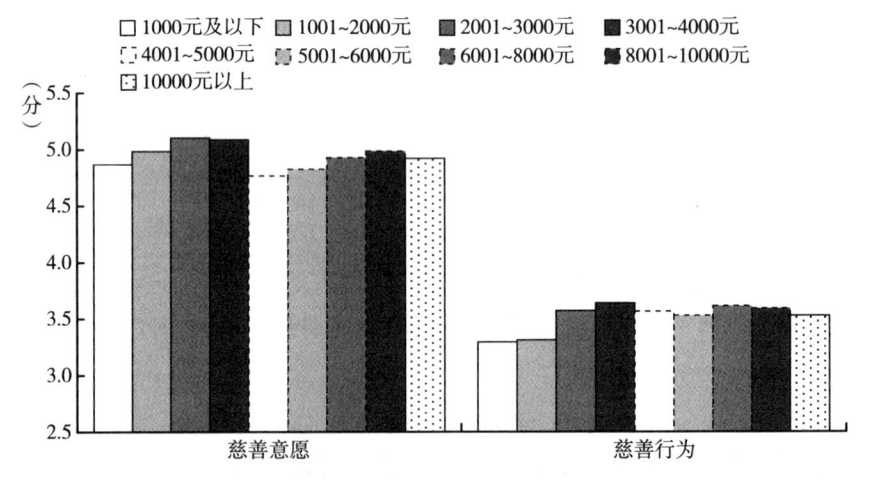

图7 慈善公益意愿和行为在月收入上的差异

不同月收入的青年人群在慈善意愿和行为各个维度的检验结果显示（见表10、图8），慈善意愿的三个维度（$F=7.83$，$p<0.001$；$F=6.03$，$p<0.001$；$F=6.68$，$p<0.001$）与慈善行为的两个维度（$F=4.95$，$p<0.001$；$F=4.10$，$p<0.001$）在月收入上均存在显著差异。其中慈善意愿的扶贫救难与服务建设

表10 慈善公益意愿和行为各维度在月收入上的差异

单位：分

月收入	意愿 扶贫救难	意愿 服务建设	意愿 文化创新	行为 捐款捐物	行为 志愿公益
1000元及以下	4.86±1.18	4.66±1.26	4.98±1.25	2.99±1.31	3.45±1.38
1001~2000元	4.99±0.97	4.94±1.16	5.13±1.18	3.25±1.29	3.34±1.29
2001~3000元	5.09±1.05	4.99±1.20	5.26±1.10	3.50±1.40	3.61±1.29
3001~4000元	5.08±1.06	4.94±1.15	5.28±1.04	3.46±1.38	3.73±1.27
4001~5000元	4.77±1.25	4.69±1.20	5.04±1.20	3.33±1.41	3.69±1.28
5001~6000元	4.81±1.29	4.72±1.36	4.99±1.23	3.28±1.36	3.66±1.26
6001~8000元	4.93±1.26	4.85±1.27	5.10±1.20	3.35±1.36	3.75±1.30
8001~10000元	4.98±1.12	4.85±1.21	5.05±1.18	3.32±1.32	3.73±1.28
10000元以上	4.92±1.28	4.75±1.28	5.12±1.26	3.43±1.49	3.58±1.34
F	7.83***	6.03***	6.68***	4.95***	4.10***
φ	0.002	0.000	0.001	0.001	0.000

两个维度，月收入2001~4000元的人群得分整体较高，并显著高于月收入1000元及以下（$p<0.05$）和月收入4001~8000元的人群（$p<0.01$）；在文化创新维度，月收入2001~4000元的人群得分则显著高于月收入4000元以上的人群（$p<0.01$）。在慈善行为的两个维度，月收入1000元及以下的人群捐款捐物得分显著低于其他人群（$p<0.001$）；月收入2000元及以下的人群志愿公益得分也显著低于其他收入较高的人群（$p<0.01$）。

4. 受教育水平

利用多元方差分析，对慈善公益意愿与行为的受教育水平差异进行检验。通过检验结果可知（见表11、图9），不同受教育水平的青年人群在慈善意愿和慈善行为方面均存在显著差异（$F=5.21$，$p<0.001$；$F=23.94$，$p<0.001$）。受教育水平为初中及以下的人群，慈善意愿和行为的得分均显著低于大学专科（$p<0.01$）、大学本科（$p<0.001$）和研究生及以上学历（$p<0.001$）的人群，此外，小学及以下学历的群体在慈善行为上得分较低（$M=2.80$，$SD=1.08$），明显低于中等水平。

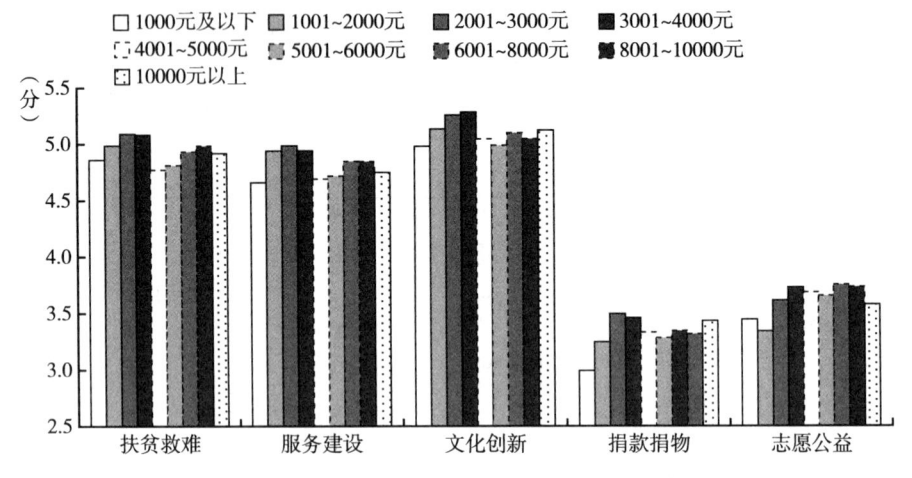

图 8 慈善公益意愿和行为各维度在月收入上的差异

表 11 慈善公益意愿和行为在受教育水平上的差异

单位：人，分

受教育水平	样本量	慈善意愿	慈善行为
小学及以下	48	4.58±1.08	2.80±1.08
初中	461	4.76±1.06	3.12±1.06
高中(技校、职高、中专)	2213	4.95±1.05	3.52±1.14
大学专科(含在读)	1826	4.96±1.07	3.68±1.16
大学本科(含在读)	1410	5.01±1.05	3.63±1.15
研究生及以上	58	5.00±1.10	3.63±1.15
F	—	5.21***	23.94***
φ	—	0.002	0.011

不同受教育水平的青年人群在慈善意愿和行为各个维度的检验结果显示（见表12、图10），慈善意愿的三个维度（$F=7.17$，$p<0.001$；$F=4.43$，$p<0.01$；$F=2.28$，$p<0.05$）与慈善行为的两个维度（$F=9.52$，$p<0.001$；$F=24.60$，$p<0.001$）在受教育水平上均存在显著差异。在慈善意愿的扶贫救难和文化创新维度，小学及以下学历的人群得分显著低于初中学历的人群（$p<0.01$），且初中及以下人群的得分也显著低于其他群体（$p<0.001$）。慈善行为的两个维度变化趋势与扶贫救难和文化创新维度基本一致，高中及以

青年慈善公益意愿和行为的特点与影响因素

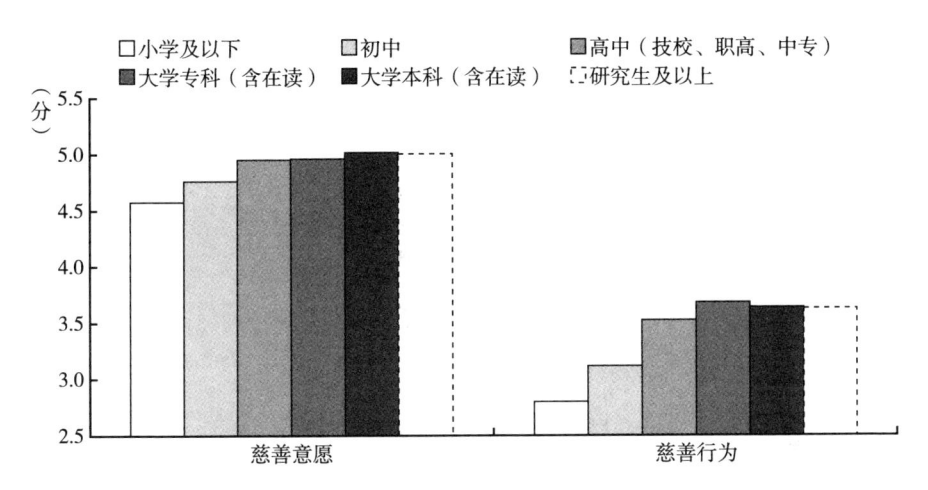

图9 慈善公益意愿和行为在受教育水平上的差异

上学历的人群得分显著高于初中及以下学历的人群（p<0.001），而初中学历的人群得分也显著高于小学及以下学历的人群（p<0.01）。服务建设维度与慈善意愿另两个维度受到受教育水平的影响存在部分差异，其中初中及以下的人群得分仍然较低且显著低于高中（p<0.05）、大学专科（p<0.01）及大学本科（p<0.001）学历的人群，此外研究生及以上学历的人群得分也显著低于大学本科学历的人群（p<0.01）。

表12 慈善公益意愿和行为各维度在受教育水平上的差异

单位：分

受教育水平	意愿			行为	
	扶贫救难	服务建设	文化创新	捐款捐物	志愿公益
小学及以下	4.45±1.31	4.53±1.26	4.75±1.20	2.65±0.96	2.88±1.36
初中	4.69±1.26	4.61±1.28	4.99±1.20	3.02±1.27	3.17±1.23
高中（技校、职高、中专）	4.90±1.19	4.82±1.24	5.13±1.14	3.35±1.38	3.61±1.26
大学专科（含在读）	4.96±1.20	4.81±1.27	5.11±1.16	3.44±1.40	3.80±1.29
大学本科（含在读）	5.01±1.15	4.90±1.23	5.14±1.21	3.37±1.37	3.77±1.30
研究生及以上	5.08±1.21	4.72±1.45	5.21±1.28	3.28±1.34	3.80±1.28
F	7.17***	4.43**	2.28*	9.52***	24.60***
φ	0.004	0.002	0.000	0.003	0.013

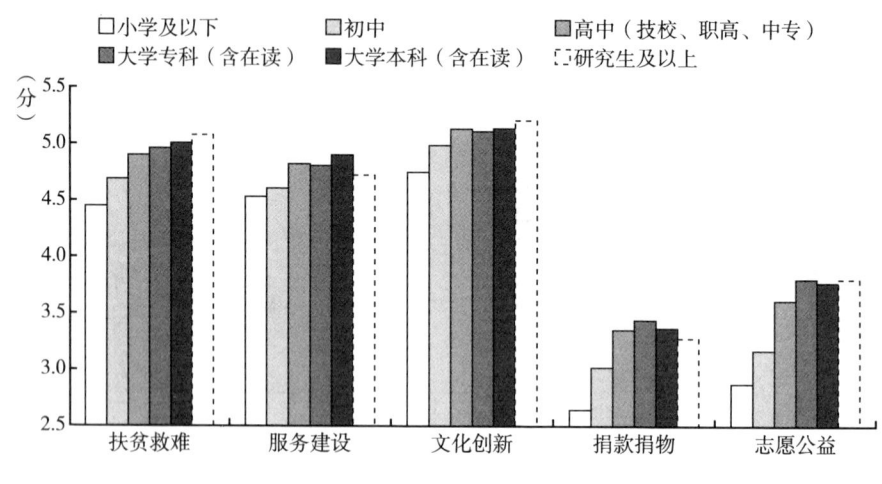

图 10 慈善公益意愿和行为各维度在受教育水平上的差异

5. 主观社会阶层

利用多元方差分析，对慈善公益意愿与行为在主观社会阶层上的差异进行检验。通过结果可知（见表13、图11），不同主观社会阶层的青年人群在慈善意愿和慈善行为方面均存在显著差异（F=33.05，p<0.001；F=24.70，p<0.001）。在慈善意愿中，较低主观阶层（1~4层）的人群得分显著低于其他阶层的人群（p<0.01），整体慈善意愿也随着阶层上升而有所提高。在慈善行为中，低阶层（1~2层）的人群得分显著低于中高阶层（5~9层）的人群（p<0.001）。

表 13 慈善公益意愿和行为在主观社会阶层上的差异

单位：人，分

主观社会阶层	样本量	慈善意愿	慈善行为
1（最底层）	109	4.46±1.28	2.98±1.10
2	202	4.48±1.15	3.08±1.08
3	574	4.53±1.21	3.24±1.06
4	1041	4.76±1.11	3.46±1.12
5	1952	5.02±1.01	3.60±1.11
6	1156	5.13±0.94	3.60±1.12

续表

主观社会阶层	样本量	慈善意愿	慈善行为
7	666	5.21±0.90	3.92±1.20
8	264	5.22±1.01	3.89±1.31
9	38	5.12±1.19	3.63±1.66
10（最顶层）	10	5.22±0.99	3.37±1.20
F	—	33.05***	24.70***
φ	—	0.042	0.029

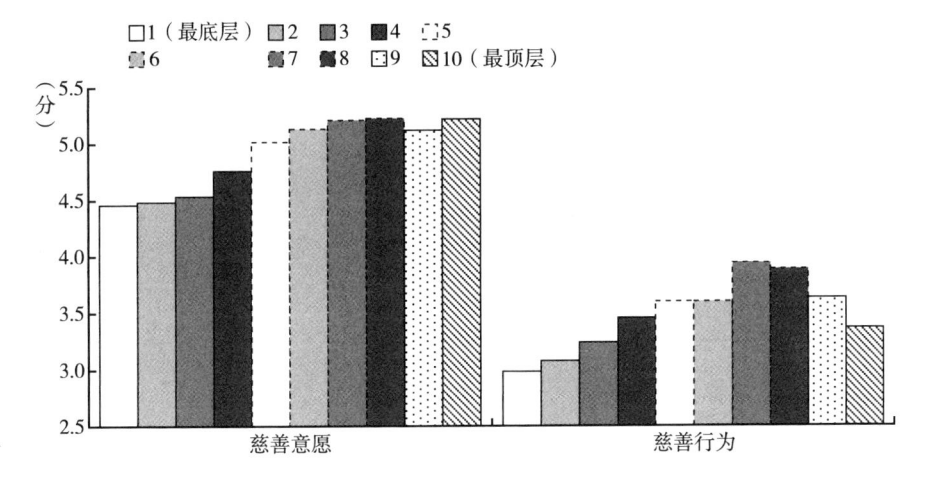

图 11 慈善公益意愿和行为在主观社会阶层上的差异

不同主观社会阶层的青年人群在慈善意愿和行为各个维度的检验结果显示（见表 14、图 12），慈善意愿的三个维度（$F = 20.16$，$p<0.001$；$F = 31.66$，$p<0.001$；$F = 25.20$，$p<0.001$）与慈善行为的两个维度（$F = 13.44$，$p<0.001$；$F = 23.14$，$p<0.001$）在主观社会阶层上均存在显著差异。在慈善意愿的扶贫救难和文化创新维度，较低阶层（1~4 层）的人群得分显著低于较高阶层（6~10 层）的人群（$p<0.01$），且 1~3 层的人群得分也显著低于第 4 层人群（$p<0.05$）；在服务建设维度，较低阶层（1~4 层）的人群得分显著低于高阶层（8~10 层）的人群（$p<0.001$）。在慈善行为的捐款捐物和志愿公益两个维度，低阶层（1~2 层）的人群得分显著

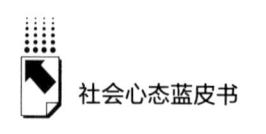

低于中高阶层（5~9层）（p<0.001，p<0.01），此外，主观社会阶层第3层的人群捐款捐物得分也显著低于中高阶层（5~9层）（p<0.05）。

表14 慈善公益意愿和行为各维度在主观社会阶层上的差异

单位：分

主观社会阶层	意愿			行为	
	扶贫救难	服务建设	文化创新	捐款捐物	志愿公益
1(最底层)	4.49±1.40	4.22±1.47	4.67±1.52	2.93±1.20	3.01±1.31
2	4.57±1.26	4.26±1.34	4.62±1.30	2.97±1.28	3.13±1.22
3	4.56±1.35	4.35±1.37	4.69±1.35	3.14±1.34	3.29±1.18
4	4.73±1.26	4.59±1.31	4.96±1.21	3.25±1.34	3.56±1.27
5	4.98±1.14	4.91±1.20	5.16±1.12	3.33±1.33	3.73±1.25
6	5.09±1.09	5.00±1.16	5.30±1.04	3.36±1.36	3.72±1.26
7	5.17±1.04	5.08±1.07	5.37±1.03	3.73±1.45	4.05±1.33
8	5.13±1.18	5.20±1.20	5.34±1.13	3.72±1.63	3.97±1.42
9	4.93±1.32	5.21±1.30	5.21±1.35	3.79±1.82	3.55±1.81
10(最顶层)	5.20±1.03	5.10±1.13	5.35±1.40	3.80±1.75	3.15±1.13
F	20.16***	31.66***	25.20***	13.44***	23.14***
φ	0.026	0.040	0.003	0.016	0.025

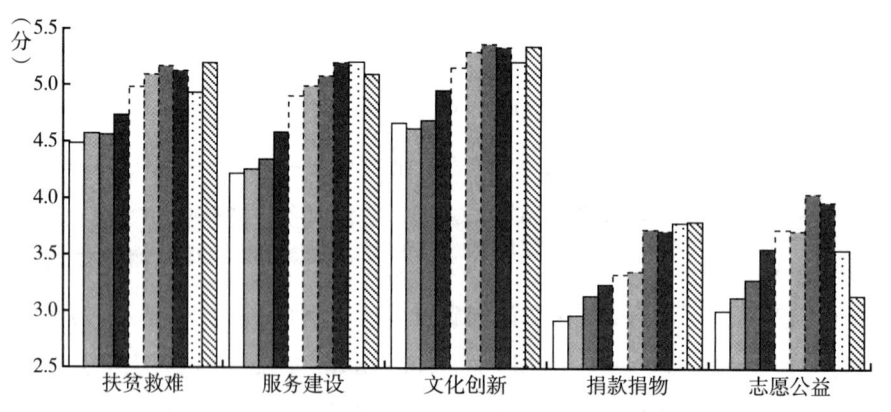

图12 慈善公益意愿和行为各维度在主观社会阶层上的差异

四 讨论与建议

当代中国慈善事业的社会基础和互联网新兴志愿公益迅猛发展的背景下，青年人在慈善公益的意愿上表现出较高热情，对于具体慈善捐赠和公益活动的参与行为也相对积极。本报告将慈善公益意愿划分为扶贫救难、服务建设和文化创新三个维度；将慈善公益行为划分为捐款捐物和志愿公益两个维度进行测量。通过对比整体意愿和行为，及其各维度之间的关系进行多角度分析，探讨慈善公益意愿与行为各维度之间的人口学变量差异。结果发现，40~44岁的青年人慈善意愿和行为得分显著高于25~34岁的青年人，高中及以上受教育程度的青年人慈善意愿和行为得分显著高于受教育程度在初中及以下的青年群体，处于中间偏高主观社会阶层的人群慈善意愿和行为得分显著高于其他人群。同时，本研究进一步寻找强化青年人慈善公益参与意愿，促进意愿向行为转化的可能渠道，为当代慈善背景下的全民慈善社会建设打下基础。

研究发现，青年人的慈善公益意愿整体水平较高。其中，文化创新维度的得分最高，对于科学研究、文化保护等热点话题相关内容的慈善意向较高。近些年，网络平台对于慈善的宣传引导进一步加强，影响人们对于现代慈善理念的深入理解，青年人群作为互联网公益的主要受众群体，对于当代中国慈善事业的认识增强，更加支持将慈善资源应用到科技、文化等新领域（陈东利，2012）。此外，青年人在传统的扶贫救难维度的得分高于出现时期相对较晚的服务建设维度。对于传统慈善类型的重视，在一定程度上受到了中国传统思想文化的影响。与西方基督教以"博爱"价值观为主导的慈善事业发展道路不同，中国的慈善文化很大程度上是基于儒家"仁爱"的思想观念，而这其中则是"爱有差等"的慈善形式（黄家瑶，2008）。基于此，在中国整体社会背景下，熟人文化下的传统慈善类型仍然是中国人更为在意的部分，受到中华优秀传统文化的影响，青年人对于扶贫济困、救灾救难等地缘因素影响较大的传统慈善，保持着一如既往的支持态度。

在性别层面，男性和女性的慈善公益意愿和行为得分比较一致。慈善公益意愿中，女性在服务建设维度的得分显著高于男性，而在慈善公益行动中，男性在捐款捐物维度的得分显著高于女性。在年龄层面，25~34岁的青年群体慈善公益意愿得分显著较低，这一差距主要体现在扶贫救难和服务建设维度。慈善公益行为中，34岁及以下人群在捐款捐物维度的得分显著低于34岁以上的青年人。34岁及以下青年群体进入社会时间更短，个人资本的积累比较有限，相比志愿公益，慈善捐赠活动对于个人的社会资本和经济资本需求更高，从而限制了青年人的参与。此外，18~24岁青年群体在扶贫救难维度的得分相对较高，志愿公益活动的参与频率也较高。作为青年人群中的新生力量，这一阶段青年人的慈善意识主要受学校德育教育和校园慈善宣传的影响，对于社会的热情更高，也更加关注社会的不公平现象（陈东利，2012）。然而受限于个人的资本积累较少，社会经验有限，组织化程度更强、主要出力而非出钱的志愿活动成为他们参与慈善公益的首要选择。

在收入层面，整体慈善公益意愿和行为之间出现了相反的变化趋势，以月收入1001~4000元为代表的低收入人群在慈善公益意愿上得分更高，而月收入2000元及以下的人群在慈善公益行为上的得分则显著低于其他人群。在慈善公益行为的两个维度中，与同样资本积累有限的25岁以下人群不同，月收入较低的青年人捐款捐物和志愿公益的参与频率均较低。对于这些青年人而言，经济资本和社会资本不再是限制他们参与慈善公益的主要因素，培养全民慈善、全员参与的慈善意识同样重要。

在受教育程度层面，青年人的慈善公益意愿和行为整体呈现随受教育程度提升而升高的变化趋势。在具体维度上，服务建设维度和捐款捐物维度出现了倒U形趋势，高中（技校、职高、中专）和大学专科（含在读）学历的青年人得分高于初中及以下和研究生及以上学历的人群。对于中间受教育程度的青年人，相比于高学历人群，他们的资本积累时间更长，有了更多参与捐款捐物的资源基础；此外，受学校慈善公益教育培养和对于社会困难群体的了解程度的综合作用，中间学历群体可以关注到服务建设等相对宣传较少的慈善公益类型。在主观社会阶层层面，随着阶层上升，青年人的慈善公益意愿和行为得分上升，并在较高阶层（7~8层）达到顶峰，随后阶级上升而得分下降，但整体水平仍显著高于低阶层人群。此外，慈善公益意愿的三个维度中，在扶贫救难维度低阶层和高阶层的差异较小，而在文化创新维度高阶层显著高于低阶层青年。

当代慈善事业在范围和方式上经历了迅速的扩展，公益活动、志愿服务等丰富形式的加入，互联网慈善等新型平台的参与，为中国慈善事业发展提供了更为广阔的空间。青年人作为新型慈善公益服务的主导力量，是激发社会公益意识、推动全民慈善的主要动力。在国家倡导鼓励慈善的背景下，最大限度地发挥青年人的慈善公益热情，需要政府、社会、学校、青年人等多方共同努力。

第一，政策支持，提升对于青年慈善公益组织的扶持力度。在我国的现代慈善中，以青年人为主体的公益组织数量巨大，也是中国慈善事业的重要组成部分，而相关政策的制定和扶持仍存在一定的空白（吴建清，2015）。对于民间青年慈善公益组织而言，依然存在身份归属模糊的问题，基于网络平台形成的自组织往往源于对某一社会问题的关注，但是官方身份的缺失使它们难以吸纳更多参与者。一些社会组织因各种原因未能登记注册，从而缺少合法身份开展活动，在实施具体慈善公益行为时存在困难。此外，在现代慈善公益发展的观念下，促进慈善捐赠或志愿公益长期发展，需要适当的激励机制。青年人较强的社会公平感和同情心同样需要社会的认可作为维持的动力。目前我国已有的慈善志愿相关评选，对于参与者要求很高，以青年为主导的民间慈善公益组织参与感弱，因而很难借此获得精神层面的激励（夏雨，2018）。因此，对于青年慈善公益组织而言，仍需要政策扶持和激励机制发挥双重作用，通过赋予官方正式身份帮助推动慈善活动的开展和组织的更新换代，借助物质和精神层面的激励提升参与者的被认可感受，从而才能实现青年慈善公益组织的长期稳定发展，为建立全民慈善社会奠定坚实的基础。

第二，强化规范，建立专业化的青年志愿公益平台。青年人社会参与意

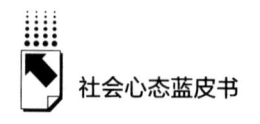

识强，对于慈善公益活动的热情和对于志愿服务的参与意愿也很高。目前我国存在数量庞大的青年慈善公益组织，是实现全员慈善的重要基础（谭建光，2015）。青年群体对于社会抱有极大的热情，但是缺乏对贫困弱势群体的了解，对于社会活动的参与经历也比较少。现存的青年慈善组织管理混乱，组织化程度低，很大程度上限制了慈善公益组织的进一步发展，也导致了部分青年人空有热情而无法落地的现状（李凌鸥、苏敏，2021）。基于此，应整合已有的青年公益组织，为青年人提供更加专业化和规范化的社会慈善公益平台，从而打破青年人慈善公益意愿向具体行为转化的屏障。

第三，形式创新，强化学校—社区—网络多元互动的慈善公益基础。在以"多元慈善"和"全民慈善"为主导的中国当代慈善事业中，慈善的内涵进一步扩大，借助互联网等平台进入了人们的日常生活。学校作为社会化的主要场所，通过德育课堂和慈善文化宣传等方式，成为青年人慈善公益意识培养的重要途径（陈东利，2012）。在家本位观念的影响下，社区作为多数青年人进行慈善公益活动的基础场域，构成了大量青年人群参与慈善公益活动的早期空间（杨永娇、史宇婷、张东，2019）。网络作为青年群体培育公益组织的主要平台，是青年人最容易接受的新兴慈善公益形式，也为随时随地参与公益提供了可能。综合来看，在中国传统文化和现代慈善事业的双重作用下，可以通过以学校教育为基础强化青年人慈善公益意识，从社区服务出发提升青年人的公益参与意愿，借助互联网平台丰富慈善公益种类和参与方式，进而降低慈善参与门槛，最大化地激发青年人对于慈善公益和志愿服务的热情。

参考文献

陈东利：《青少年慈善意识培养与校园慈善文化建设》，《河北工程大学学报》（社会科学版）2012年第3期。

陈东利：《论共同富裕的志愿服务伦理实现路径》，《西北民族大学学报》（哲学社会科学版）2022年第2期。

黄家瑶：《比较视野下的中西方慈善文化》，《科学·经济·社会》2008年第3期。

贾丽、乔光华：《高校学生减少食物浪费行为的决策因素研究——基于计划行为理论和规范激活理论的综合框架》，《干旱区资源与环境》2022年第7期。

贾月：《论公益慈善中公众对受助者的伦理期待》，《学习论坛》2023年第5期。

李凌鸥、苏敏：《青年社会组织公共危机差异化响应模式及其生成机制》，《当代青年研究》2021年第2期。

楼慧心：《慈善活动及其社会利益调节功能》，《伦理学研究》2009年第4期。

陆士桢、孙远君：《中国慈善传统引导下的当代青少年志愿行为》，《山东青年政治学院学报》2016年第1期。

谭建光：《中国特色的志愿服务理论体系分析》，《青年探索》2015年第1期。

吴建清：《慈善现代转型视角下的青年公益参与》，《中国青年研究》2015年第8期。

吴静、袁会敏：《试论欠发达民族地区公益慈善事业现代化》，《民族学论丛》2023年第3期。

夏雨：《完善我国青少年志愿者激励制度研究——基于中美比较视角》，《中国青年研究》2018年第4期。

杨永娇、史宇婷、张东：《个体慈善捐赠行为的代际效应——中国慈善捐赠本土研究的新探索》，《社会学研究》2019年第1期。

B.9
社会参与和共同富裕的关系分析*

应小萍 彭雨婷**

摘 要： 社会心态视角下的社会参与关注亲社会行为和维权行为，共同富裕认知关注如何实现脱贫致富、如何消除贫富差距、如何分配和如何实现共同富裕。民众的社会参与状况和民众对实现共同富裕的信心、共同富裕认知密切关联。本报告基于中国社会心态调查2022年的数据，分析发现民众对实现共同富裕的信心越高，社会参与越积极；共同富裕认知与民众社会参与状况之间的关系，在青年、中年和老年群体中有不同表现。

关键词： 社会参与 共同富裕信心 共同富裕认知

一 引言

社会参与的研究越来越受到心理学、社会学、老年学、公共卫生、医学等社会科学领域的研究者、实践者和各级政府部门与政策制定者的关注。民众的社会参与程度受到所处社会状态、自身生命周期的所处阶段、社会资源可用性、社会包容的影响（Fudge Schormans，2014）。

习近平总书记2021年8月17日在中央财经委员会第十次会议上，强调"共同富裕是社会主义的本质要求，是中国式现代化的重要特征"的同时，

---

* 中国社会科学院智库基础研究项目"社会心态视角下的'内卷'与'躺平'"阶段性成果。
** 应小萍，中国社会科学院社会学研究所社会心理学研究中心社会心理与行为实验室副研究员，研究方向为社会心理学；彭雨婷，中国社会科学院大学硕士研究生。

也强调"共同富裕是全体人民的富裕，是人民群众物质生活和精神生活都富裕，不是少数人的富裕，也不是整齐划一的平均主义，要分阶段促进共同富裕"。[①] 本报告将从社会心态视角研究共同富裕，关注民众对实现共同富裕的信心和共同富裕的认知。共同富裕认知选取四组观念。一是实现脱贫致富方式，包括靠自己还是通过先富帮后富以实现脱贫致富这两种观念。二是消除贫富差距方式，包括共同富裕是通过缩小还是彻底消除贫富差距这两种观念。三是共同富裕的分配方式，包括共同富裕应当公平公正分配还是平均分配这两种观念。四是实现共同富裕的方式，包括部分到整体的逐步实现还是大家同时同步实现这两种观念。

中共中央、国务院2021年4月28日在《关于加强基层治理体系和治理能力现代化建设的意见》中强调"坚持共建共治共享，建设人人有责、人人尽责、人人共享的基层治理共同体"。[②] 本报告从社会心态视角研究社会参与（应小萍，2018，2021；谭旭运，2017），关注民众的亲社会行为和维权行为，选取民众以个人、社区群体成员或者社会组织成员的身份自愿参与到帮助受困受灾人捐款捐物、帮助陌生人、参加志愿者服务活动、参加环保活动四项亲社会行为（迟毓凯，2005），网上参与社会问题讨论、向政府机构媒体等反映意见、举报腐败行为三项维权行为（栾博，2020）。

正确认识和把握共同富裕观念，不出现认知偏差，才能真正实现全民参与、全民共建、全民共享的富裕（张扬金、邓观鹏、陈林夕，2022）。高水平的社会参与，如公益慈善行为等，也有助于推进共同富裕。

老年群体的社会参与意愿和实际社会参与状况受到老年人随年龄增长而产生的身体机能退化、社会经济地位和家庭环境，以及对老年人的社会价值和意义的认识、社会支持体系等因素的影响（郑红、王丽丽，2022）。青年

---

① 《习近平主持召开中央财经委员会第十次会议》，https://www.gov.cn/xinwen/2021-08/17/content_5631780.htm。
② 《中共中央 国务院关于加强基层治理体系和治理能力现代化建设的意见》，http://www.gov.cn/zhengce/2021-07/11/content_5624201.htm。

群体的社会参与体现出青年的需求和诉求（廉思、李颖，2019）。本报告中按受访者的不同年龄段，对青年、中年和老年群体的共同富裕和社会参与的关联性进行了分析。

二 方法

（一）调查对象

本报告数据来源于2022年中国社会心态调查（Chinese Social Mentality Survey，CSMS），由中国社会科学院社会学研究所社会心理学研究中心于2022年7月至2023年5月完成。根据第六次全国人口普查数据，在全国30个省区市进行分层抽样和PPS概率抽样，抽取145个县（市、区）的314个城镇社区，对其中在现地址居住6个月及以上的18~70周岁居民进行抽样调查，最终获得有效问卷10071份，其中男性占45%，女性占55%，平均年龄42.05±11.88岁。

（二）测量

1. 社会参与

民众社会参与状况通过亲社会行为和维权行为两类题目七个项目来测量，亲社会行为题目共四项，包括帮助受困受灾人捐款捐物、帮助陌生人的利他行为，参加志愿者服务活动的亲社会行为，参加环保活动的亲环境行为；维权行为共三项，包括网上参与社会问题讨论、向政府机构媒体等反映意见、举报腐败行为。通过自我报告过去一年的实际情况，从"从来没有"到"总是"，进行1~7分评价，分数越高，表示过去一年的社会参与越频繁、参与程度越高。

2. 实现共同富裕信心

民众对实现共同富裕的信心通过一题测量，从"1完全没信心"到"7非常有信心"进行7级评分，分数越高表示信心越高，将1~3分编码为"低信心"，4分编码为"中立"，5~7分编码为"高信心"。

3.共同富裕认知

民众共同富裕认知共包括四题，通过7级评分对四题的两种观点做出同意程度的评价，选择"1~3"表示倾向同意左侧的观点，数字越小表示倾向度越高，选择"4"表示对左右两侧观点持中立态度，选择"5~7"表示倾向同意右侧的观点，数字越大倾向度越高。

第一题是共同富裕中对如何脱贫致富的认知，左侧观点为"先富群体有责任帮助未富群体"，右侧观点为"脱贫致富要靠自己的努力"；将1~3分编码为"先富帮后富"，4分编码为"中立"，5~7分编码为"靠自己"。

第二题是共同富裕中对如何消除贫富差距的认知，左侧观点为"共同富裕要彻底消除贫富差距"，右侧观点为"共同富裕是要缩小贫富差距到合适水平"；将1~3分编码为"消除"，4分编码为"中立"，5~7分编码为"缩小"。

第三题是共同富裕中对如何分配的认知，左侧观点为"共同富裕就是要平均分配"，右侧观点为"共同富裕就是要公平公正地分配"，将1~3分编码为"平均"，4分编码为"中立"，5~7分编码为"公平"。

第四题是对如何实现共同富裕的认知，左侧观点为"共同富裕就是要大家同时、同步富裕起来"，右侧观点为"共同富裕是由部分到整体的逐步富裕"，将1~3分编码为"同步"，4分编码为"中立"，5~7分编码为"逐步"。

三 结果

针对民众实现共同富裕信心和共同富裕认知如何影响社会参与状况，通过比较青年、中年和老年三大群体存在的异同点加以分析。青年群体（18~44岁）占全体受访者的59.7%，其中男性占47.6%，女性占52.4%；中年群体（45~59岁）占全体受访者的31.4%，其中男性占41.3%，女性占58.7%；老年群体（60~70岁）占全体受访者的8.8%，其中男性占40.0%，女性占60.0%。

（一）实现共同富裕信心与社会参与

全体受访者对实现共同富裕持有较高的信心，均分为5.25，对实现共同富裕低信心者占全体受访者的9.2%，14.7%持中立态度，高信心者占76.1%。其中，青年群体对实现共同富裕的信心较高，均分为5.28，对实现共同富裕低信心者占9.4%，中立者占13.1%，高信心者占77.6%；中年群体对实现共同富裕的信心也较高，均分为5.20，但显著低于青年群体，低信心者占9.1%，中立者占16.6%，高信心者占74.3%；老年群体对实现共同富裕的信心与中年群体相近，均分为5.19，也显著低于青年群体，低信心者占8.9%，中立者占19.5%，高信心者占71.6%。

图1显示，青年、中年和老年三个群体，在亲社会行为和维权行为这两种社会参与行为上均呈现对实现共同富裕的信心越高，在过去一年的社会参与越频繁。

1. 实现共同富裕信心与亲社会行为

在亲社会行为上，环保活动参与频次最高，捐款次之，之后是帮助陌生人，志愿者活动的参与频次最低。

对实现共同富裕越有信心的受访者，在过去一年参与环保活动的频次越高，低信心、中立和高信心的环保活动参与得分分别为4.07、4.27、4.51。中年群体的环保活动得分为4.55，显著高于青年群体得分（4.40）；青年群体得分又显著高于老年群体得分（4.27）。青年和中年群体均是越对实现共同富裕有信心，参与环保活动越多；青年群体中低信心、中立和高信心者的环保活动得分分别为4.02、4.23、4.47，中年群体中相应得分分别为4.27、4.43、4.61；老年群体在对实现共同富裕具有高信心时，环保活动的得分为4.43，显著高于中立者的得分（3.98）和低信心者的得分（3.66）。

受访者对实现共同富裕越有信心，在过去一年参与捐款的频次越高，低信心、中立和高信心的捐款参与得分分别为2.72、3.05、3.46。低信心、中立和高信心者的捐款参与得分在青年群体中分别为2.71、3.09、3.47，在中年群体中分别为2.71、2.98、3.48，在老年群体中分别为2.83、3.13、3.31。

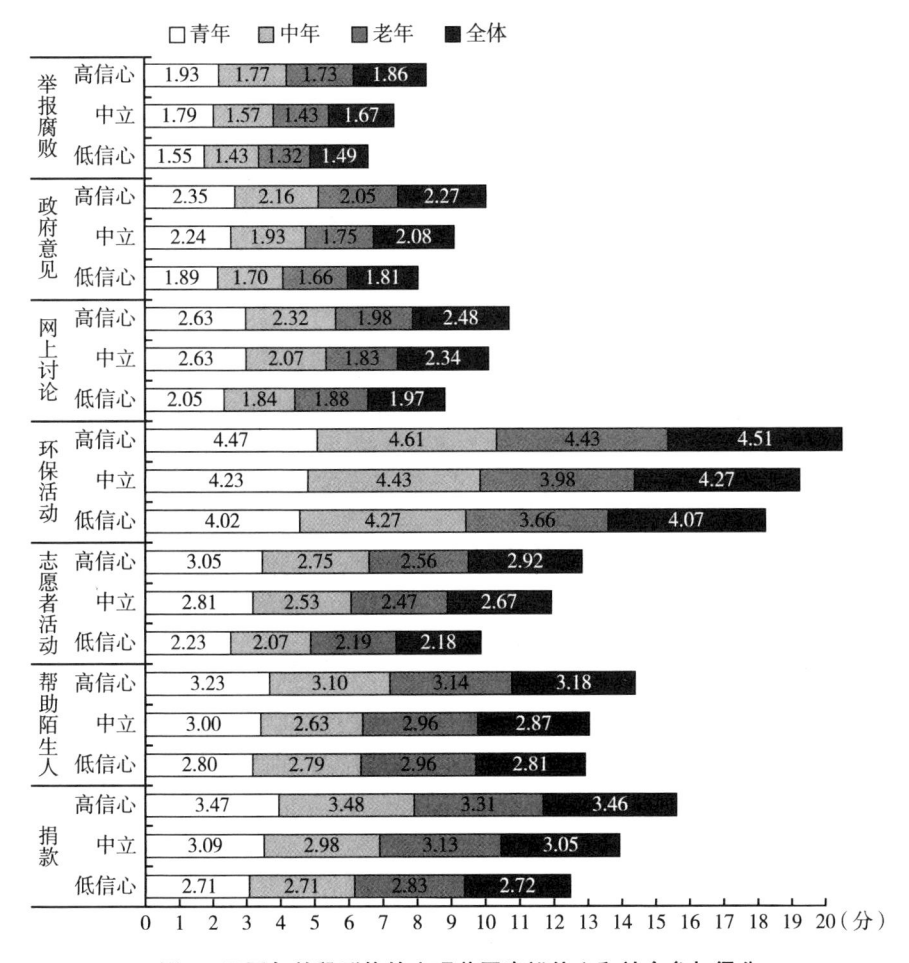

图1 不同年龄段群体的实现共同富裕信心和社会参与得分

总体上，对实现共同富裕越有信心的受访者，在过去一年帮助陌生人的频次越高，低信心、中立和高信心者的得分分别为2.81、2.87、3.18。低信心、中立和高信心者的帮助陌生人得分在青年群体中分别为2.80、3.00和3.23。但是在中年和老年群体中帮助陌生人行为并没有随着实现共同富裕信心变化而变化，中年群体中低信心、中立和高信心者的帮助陌生人得分分别为2.79、2.63、3.10，老年群体中相应得分分别为2.96、2.96、3.14。

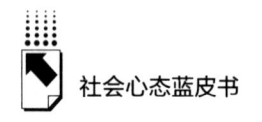

对实现共同富裕越有信心的受访者，在过去一年参与志愿者活动越多，低信心、中立和高信心者的志愿者活动得分分别为2.18、2.67、2.92。青年、中年和老年群体均是越对实现共同富裕有信心，参与志愿者活动越多；青年群体中低信心、中立和高信心者的志愿者活动得分分别为2.23、2.81和3.05，中年群体中得分分别为2.07、2.53和2.75，老年群体中得分分别为2.19、2.47和2.56。

2. 实现共同富裕信心与维权行为

图1也显示在维权行为上，网上讨论参与频次最高，其次为向政府提意见建议，最后为举报贪污腐败。维权行为的参与度低于亲社会行为的参与度。

对实现共同富裕越有信心的受访者，在过去一年参与网上讨论的频次越高，低信心、中立和高信心者的网上讨论参与得分分别为1.97、2.34、2.48，得分低于3分，参与度很低。青年群体中的中立和高信心者参与网上讨论的得分没有差异，均为2.63，高于低信心者的参与得分（2.05）。中年群体对实现共同富裕越有信心，参与网上讨论越多，低信心、中立和高信心者的网上讨论参与得分分别为1.84、2.07、2.32。老年群体中高信心者的网上讨论参与得分为1.98，高于低信心者的得分（1.88），中立者最少参与网上讨论，得分为1.83。

对实现共同富裕越有信心的受访者，在过去一年向政府提意见建议的频次越高，低信心、中立和高信心者的向政府提意见参与得分分别为1.81、2.08、2.27，参与度均很低。青年群体中低信心、中立和高信心者参与得分分别为1.89、2.24和2.35，中年群体中得分分别为1.70、1.93和2.16，老年群体中得分分别为1.66、1.75和2.05。

对实现共同富裕越有信心的受访者，在过去一年举报贪污腐败的频次越高，低信心、中立和高信心者的参与得分分别为1.49、1.67和1.86，受访者极少举报贪污腐败现象，得分均低于2分。青年群体中低信心、中立和高信心者的参与得分分别为1.55、1.79和1.93，中年群体中得分分别为1.43、1.57和1.77，老年群体中得分分别为1.32、1.43和1.73。

（二）共同富裕认知与社会参与

共同富裕认知包括实现脱贫致富方式、消除贫富差距方式、共同富裕的分配方式和实现共同富裕方式四个方面。

1. 实现脱贫致富方式与社会参与

在实现共同富裕要如何脱贫致富这一题中，认为"脱贫致富要靠自己的努力"的受访者超过半数，占比55.0%，持中立态度的占比不到两成，为19.2%，认为"先富群体有责任帮助未富群体"的受访者约占1/4，为25.9%。其中，青年群体中认可脱贫致富要靠自己的占比54.6%，中立者占19.7%，持有先富帮后富观念的占比25.7%；中年群体较其他两个群体更倾向靠自己脱贫致富，认为要靠自己的占56.6%，持中立态度的占18.0%，认可"先富群体有责任帮助未富群体"的占25.4%；老年群体中约一半（51.7%）认可脱贫致富要靠自己，19.4%持中立态度，有近三成（28.9%）认可先富群体有责任帮助未富群体。

图2显示，青年、中年和老年三个群体，在亲社会行为上，环保活动参与程度最高，超过4分；捐款次之，超过3分；之后是帮助陌生人，也超过3分；志愿者活动的参与度最低，在3分左右。在共同富裕认知中如何脱贫致富和民众参与亲社会行为和维权行为的关系上显示出异质性。

在参与环保活动上，认为脱贫致富靠自己与需要先富帮后富的受访者呈现比中立者更高的参与度，得分依次为4.55、4.40和4.16。青年和中年群体都呈现这一趋势，持中立态度者的环保活动参与得分最低，其次为持先富帮后富态度者，持有靠自己态度的环保活动参与程度最高。靠自己、先富帮后富与中立者的环保活动参与得分在青年群体中分别为4.52、4.35、4.12，在中年群体中分别为4.65、4.51、4.28。老年群体的环保活动参与得分呈现与其他群体不同的特点，持有先富帮后富态度的老年人在环保活动参与上最积极（4.35），与靠自己的得分接近（4.32），中立者得分最低（4.03）。

在参与捐款活动上，持有先富帮后富、中立与靠自己脱贫致富观念的受访者的得分接近，分别为3.31、3.34、3.35。不同群体间呈现差异，在青

社会心态蓝皮书

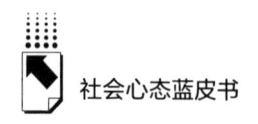

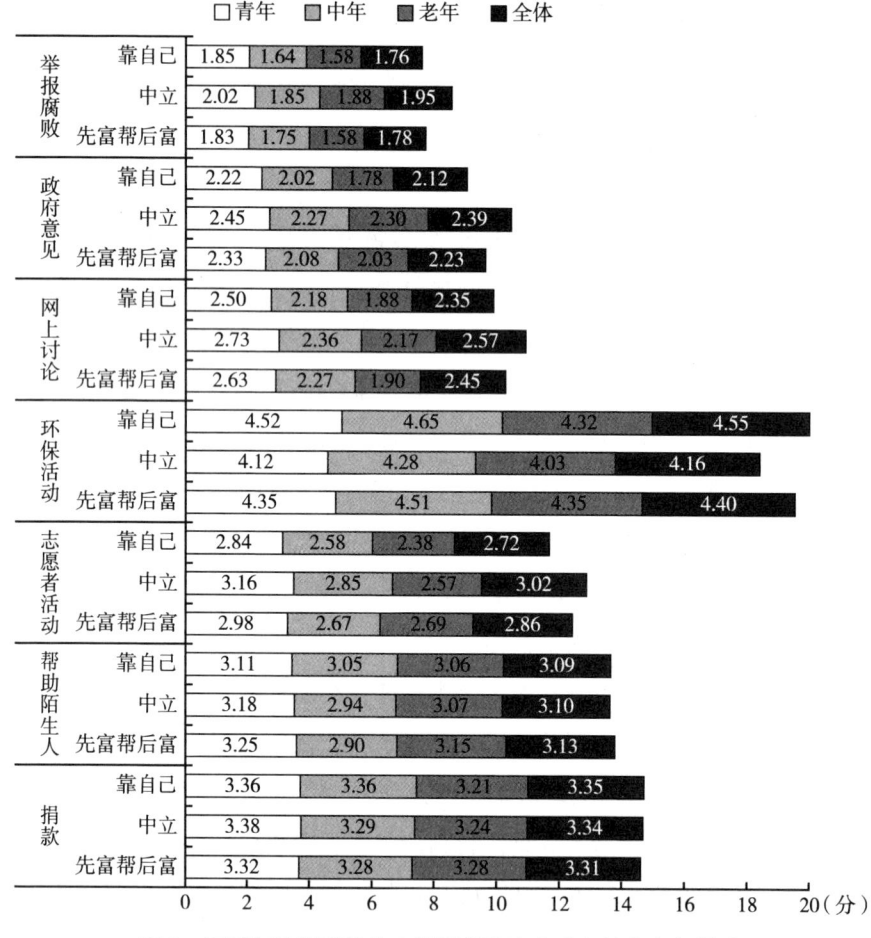

		青年	中年	老年	全体
举报腐败	靠自己	1.85	1.64	1.58	1.76
	中立	2.02	1.85	1.88	1.95
	先富帮后富	1.83	1.75	1.58	1.78
政府意见	靠自己	2.22	2.02	1.78	2.12
	中立	2.45	2.27	2.30	2.39
	先富帮后富	2.33	2.08	2.03	2.23
网上讨论	靠自己	2.50	2.18	1.88	2.35
	中立	2.73	2.36	2.17	2.57
	先富帮后富	2.63	2.27	1.90	2.45
环保活动	靠自己	4.52	4.65	4.32	4.55
	中立	4.12	4.28	4.03	4.16
	先富帮后富	4.35	4.51	4.35	4.40
志愿者活动	靠自己	2.84	2.58	2.38	2.72
	中立	3.16	2.85	2.57	3.02
	先富帮后富	2.98	2.67	2.69	2.86
帮助陌生人	靠自己	3.11	3.05	3.06	3.09
	中立	3.18	2.94	3.07	3.10
	先富帮后富	3.25	2.90	3.15	3.13
捐款	靠自己	3.36	3.36	3.21	3.35
	中立	3.38	3.29	3.24	3.34
	先富帮后富	3.32	3.28	3.28	3.31

图2 不同年龄段群体的实现脱贫致富方式和社会参与得分

年群体中,持中立态度者捐款活动参与得分为3.38,与持有靠自己观念的得分(3.36)接近,高于持先富帮后富观念的得分(3.32)。在中年群体中,持靠自己脱贫致富观念者参与捐款活动最多(3.36),高于持中立态度者(3.29)和先富帮后富态度者(3.28)。在老年群体中,持先富帮后富观念者参与捐款活动最多(3.28),高于中立者(3.24)和持靠自己脱贫致富观念者(3.21)。

在帮助陌生人上,持先富帮后富观念的受访者比中立者与持靠自己观念的受访者得分略高，分别为 3.13、3.10、3.09。不同群体间呈现差异，青年群体和老年群体都呈现持先富帮后富、中立、靠自己的脱贫致富观念者得分依次下降的趋势，青年群体的得分分别为 3.25、3.18、3.11，老年群体的得分分别为 3.15、3.07、3.06。中年群体中持靠自己脱贫致富观念者帮助陌生人得分最高，为 3.05，其次为中立者和持先富帮后富观念者，得分均低于 3 分，分别为 2.94 和 2.90。

在参与志愿者活动上，持中立的脱贫致富观念者参与志愿者活动最多，得分为 3.02，其次为先富帮后富者和靠自己者，得分均低于 3 分，分别为 2.86 和 2.72。在青年和中年群体中，呈现与总体相似的趋势，即中立者得分最高，其中青年群体得分 3.16，中年群体得分 2.85，其次为先富帮后富者，青年群体得分 2.98，中年群体得分 2.67，持靠自己脱贫致富者得分最低，青年群体得分 2.84，中年群体得分 2.58。老年群体中持脱贫致富应先富帮后富观念者在参与志愿者活动上得分最高，为 2.69，其次为中立者，得分 2.57，持靠自己者得分最低，为 2.38。

图 2 也显示民众在维权行为上的参与度很低，得分均低于 3 分，按参与度高低排序，依次为网上讨论、向政府提意见建议、举报贪污腐败。在实现脱贫致富方式上持中立态度者的社会参与度高于持先富帮后富和靠自己实现脱贫致富观念者。

对于实现脱贫致富方式持中立态度者参与网上讨论的得分为 2.57，其次为先富帮后富者得分为 2.45，靠自己者参与度最低，得分为 2.35。青年、中年和老年群体的情况与总体趋势相一致，即中立者得分高于先富帮后富者，并高于靠自己者，青年群体中持先富帮后富、中立和靠自己脱贫致富观念者的得分分别为 2.63、2.73、2.50，中年群体得分分别为 2.27、2.36、2.18，老年群体得分分别为 1.90、2.17、1.88。

在向政府提意见建议上，按参与度高低依次为持中立态度者，得分为 2.39，持先富帮后富观念者，得分为 2.23，持靠自己观念者得分为 2.12。青年、中年和老年群体也呈现相似趋势，即中立者参与度最高，其次为持先富帮后富观念者，最后为持靠自己观念者。青年群体得分分别为 2.45、

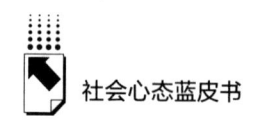

2.33、2.22，中年群体得分分别为2.27、2.08、2.02，老年群体得分分别为2.30、2.03、1.78。

民众举报贪污腐败的参与程度均极低，低于2分，按参与度高低依次为持中立态度者，得分为1.95，其次为先富帮后富和靠自己者，得分分别为1.78和1.76。青年和老年群体中持中立态度者举报腐败参与得分分别为2.02和1.88，高于持靠自己和先富帮后富观念者，青年群体后两者的得分接近且极低，低于2分，分别为1.85和1.83，老年群体后两者得分均为1.58。中年群体中对实现脱贫致富持中立态度者参与举报腐败得分为1.85，高于先富帮后富者的得分（1.75），也高于靠自己者的得分（1.64）。

2. 消除贫富差距方式与社会参与

在对如何消除贫富差距的认知上，全体受访者更倾向于要缩小而非消除贫富差距，一半受访者认可"共同富裕是要缩小贫富差距到合适水平"，占比为50.2%，持中立态度者占24.4%，认可"共同富裕要彻底消除贫富差距"者占全体的25.4%。青年群体中接近一半持缩小贫富差距观点，占比49.8%，中立者占比25.4%，持彻底消除贫富差距实现共同富裕观点者占比不到1/4，为24.8%。中年群体中持缩小贫富差距观念者占比51.0%，中立者占比23.1%，持彻底消除贫富差距观念者占比25.9%。老年群体中持缩小贫富差距观念者占比49.7%，与青年和老年群体接近，中立者占比22.1%，低于青年和中年群体，持彻底消除贫富差距观念者占比为28.1%，高于青年和中年群体。

图3显示，青年、中年和老年三个群体，在亲社会行为上，环保活动参与频次最高，捐款次之，然后是帮助陌生人，志愿者活动的参与频次最低。针对消除贫富差距方式的认知如何影响社会参与状况，除了环保活动，其他亲社会行为和维权行为的社会参与度显示，认可消除贫富差距者比中立者高，中立者又比缩小贫富差距者高。

在环保活动中，持共同富裕应当彻底消除贫富差距观念的受访者，参与环保活动最多，得分为4.54，其次为持共同富裕应当缩小贫富差距观念者，得分为4.46，最低为中立者，得分为4.26。青年和中年群体呈现与全体受

社会参与和共同富裕的关系分析

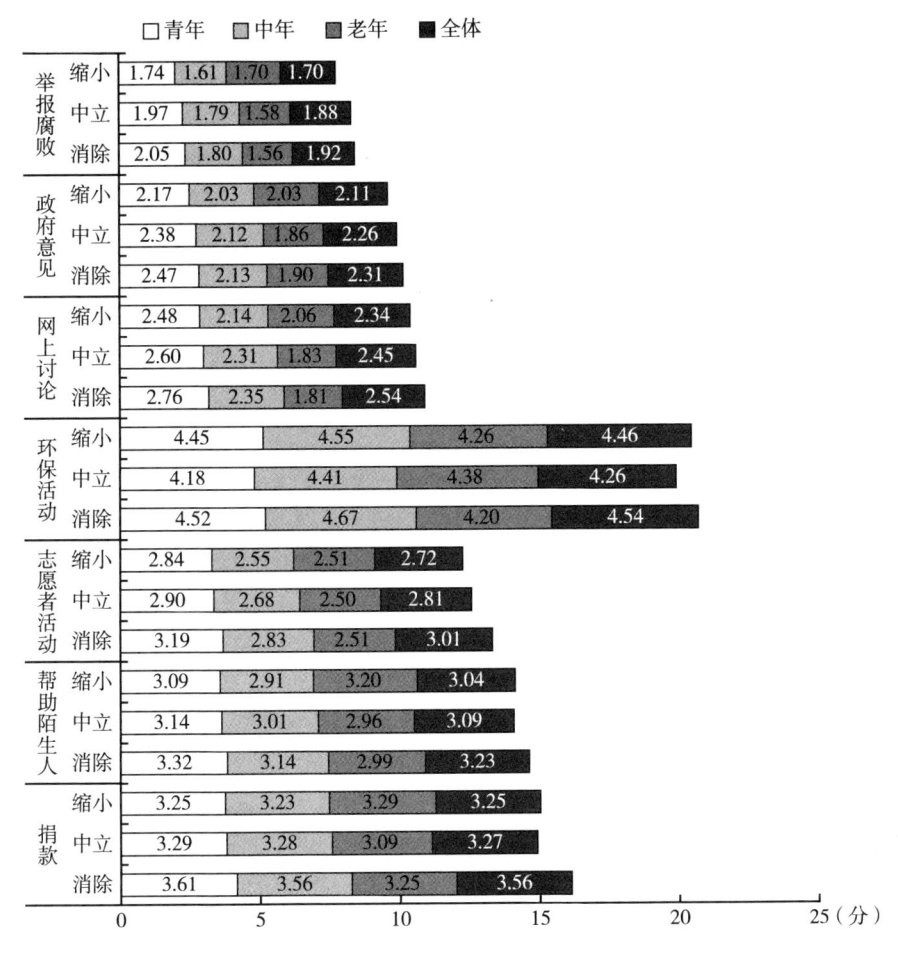

		青年	中年	老年	全体
举报腐败	缩小	1.74	1.61	1.70	1.70
	中立	1.97	1.79	1.58	1.88
	消除	2.05	1.80	1.56	1.92
政府意见	缩小	2.17	2.03	2.03	2.11
	中立	2.38	2.12	1.86	2.26
	消除	2.47	2.13	1.90	2.31
网上讨论	缩小	2.48	2.14	2.06	2.34
	中立	2.60	2.31	1.83	2.45
	消除	2.76	2.35	1.81	2.54
环保活动	缩小	4.45	4.55	4.26	4.46
	中立	4.18	4.41	4.38	4.26
	消除	4.52	4.67	4.20	4.54
志愿者活动	缩小	2.84	2.55	2.51	2.72
	中立	2.90	2.68	2.50	2.81
	消除	3.19	2.83	2.51	3.01
帮助陌生人	缩小	3.09	2.91	3.20	3.04
	中立	3.14	3.01	2.96	3.09
	消除	3.32	3.14	2.99	3.23
捐款	缩小	3.25	3.23	3.29	3.25
	中立	3.29	3.28	3.09	3.27
	消除	3.61	3.56	3.25	3.56

图3 不同年龄段群体的消除贫富差距方式和社会参与得分

访者相似的趋势,按环保活动参与度得分高低排序依次为彻底消除贫富差距者、缩小贫富差距者、中立者,青年群体的得分分别为4.52、4.45、4.18,中年群体的得分分别为4.67、4.55、4.41。老年群体中持中立态度者最常参与环保活动,得分为4.38,其次为持缩小贫富差距观念者,得分为4.26,持彻底消除贫富差距观念者最少参与环保活动,得分为4.20。

在捐款活动上,按照参与程度得分高低排序,依次为彻底消除贫富差距者、中立者和缩小贫富差距者,得分分别为3.56、3.27、3.25。青年和中

年群体呈现与全体受访者相似的趋势，即彻底消除贫富差距者参与捐款活动最多，其次为中立者，最后为缩小贫富差距者，青年群体的得分分别为3.61、3.29、3.25，中年群体的得分分别为3.56、3.28、3.23。老年群体中持缩小和彻底消除贫富差距观念者的捐款频次接近，得分分别为3.29和3.25，中立者捐款频次最低，得分为3.09。

在帮助陌生人上，持彻底消除贫富差距观念者得分最高为3.23，远超持中立态度者和持缩小贫富差距观念者的得分（3.09和3.04）。青年和中年群体均与全体受访者呈现相似趋势，即持彻底消除贫富差距观念者帮助陌生人越多，其次为中立者，最少为缩小贫富差距者，青年群体的得分分别为3.32、3.14、3.09，中年群体得分分别为3.14、3.01、2.91。老年群体中持缩小贫富差距观念者在帮助陌生人活动上的得分为3.20，彻底消除贫富差距者和中立者得分接近，且很少帮助陌生人，得分低于3分，分别为2.99和2.96。

在志愿者活动中，按参与度得分高低排序，依次为彻底消除贫富差距者、中立者和缩小贫富差距者，得分分别为3.01、2.81、2.72。青年和中年群体均与全体受访者呈现相似趋势，即彻底消除贫富差距者的志愿者活动参与程度高于中立者，中立者参与程度高于缩小贫富差距者，青年群体的得分分别为3.19、2.90、2.84，中年群体的得分分别为2.83、2.68、2.55。对实现共同富裕如何消除贫富差距持不同观念的老年群体，在参与志愿者活动上的活跃程度接近，持缩小和彻底消除贫富差距观念者得分均为2.51，与中立者的得分（2.50）接近。

图3也显示在维权行为上，民众参与网上讨论频次最高，其次为向政府提意见建议，然后为举报贪污腐败。

根据过去一年参与网上讨论的得分高低排序，依次为认可彻底消除贫富差距的受访者、中立者和缩小贫富差距者，得分分别为2.54、2.45、2.34，均低于3分，很少参与网上讨论。青年和中年群体与全体受访者呈现相似趋势，即彻底消除贫富差距者参与网上讨论频次最高，其次为中立者，最少的为缩小贫富差距者。青年群体中彻底消除贫富差距者、中立者和缩小贫富差距者参与网上讨论的得分分别为 2.76、2.60、2.48，中年群体得分分别为 2.35、2.31、2.14。老年群体中持彻底消除贫富差距观念者极少参与网上讨论，参与度接近中立者，远低于缩小贫富差距者，三者得分分别为 1.81、1.83、2.06。

在向政府提意见建议上，按照参与程度得分高低排序，依次为认可彻底消除贫富差距实现共同富裕的受访者、中立者和缩小贫富差距者，得分分别为 2.31、2.26、2.11。青年和中年群体与全体受访者呈现相似趋势，青年群体中彻底消除贫富差距者、中立者和缩小贫富差距者向政府提意见建议的得分分别为 2.47、2.38、2.17，中年群体的得分分别为 2.13、2.12、2.03。老年群体很少向政府提意见建议，参与度得分在 2 分左右，缩小贫富差距者得分为 2.03，高于彻底消除贫富差距者得分（1.90），且高于中立者得分（1.86）。

在举报贪污腐败上，民众参与度极低，按照参与度高低排序，依次为彻底消除贫富差距者、中立者和缩小贫富差距者，得分分别为 1.92、1.88、1.70，均低于 2 分。青年和中年群体均呈现与总体受访者相似的趋势，青年群体中彻底消除贫富差距者、中立者和缩小贫富差距者在举报贪污腐败上的参与得分分别为 2.05、1.97、1.74，中年群体得分分别为 1.80、1.79、1.61。老年群体比其他群体更少参与举报贪污腐败并呈现相反趋势，彻底消除贫富差距者最少举报贪污腐败（1.56），与中立者接近（1.58），低于缩小贫富差距者（1.70）。

3. 共同富裕的分配方式与社会参与

超过一半的受访者更倾向认同共同富裕应当公平公正地分配，占比 53.5%，中立者占 22.3%，认同"共同富裕就是要平均分配"者占全体的 24.2%。其中，青年群体认同公平公正分配者占比 53.5%，中立者占 23.1%，认同平均分配者占比 23.4%；中年群体中三者的占比分别为 53.3%、21.2%、25.5%；老年群体中三者占比分别为 53.9%、20.8%、25.4%。

图 4 显示在亲社会行为上，环保活动参与程度最高，捐款次之，接着是

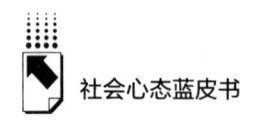

帮助陌生人，志愿者活动参与程度最低。青年、中年和老年三个群体，对共同富裕分配方式的观念不同，参与亲社会行为和维权行为状况也显示出异质性。

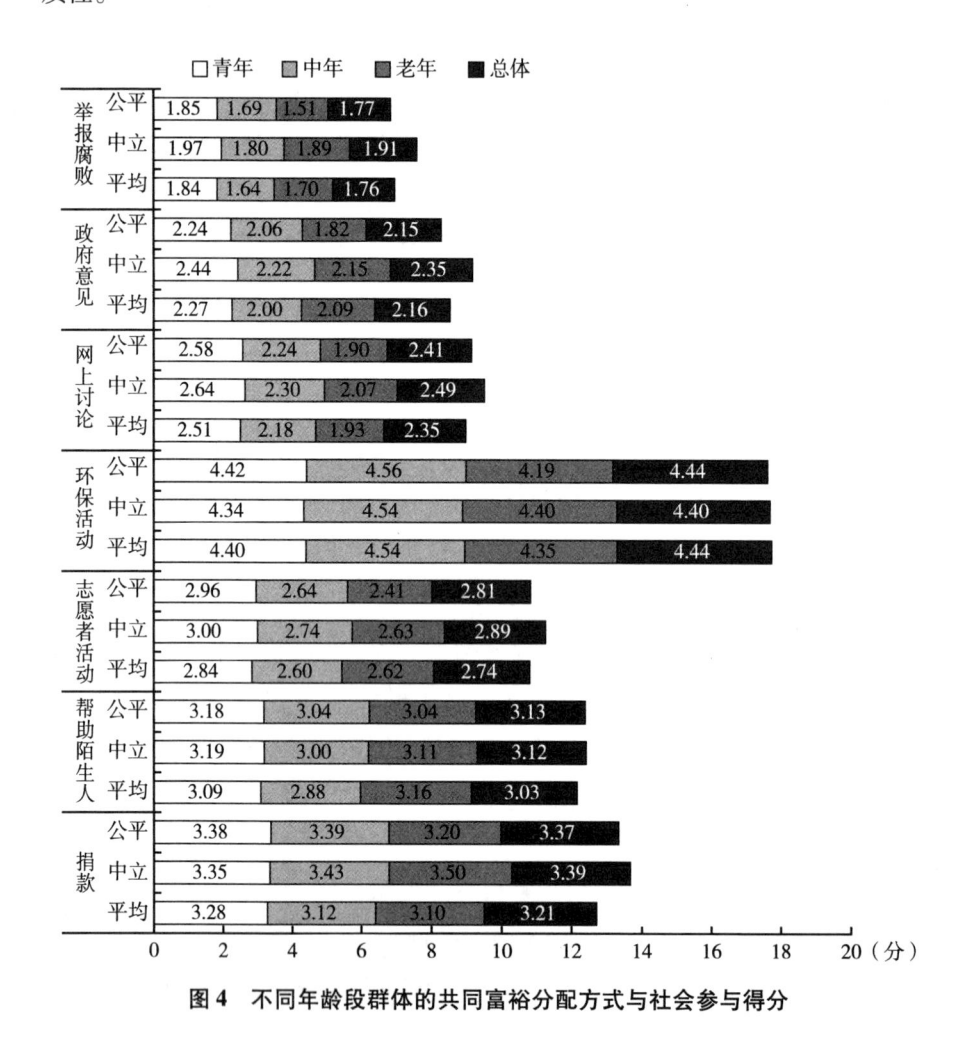

图 4 不同年龄段群体的共同富裕分配方式与社会参与得分

		青年	中年	老年	总体
举报腐败	公平	1.85	1.69	1.51	1.77
	中立	1.97	1.80	1.89	1.91
	平均	1.84	1.64	1.70	1.76
政府意见	公平	2.24	2.06	1.82	2.15
	中立	2.44	2.22	2.15	2.35
	平均	2.27	2.00	2.09	2.16
网上讨论	公平	2.58	2.24	1.90	2.41
	中立	2.64	2.30	2.07	2.49
	平均	2.51	2.18	1.93	2.35
环保活动	公平	4.42	4.56	4.19	4.44
	中立	4.34	4.54	4.40	4.40
	平均	4.40	4.54	4.35	4.44
志愿者活动	公平	2.96	2.64	2.41	2.81
	中立	3.00	2.74	2.63	2.89
	平均	2.84	2.60	2.62	2.74
帮助陌生人	公平	3.18	3.04	3.04	3.13
	中立	3.19	3.00	3.11	3.12
	平均	3.09	2.88	3.16	3.03
捐款	公平	3.38	3.39	3.20	3.37
	中立	3.35	3.43	3.50	3.39
	平均	3.28	3.12	3.10	3.21

在环保活动中，认可共同富裕要公平公正分配者与平均分配者的参与度得分相同，均为4.44，与中立者的得分（4.40）接近。青年群体中，认可公平公正分配者的环保活动参与度（4.42）与认可平均分配者（4.40）接近，略高于中立者（4.34）。中年群体中认可公平公正分配者的环保活动参

与度（4.56）接近认可平均分配者（4.54）和中立者（4.54）。老年群体中中立者参与环保活动最多（4.40），略高于认可平均分配者的得分（4.35），认可公平公正分配者的参与度最低（4.19）。

在捐款活动中，持中立态度的受访者得分为3.39，接近认可公平公正分配者的得分（3.37），高于认可平均分配者的得分（3.21）。青年群体中，认可公平公正分配者、中立者与认可平均分配者捐款活动的参与得分分别为3.38、3.35、3.28。中年和老年群体呈现与全体受访者相似的趋势，中年群体中中立者、公平公正分配者、平均分配者的捐款活动参与得分依次为3.43、3.39、3.12；老年群体的相应得分分别为3.50、3.20、3.10。

在帮助陌生人上，按照参与度高低排序，依次为认可共同富裕要公平公正分配的受访者、中立者和认可平均分配者，得分分别为3.13、3.12和3.03。青年群体中，按照参与度高低排序，依次为中立者、认可公平公正分配者、认可平均分配者，得分分别为3.19、3.18、3.09。中年群体中，认可公平公正分配者、中立者、认可平均分配者帮助陌生人的得分分别为3.04、3.00、2.88。老年群体中，认可平均分配者、中立者、认可公平公正分配者帮助陌生人的得分分别为3.16、3.11、3.04。

在志愿者活动上，持中立态度者的参与度（2.89）略高于认可共同富裕要公平公正分配者的参与度（2.81），并高于认可平均分配者的参与度（2.74）。青年和中年群体与全体受访者相似，按志愿者活动参与度高低排序，依次分别为中立者（3.00和2.74）、认可公平公正分配者（2.96和2.64）、认可平均分配者（2.84和2.60）。老年群体中，中立者的参与度为2.63，接近认可平均分配者的参与度（2.62），高于认可公平公正分配者的参与度（2.41）。

图4也显示了维权行为的参与程度均很低，低于3分，受访者网上讨论的参与程度略高于向政府提意见建议，举报贪污腐败的参与度最低。

在网上讨论中，持中立态度者的参与度（2.49）高于认可公平公正分配者（2.41），也高于认可平均分配者（2.35）。青年和中年群体呈现和全体受访者相似的趋势，青年群体中，中立者、认可公平公正分配者和认可平

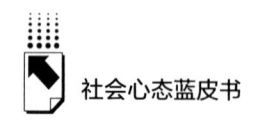

均分配者的网上讨论参与得分分别为2.64、2.58和2.51,中年群体的得分分别为2.30、2.24和2.18。老年群体的网上讨论参与度极低,在2分左右,按得分高低依次为中立者、认可平均分配者、认可公平公正分配者,参与度分别为2.07、1.93、1.90。

在向政府提意见建议上,按参与度高低排序,依次为持中立态度者(2.35)、认可共同富裕需要平均分配的受访者(2.16)、认可公平公正分配受访者(2.15)。青年和老年群体呈现与全体受访者相似的趋势,青年群体中,中立者、认可平均分配者和认可公平公正分配者的得分分别为2.44、2.27和2.24;老年群体得分分别为2.15、2.09和1.82。而中年群体的得分分别为2.22、2.00和2.06。

受访者很少参与举报贪污腐败活动,得分均在2分以下,持中立态度者举报腐败的参与得分为1.91,认可公平公正分配者的参与得分(1.77)和认可平均分配者的参与得分(1.76)接近。青年群体中中立者、认可平均分配者、认可公平公正分配者举报腐败的参与度很低,分别为1.97、1.84、1.85;中年群体得分分别为1.80、1.64、1.69;老年群体得分分别为1.89、1.70、1.51。

4. 实现共同富裕方式与社会参与

对于如何实现共同富裕,认可"共同富裕是由部分到整体的逐步富裕"的受访者占比48.8%,中立者占25.4%,认可"共同富裕就是要大家同时、同步富裕起来"的受访者占比25.8%。青年群体中,认可逐步实现共同富裕者占比49.2%,中立者占比25.5%,持同步实现共同富裕观念者占比25.4%。中年群体中,持逐步实现共同富裕观念者占比47.6%,中立者占比25.7%,持同步实现共同富裕观念的人数超过1/4,占比26.7%。老年群体中,持逐步实现共同富裕观念的人数超过一半,占比50.4%,高于青年和中年群体,中立者占比24.1%,持同步实现共同富裕观念者占比25.5%。

图5显示,对于青年、中年和老年三个群体,受到共同富裕是由部分到整体的逐步富裕还是同时同步富裕的观念影响,其在亲社会行为和维权行为这两类社会参与行为上显示出异质性。

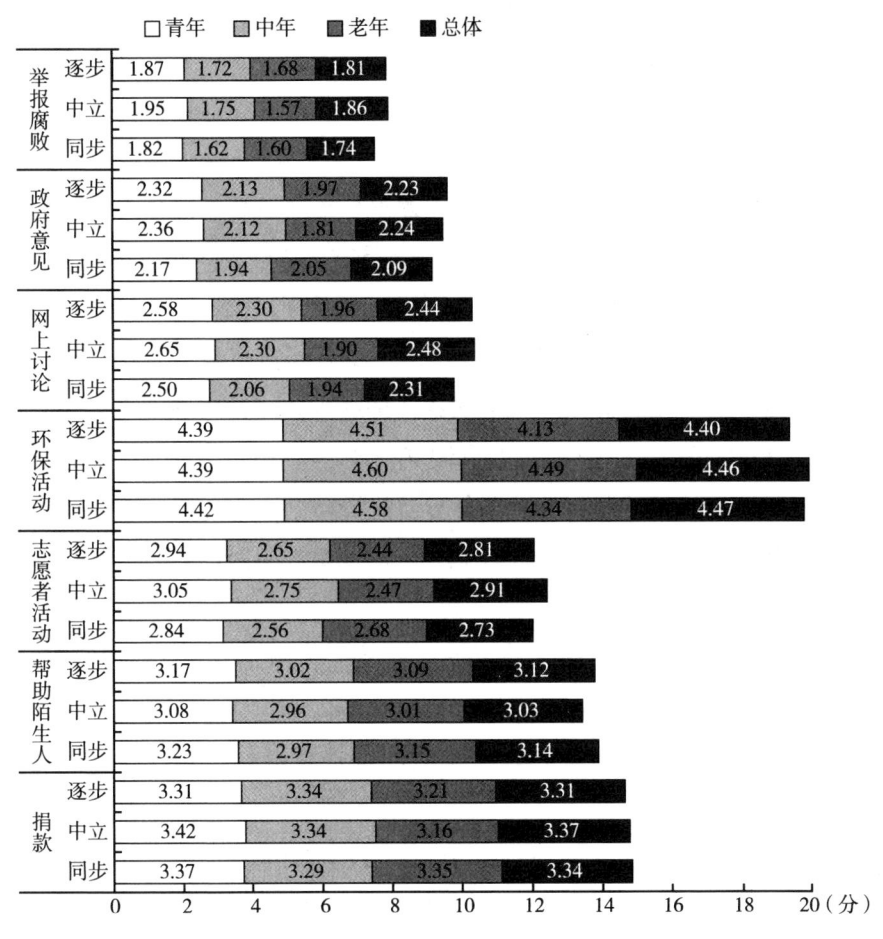

图5 不同年龄段群体的实现共同富裕方式和社会参与得分

在亲社会行为上,环保活动参与程度最高,捐款次之,然后是帮助陌生人,志愿者活动的参与程度最低。

在环保活动上,认可同步实现共同富裕的受访者的参与度(4.47)接近中立者的参与度(4.46),略高于认可逐步实现共同富裕的受访者的参与度(4.40)。青年群体中,持有同步共同富裕观念者的环保活动得分为4.42,略高于持逐步共同富裕观念者和中立者的得分(两者均为4.39)。中年群体中,中立者最常参与环保活动,得分为4.60,接近持同步共同富

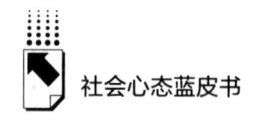

裕观念者的得分（4.58），高于持逐步共同富裕观念者的得分（4.51）。老年群体中，中立者最常参与环保活动，得分为4.49，高于持同步共同富裕观念者的得分（4.34），持逐步共同富裕观念者最少参与环保活动，得分为4.13。

在捐款活动上，持中立态度的受访者参与程度最高，得分为3.37，略高于持同步共同富裕观念的受访者得分（3.34）、持逐步共同富裕观念的受访者得分（3.31）。青年群体中，中立者最常参与捐款活动，得分为3.42，略高于同步共同富裕者的得分（3.37），逐步共同富裕者最少参与捐款活动，得分为3.31。中年群体中，中立者和持逐步共同富裕观念者的参与度相同，得分均为3.34，高于持同步共同富裕观念者的得分（3.29）。老年群体中，持同步共同富裕观念者最常参与捐款活动，得分为3.35，高于持逐步共同富裕观念者的得分（3.21），中立者最少参与捐款活动，得分为3.16。

在帮助陌生人上，按照参与度高低排序，依次为持同步共同富裕观念者（3.14）、持逐步共同富裕观念者（3.12）、中立者（3.03）。青年和老年群体与总体趋势接近，即同步共同富裕者得分最高，其次为逐步共同富裕者，最低为中立者，青年群体中逐步共同富裕者、中立者和同步共同富裕者帮助陌生人的得分分别为3.17、3.08、3.23，老年群体得分分别为3.09、3.01、3.15；中年群体较少帮助陌生人，逐步共同富裕者的得分为3.02，同步共同富裕者的得分为2.97，中立者得分为2.96。

在志愿者活动上，按参与程度高低排序，依次为中立者（2.91）、持逐步共同富裕观念者（2.81）、持同步共同富裕观念者（2.73）。青年和中年群体与总体趋势相同，即中立者志愿者活动参与度最高，其次为持逐步共同富裕观念者，最低为持同步共同富裕观念者，青年群体的得分分别为3.05、2.94、2.84；中年群体的得分分别为2.75、2.65、2.56。老年群体中，持同步共同富裕观念者的参与度高于中立者和逐步共同富裕者，得分分别为2.68、2.47、2.44。

图5也显示在维权行为上，网上讨论参与程度最高，其次为向政府提意

见建议,最后为举报贪污腐败。

在网上讨论中,总体上中立者的得分为2.48,略高于持逐步共同富裕观念者的得分(2.44),持同步共同富裕观念者的得分最低,为2.31。青年群体中,中立者、持逐步共同富裕观念者、持同步共同富裕观念者参与网上讨论的得分分别为2.65、2.58、2.50;中年群体的得分分别为2.30、2.30、2.06;老年群体中,按参与度高低排序,依次为持逐步共同富裕观念者、持同步共同富裕观念者、中立者,得分分别为1.96、1.94、1.90。

在向政府提意见建议中,总体上中立者的参与度为2.24,接近持逐步共同富裕观念者的参与度(2.23),高于持同步共同富裕观念者的参与度(2.09)。青年群体中,按参与度高低排序,依次为中立者、持逐步共同富裕观念者、持同步共同富裕观念者,得分分别为2.36、2.32、2.17。中年群体中,中立者和持逐步共同富裕观念者的参与度接近,分别为2.12和2.13,高于持同步共同富裕观念者的得分(1.94)。老年群体中,按参与度高低排序,依次为持同步共同富裕观念者、持逐步共同富裕观念者、中立者,得分分别为2.05、1.97、1.81。

在举报贪污腐败上,总体上中立者的得分为1.86,高于持逐步共同富裕观念者的得分(1.81),也高于持同步共同富裕观念者的得分(1.74)。青年和中年群体与总体趋势相同,即中立者参与度最高,依次为持逐步共同富裕观念者,持同步共同富裕观念者得分最低,青年群体的得分分别为1.95、1.87、1.82;中年群体的得分分别为1.75、1.72、1.62。老年群体中,按参与度高低排序,依次为持逐步共同富裕观念者(1.68)、持同步共同富裕观念者(1.60)、中立者(1.57)。

四 结论

青年、中年和老年群体中,均显示出对实现共同富裕越有信心者参与亲社会行为和维权行为越多。但在帮助陌生人这一亲社会行为上,中年群体中对实现共同富裕低信心者比中立者自我报告了更多的帮助陌生人行为,老年

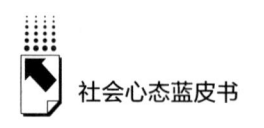

群众中低信心者与中立者报告了同等程度的帮助陌生人行为。

共同富裕认知包括实现脱贫致富方式、消除贫富差距方式、共同富裕的分配方式和实现共同富裕方式四个方面。青年、中年和老年群体中，超过一半认可靠自己实现脱贫致富的观念，约是认可先富帮后富以实现脱贫致富观念的人数的一倍；大约一半认可共同富裕需要缩小贫富差距的观念，约是认可共同富裕要彻底消除贫富差距观念的人数的一倍；超过一半认可共同富裕应当公平公正分配的观念，约是认可共同富裕应当平均分配观念的人数的一倍；近一半认可共同富裕是由部分到整体的逐步富裕观念，约是认可共同富裕是大家同时同步富裕观念的人数的一倍。

分析共同富裕认知和社会参与的关系后发现，在青年、中年和老年群体中正确认识和把握共同富裕观念者的社会参与状况表现出异质性。

按七项社会参与行为的参与度高低排序发现，相比认可先富帮后富实现脱贫致富和持中立观念的受访者，认可靠自己实现脱贫致富观念的受访者，在青年群体中会在环保活动上更为积极，捐款活动参与度居中，在帮助陌生人、志愿者活动、网上讨论和向政府提意见建议上参与度最低；在中年群体中，在帮助陌生人、捐款和环保活动上最为积极，最少参与志愿者活动和维权行为；在老年群体中，参与亲社会行为和维权行为较不活跃。

认可共同富裕应当缩小贫富差距的青年、中年和老年群体的环保活动参与频率居中。除了环保活动外，认可共同富裕应当缩小贫富差距的青年、中年群体在其他三项亲社会行为和三项维权行为中社会参与度均最低。

按七项社会参与行为的参与度高低排序发现，相比认可平均分配观念者和中立者，认可共同富裕应当公平公正分配观念的受访者，在青年群体中参与环保和捐款活动最为积极，向政府提意见建议最少，在帮助陌生人、志愿者活动、网上讨论和举报腐败方面参与度居中；在中年群体中，帮助陌生人和参与环保活动最为积极，在捐款、志愿者活动和维权行为方面参与度居中；在老年群体中，除了在捐款方面参与度居中外，最少参与其他亲社会行为和维权行为。

认可共同富裕是由部分到整体的逐步富裕观念的受访者，相比认可共同富裕是大家同时同步富裕观念和中立者，在青年、中年和老年群体中最少参与环保活动；在青年群体中，捐款最不积极，在帮助陌生人、志愿者活动和维权行为方面参与度居中；在中年群体中，在帮助陌生人、捐款、参与网上讨论和向政府提意见建议上最为活跃，志愿者活动和举报腐败的参与度居中；在老年群体中，参与网上讨论和举报腐败最为积极，在捐款、帮助陌生人和向政府提意见建议方面参与度居中。

参考文献

应小萍：《社会道德行为的城乡差异：关系流动性的影响》，载王俊秀主编《中国社会心态研究报告（2018）》，社会科学文献出版社，2018。

应小萍：《民众社会参与的区域及城市比较研究（2020~2021）》，载王俊秀主编《中国社会心态研究报告（2021）》，社会科学文献出版社，2021。

廉思、李颖：《中国青年社会融入与社会参与四十年》，载廉思主编《中国青年发展（1978~2018）》，社会科学文献出版社，2019。

张扬金、邓观鹏、陈林夕：《新时代共同富裕的公众认知研判与提升策略》，《长白学刊》2022年第6期。

栾博：《社会参与》，载张文宏等《城市居民的职业、生活与社会态度》，社会科学文献出版社，2020。

谭旭运：《社会参与现状分析及其影响因素研究》，载王俊秀主编《中国社会心态研究报告（2017）》，社会科学文献出版社，2017。

迟毓凯：《人格与情境启动对亲社会行为的影响》，博士后研究工作报告，华东师范大学，2005。

郑红、王丽丽：《老年人社会参与意愿及其主要形式与影响因素——基于第四次中国城乡老年人生活状况抽样调查数据》，《老龄科学研究》2022年第10期。

Fudge Schormans, A., "Social Participation", In A. C. Michalos (ed.), *Encyclopedia of Quality of Life and Well-Being Research*. Springer Netherlands, 2014.

B.10 县域民众共同富裕信心与慈善意愿的特征及关系*

——以福建晋江为例

吕逸 谭旭运**

摘　要： 晋江慈善是中国慈善的重要组成部分，对全国县域慈善发展、社会治理现代化和共同富裕都有重要的参照意义。本研究基于中国社会科学院发起的面向晋江市居民的社会心态调查数据，测量了共同富裕信心、慈善意愿以及相关变量，并分析了晋江民众共同富裕信心和慈善意愿的特征及彼此间的具体关系。研究发现，多数民众对实现共同富裕持乐观积极态度，慈善意愿较高。回归分析表明，年龄、赡养老人数量、受教育程度、主观社会地位和家庭月收入等因素对慈善意愿有显著正向影响。同时，社会安全感、生活满意度、社会公平感以及共同富裕信心等社会心理因素也对慈善意愿起正向预测作用。

关键词： 晋江慈善　共同富裕信心　慈善意愿　社会安全感　社会公平感

---

* 本报告由国家社会科学基金重点项目"共同富裕目标下的社会心态特征与演变趋势"（项目编号23ASH004）资助。
** 吕逸，博士，曲阜师范大学心理学院讲师，研究方向为心理健康、社会文化心理；谭旭运，博士，中国社会科学院社会心理与行为实验室副研究员，中国社会科学院社会学研究所社会心理学研究中心副研究员，研究方向为社会心态、主观社会阶层与流动感知、获得感。

一 引言

2002年时任福建省省长的习近平在深入考察福建省晋江市的时候提出"晋江经验",为晋江乃至全国的县域发展指明了发展方向和路径,"至今依然有指导意义"。在习近平总书记提炼的六个启示和五大关系的"晋江经验"中,其强调"始终坚持立足本地优势和选择符合自身条件的最佳方式加快经济发展"。晋江市是全国爱心城市,在"爱拼敢赢"和"爱拼善赢"的顽强拼搏精神以及互济互助共赢的文化传统影响下慈善事业的发展就是晋江的一大优势,不仅在晋江过去40多年发展中发挥了不可忽视的独特作用,而且正在对共同富裕和社会治理现代化产生越来越明显的作用。其"政府引导、乡贤主导、各方配合、全民动员"的慈善新理念,市镇村企"四位一体"慈善组织结构、慈善捐赠和移风易俗充分结合的创新做法对于更新慈善理念、提升慈善意愿、激发慈善动机、逐步形成"人人可慈善、个个可参与"的慈善文化氛围颇具参考意义。

在逐步实现共同富裕的新时代背景下,慈善事业作为调节收入分配、促进共同富裕的重要手段,被赋予了新的内涵和外延,准确把握新历史阶段全民慈善心态对于更新全民慈善理念、提升全民慈善意愿、激发全民慈善动机,从而激励新时代慈善行为、促进慈善事业蓬勃发展至关重要。随着时代的变化,晋江慈善正在经历从传统慈善向现代慈善的转换。现代慈善并不是排斥传统慈善,而是在吸纳和完善传统慈善的基础上提升慈善为社会经济发展和美好生活服务的能力和理念,服务于当代的高质量发展、共同富裕和美好生活追求。晋江慈善是中国慈善的重要组成部分,慈善事业的发展既是历史传承的延续,又是当代晋江人创新引领的结果。晋江慈善事业取得的成果、未来的走向对全国县域慈善发展及社会治理现代化和共同富裕都有非常重要的参照意义。

在慈善捐赠影响因素的研究中,学者总结了两类因素,一类是社会特征因素,另一类是个体特征因素。在个体特征方面,现有研究表明个人的受教育程度、收入水平与慈善捐赠呈正相关的关系,即个人受教育程度越高、收

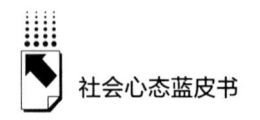

入水平越高，其捐赠意愿也越强（朱颖，2020）。在人口学其他变量的研究中，有学者发现性别、年龄、学历、婚姻状况、工作状况、社区居住时间、家庭经济状况等变量，均对居民捐款行为产生显著影响（南方、罗微，2013）。在生活满意度方面，根据马斯洛需要层次理论，人们在低层次需求满足后，开始追求高层次精神价值需求的满足，通过捐赠帮助他人可以提升自我价值，因此生活满意度较高的个体有动机产生捐赠意愿。有研究表明，两者呈显著正相关关系（朱颖，2020）。在社会经济地位方面，目前国内外学者较多研究客观经济地位，对主观社会地位的研究相对较少。随着慈善的发展，人们开始关注主观社会地位与亲社会行为之间的关系，有学者认为个体的亲社会倾向受到主观社会地位影响，主观社会地位越高，个体对自我的评价越积极，越能够激发个体的亲社会倾向（Korndörfer et al.，2017）。也有学者认为其会受到很多因素的限制。Piff等发现主观社会地位低的个体，自身资源缺乏，对生活缺乏控制感且面临更多的风险，从而对未来缺少积极的预期，因而会更加关注外部情境以适应社会变化，由此有更多的亲社会倾向，面对捐赠时表现出更高的积极性（Piff et al.，2015）。在有关幸福感的研究中，有学者发现，慈善行为与幸福感之间的关系是正相关的，慈善捐赠有利于提升自身主观感受，从而激励人们从事更多的慈善捐赠行为。

共同富裕是对社会发展不平衡的主动回应，意在缩小贫富差距，扩大中等收入阶层，并转向更高质量发展。中国共产党第二十次全国代表大会指明，"分配制度是促进共同富裕的基础性制度"。有别于初次分配以市场为主体、再分配由政府主导，社会主义市场经济条件下的第三次分配是基于道德和自愿原则，与个人信念、社会责任以及对慈善事业的情感紧密相关的社会机制作用的资源分配方式，是以企业、个人等多元社会力量为主体，以慈善捐赠为实现形式对社会资源和财富进行的分配，明确了公益慈善事业作为第三次分配的主要实现形式，在共同富裕目标下被赋予了调节收入分配、促进共同富裕的重要历史使命（张奇林，2023）。中国慈善捐赠中，企业是捐赠的绝对主体，而民众因其更强的稳定性和较显性的慈善本质与慈善精神，是慈善企业发展的基石（张奇林，2017）。当前，我国慈善捐赠事业虽已取得巨大进步，但仍存在一些滞后性问题，特别是民众捐赠占比较低，尚不能有效发挥收入调节的功能（李实，2021）。为充分发挥第三次分配在共同富裕目标下的资源分配功能，研究并推动民众慈善捐赠无疑具有极为重要的学术和现实意义。已有研究从个体社会特征、人口学特征等角度探讨民众慈善捐赠的形成因素（刘一伟、和宇航，2023；袁佳黎等，2023），亦有研究考虑到社会信念对慈善捐赠的影响（张乐、李森林，2023），但仍缺乏从对共同富裕的信念切入，探讨共同富裕信心在个人慈善捐赠中的角色和作用，以形成以民众为基础全社会推动共同富裕的良性循环。

共同富裕是社会主义的本质要求，是中国式现代化的重要特征。随着第一个百年奋斗目标的实现，在高质量发展中促进共同富裕已成为新时代国家发展的重要议题。本研究探究了共同富裕信心和慈善意愿的基本情况，分别分析了二者在年龄、户口类型、婚姻状况、子女数量、赡养老人情况、受教育程度和家庭月收入等个体特征因素和社会特征因素上的差异。并且，在以上因素基础上，探讨共同富裕信心对慈善意愿的影响作用，以探明县域民众共同富裕信心与慈善意愿的特征及关系，对于推动慈善事业社会化的进一步发展、激发我国慈善事业发展的内源性动力、改善第三次分配格局具有重要价值。

二 研究方法

（一）调查对象

本研究所用数据来源于中国社会科学院社会学研究所社会心理学研究中心发起的一项面向晋江市居民的社会心态调查，于2022年9~10月通过手机推送链接或二维码的形式，在晋江市19个镇街和开发区，请居民在线上问卷平台填答。本次线上调查最终获得有效问卷1805份，年龄跨度为18~70岁，平均年龄37.31±9.708岁。抽样居民中28.5%为本地城市户口，62.1%为本地农村户口；71.0%婚姻状况为初婚有配偶，21.3%未婚；32.7%有一个子女，37.8%有两个子女；72.7%的居民有两个及以上老人需

要赡养；受教育程度较高，大专及以上学历占63.8%；36.6%的居民家庭月收入集中在3000~7000元。具体情况如表1所示。

表1 样本人口学信息

单位：人，%

变量	类别	人数	有效百分比
年龄	18~29岁	348	19.3
	30~39岁	821	45.5
	40~49岁	419	23.2
	50~59岁	171	9.5
	60岁及以上	46	2.5
户口类型	本地城市户口	515	28.5
	本地农村户口	1120	62.1
	外地城市户口	23	1.3
	外地农村户口	127	7.0
	其他	20	1.1
婚姻状况	未婚	384	21.3
	初婚有配偶	1221	67.6
	再婚有配偶	40	2.2
	离婚	51	2.9
	丧偶	17	0.9
	同居	29	1.6
	其他	63	3.5
子女数量	无子女	426	23.6
	怀孕中	10	0.6
	有一个子女	590	32.6
	有两个子女	680	37.7
	有三个或以上子女	83	4.6
赡养老人数量	无老人需要赡养	196	10.9
	有一个老人需要赡养	296	16.4
	有两个老人需要赡养	652	36.1
	有三个老人需要赡养	230	12.7
	有四个老人需要赡养	378	21.0
	有五个或以上老人需要赡养	53	2.9
受教育程度	小学及以下	69	3.8
	初中	260	14.4
	高中（中专、职高和技校）	323	17.9
	大学专科	443	24.5
	大学本科及以上	705	39.1
	不清楚	5	0.3

续表

变　　量	类别	人数	有效百分比
家庭月收入	1000元及以下	42	2.3
	1001~5000元	563	31.2
	5001~10000元	587	32.5
	1万~2万元	337	18.7
	2万~4.5万元	95	5.3
	4.5万~10万元	102	5.7
	10万元及以上	79	4.4

（二）研究变量

1. 慈善意愿

使用题目"您是否愿意为以下活动提供慈善捐助"来测量民众的慈善意愿。将慈善活动分为"扶贫济困""应急救难""场馆硬件建设""社会化服务""科学研究""传统文化"6个类型，题目内部一致性良好（Cronbach's α = 0.92）。采用李克特量表7点计分，被试从1（非常不愿意）到7（非常愿意）进行选择，分数越高表示慈善意愿越强。将6道题的均分作为总体慈善意愿的得分。

2. 共同富裕信心

在共同富裕信心方面，使用题目"您对实现共同富裕的信心"来进行测量，采用李克特量表7点计分，被试从1（完全没信心）到7（非常有信心）进行选择，分数越高表示对共同富裕的信心越强。

3. 生活满意度

采用5个条目来测量生活满意度。分别为"我的生活大致符合我的理想""我的生活状况非常圆满""我满意自己的生活""直到现在为止，我都能够得到我在生活上希望拥有的重要东西""即使生活可以从头再来，我也没什么想要改变的"，题目内部一致性良好（Cronbach's α = 0.93）。让被试选择对每句话的同意程度，采用李克特量表7点计分，被试从1（非常不

同意）到7（非常同意）进行选择，分数越高表示生活满意度越高。将5道题的均分作为总体生活满意度的得分。

4. 社会安全感

使用题目"您觉得当前社会生活中以下方面的安全程度如何"来测量社会安全感。将社会安全分为"人身安全""个人和家庭财产安全""个人信息安全""医疗药品安全""食品安全""交通安全""环境安全（水、空气、辐射等）""劳动安全""家周围或居住地的安全状况""总体上的社会安全状况"10个类型。题目内部一致性良好（Cronbach's α = 0.95）。采用李克特量表7点计分，被试从1（非常不安全）到7（非常安全）进行选择，分数越高表示社会安全感越高。将10道题的均分作为总体社会安全感的得分。

5. 社会公平感

本研究采用一道题测量民众的社会公平感："您认为当前社会总体公平情况如何"，被试从1（非常不公平）到7（非常公平）进行评分，作为社会总体公平情况的具体得分，分数越高表示感受的社会总体公平感越强。

6. 主观社会地位

采用阶梯量表来测量主观社会地位，首先给被试呈现一个包含10级阶梯的梯子图，由1到10代表了人们在社会中所处的位置，使用题目"您认为您自己目前在哪个等级上"让被试进行选择，1代表最底层，10代表最顶层。作为主观社会地位的得分，分数越高表示被试的主观社会地位越高。

7. 其他变量

本报告还使用了数据库中的年龄、家庭月收入、受教育程度、户口类型、婚姻状况、子女数量、赡养老人数量七个人口学变量。

（三）数据处理

本研究均采用统计分析软件SPSS22.0进行分析，具体方法包括慈善意愿和共同富裕信心的描述性统计分析、人口学变量上的差异分析、相关分析和分层回归分析。

三 研究结果

（一）共同富裕信心及其影响因素

1. 民众共同富裕信心的基本概况

从民众对实现共同富裕的信心概况来看，31.1%的人对实现共同富裕非常有信心。对实现共同富裕怀有信心的民众占总样本的65.6%，对实现共同富裕有信心、有点信心和保持中立的民众分别占总样本的11.5%、23.0%、22.7%（见图1）。可见，多数民众对我国将来实现共同富裕持乐观积极态度。

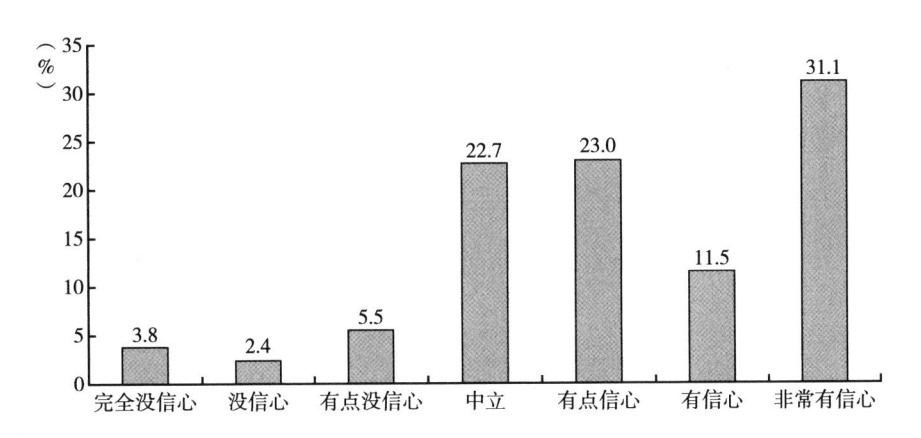

图1 民众对共同富裕信心的基本概况

2. 共同富裕信心在年龄阶段上的差异性

采用单因素方差分析检验民众的共同富裕信心的年龄差异。结果显示（见表2、图2），各年龄阶段在总体共同富裕信心上的得分都比较高，没有显著差异（p=0.078）。

表2 不同年龄阶段民众共同富裕信心的得分

单位：人，分

年龄阶段	样本量	实现共同富裕的信心
18~29岁	348	5.05±1.55
30~39岁	821	5.12±1.59
40~49岁	419	5.32±1.63
50~59岁	171	5.35±1.75
60岁及以上	46	5.20±1.70
F	—	2.10

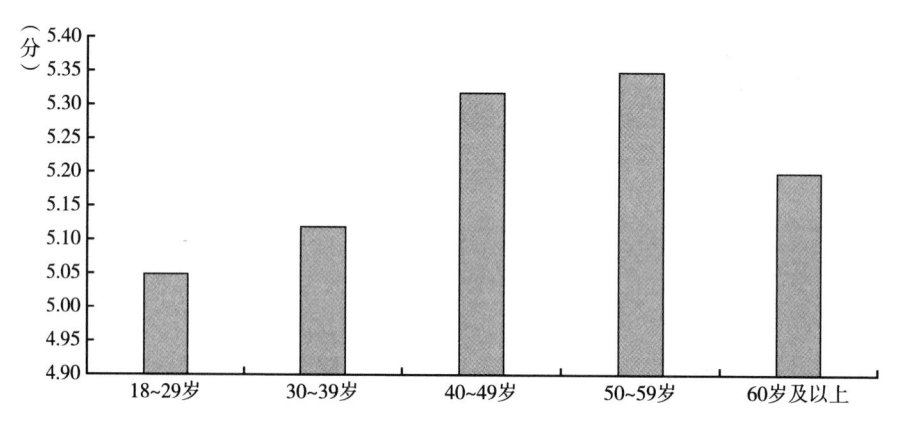

图2 不同年龄阶段民众共同富裕信心的得分

3. 共同富裕信心在户口类型上的差异性

采用单因素方差分析检验民众的共同富裕信心在户口类型上的差异。结果显示（见表3、图3），不同户口类型的公民的共同富裕信心整体处于中等偏上水平，且没有显著差异（p=0.460）。

4. 共同富裕信心在婚姻状况上的差异性

采用单因素方差分析检验民众的共同富裕信心在婚姻状况上的差异。结果显示（见表4、图4），不同婚姻状态的居民的共同富裕信心都处于较高的水平，且没有显著差异（p=0.387）。

县域民众共同富裕信心与慈善意愿的特征及关系

表3 共同富裕信心在户口类型上的差异

单位：人，分

户口类型	样本量	实现共同富裕信心
本地城市户口	515	5.18±1.59
本地农村户口	1120	5.17±1.61
外地城市户口	23	5.78±1.20
外地农村户口	127	5.09±1.69
其他	20	5.15±1.93
F	—	0.91

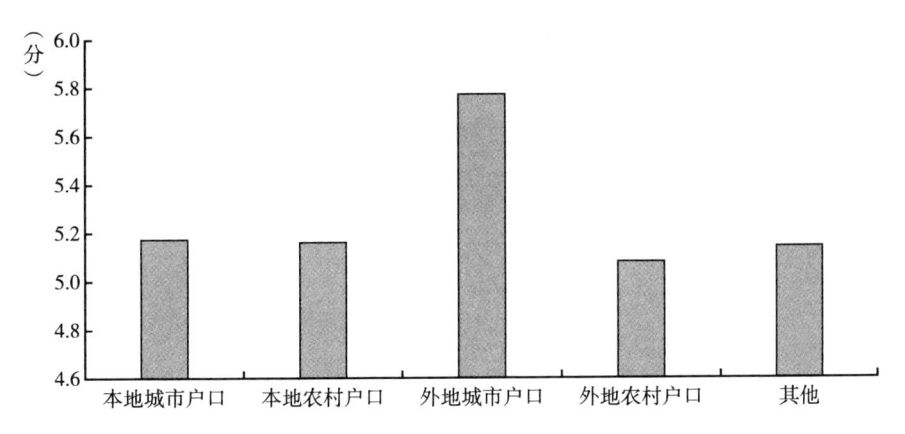

图3 共同富裕信心在户口类型上的差异

表4 共同富裕信心在婚姻状况上的差异

单位：人，分

婚姻状况	样本量	实现共同富裕信心
未　婚	384	5.08±1.67
初婚有配偶	1221	5.20±1.57
再婚有配偶	40	5.55±1.81
离　婚	51	4.92±1.85
丧　偶	17	5.06±1.71
同　居	29	5.52±1.62
其　他	63	5.19±1.74
F	—	1.06

227

社会心态蓝皮书

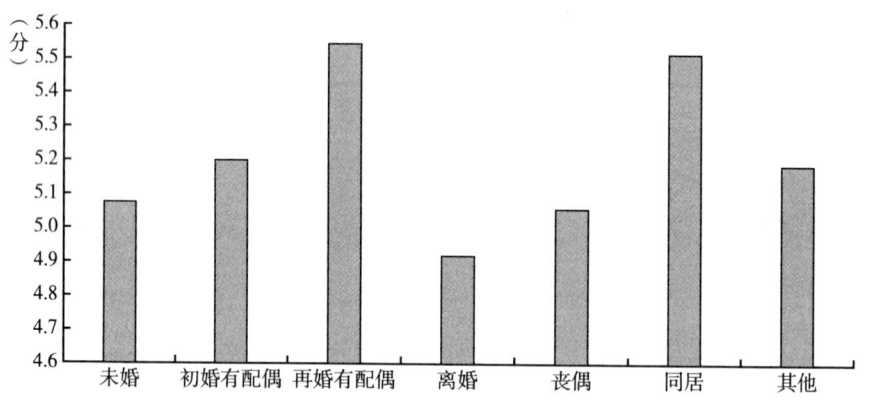

图4 共同富裕信心在婚姻状况上的差异

5.共同富裕信心在子女数量上的差异性

采用单因素方差分析检验民众的共同富裕信心在子女数量上的差异。结果显示（见表5、图5），拥有不同子女数量的居民的共同富裕信心都比较高，且没有显著差异（p=0.229）。

表5 共同富裕信心在子女数量上的差异

单位：人，分

子女数量	样本量	实现共同富裕信心
无子女	426	5.05±1.68
怀孕中	10	4.50±0.97
有一个子女	590	5.24±1.58
有两个子女	680	5.19±1.62
有三个或以上子女	83	5.34±1.48
其他	16	4.88±1.71
F	—	1.38

6.共同富裕信心在赡养老人数量上的差异性

采用单因素方差分析检验民众的共同富裕信心在赡养老人数量上的差

县域民众共同富裕信心与慈善意愿的特征及关系

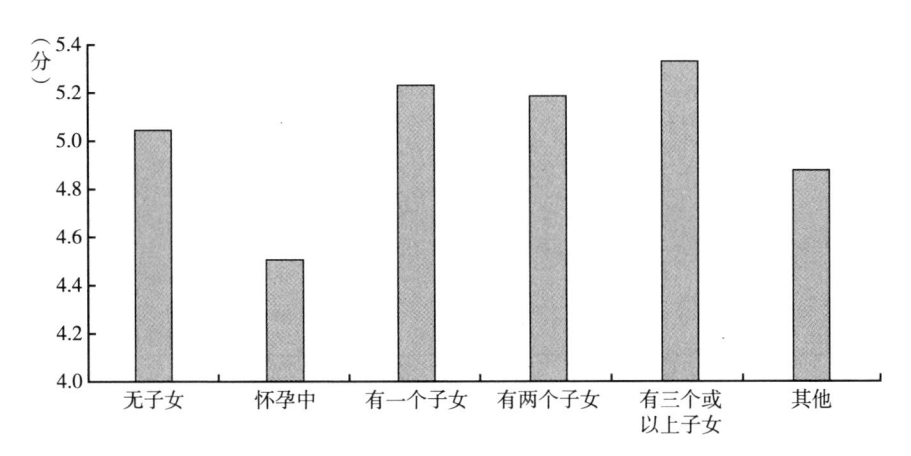

图5 共同富裕信心在子女数量上的差异

异。结果显示（见表6、图6），无论需要赡养的老人数量多少，居民的共同富裕信心都处于较高的水平，且没有显著差异（p=0.094）。

表6 共同富裕信心在赡养老人数量上的差异

单位：人，分

赡养老人数量	样本量	实现共同富裕信心
无老人需要赡养	196	5.12±1.82
有一个老人需要赡养	296	5.31±1.73
有两个老人需要赡养	652	5.15±1.59
有三个老人需要赡养	230	5.38±1.42
有四个老人需要赡养	378	5.04±1.55
有五个或以上老人需要赡养	53	5.06±1.59
F	—	1.88

7. 共同富裕信心在受教育程度上的差异性

采用单因素方差分析检验民众的共同富裕信心在受教育程度上的差异。结果显示（见表7、图7），不同受教育程度的公民共同富裕信心均较高，且没有显著差异（p=0.110）。

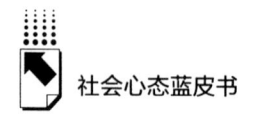

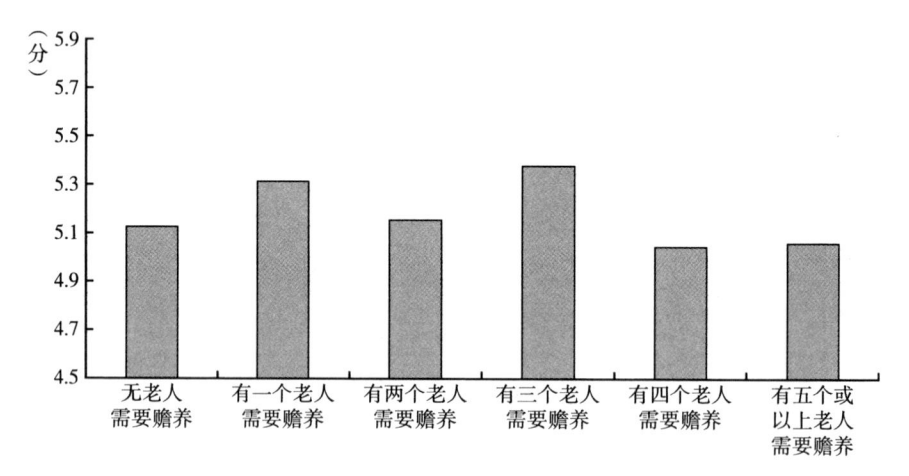

图6 共同富裕信心在赡养老人数量上的差异

表7 共同富裕信心在受教育程度上的差异

单位：人，分

受教育程度	样本量	实现共同富裕信心
小学及以下	69	4.68±2.08
初中	260	5.10±1.66
高中（中专、职高和技校）	323	5.22±1.66
大学专科	443	5.21±1.55
大学本科及以上	705	5.20±1.56
其他	5	6.00±1.00
F	—	1.80

8. 共同富裕信心在家庭月收入的差异性

采用单因素方差分析检验民众的共同富裕信心在家庭月收入上的差异。结果显示（见表8、图8），不同收入民众的共同富裕信心存在显著差异（$p<0.05$）。具体而言，家庭月收入1000元及以下的公民在共同富裕信心的得分上显著低于月收入1001~5000元（$p<0.05$）、5001元~10000元（$p<0.01$）、1万~2万元（$p<0.01$）、2万~4.5万元（$p<0.05$）、4.5万~10万元（$p<0.05$）、10万元及以上（$p<0.01$）的公民。

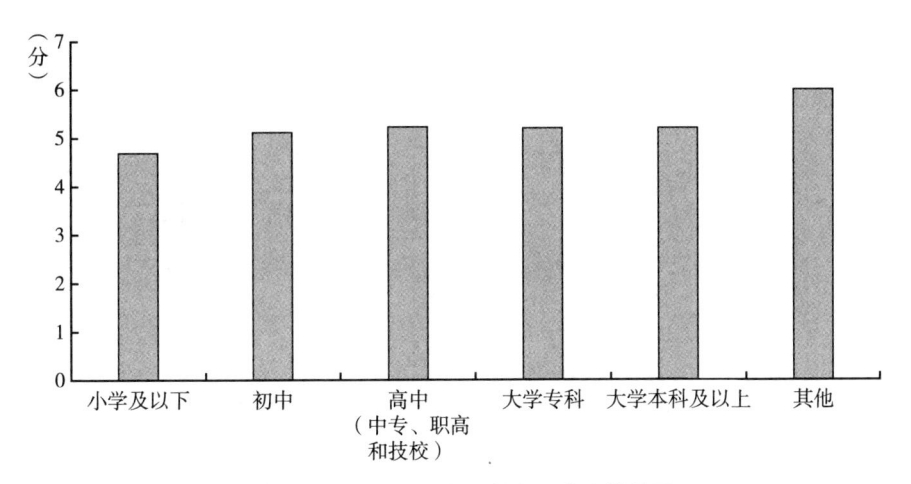

图7 共同富裕信心在受教育程度上的差异

表8 共同富裕信心在家庭月收入上的差异

单位：人，分

家庭月收入	样本量	实现共同富裕信心
1000元及以下	42	4.48±2.27
1001~5000元	563	5.08±1.64
5001~10000元	587	5.21±1.53
1万~2万元	337	5.28±1.61
2万~4.5万元	95	5.21±1.63
4.5万~10万元	102	5.21±1.67
10万元及以上	79	5.43±1.50
F	—	2.24*

注：* $p<0.05$。

（二）慈善意愿及其各维度和影响因素

1. 民众慈善意愿的基本概况

根据表9和图9可知，关于各维度的慈善意愿，多数居民的选择集中在"4 中立"和"6 愿意"；"5 有点愿意"和"7 非常愿意"的比例次之，仅有较少居民对各维度呈现"1 非常不愿意"、"2 不愿意"和"3 不太愿意"的慈善意愿。

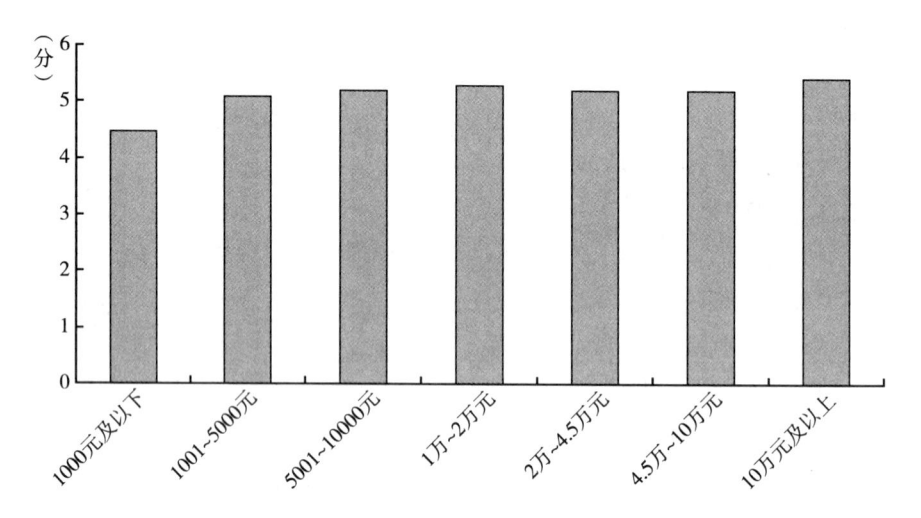

图 8　共同富裕信心在家庭月收入上的差异

表 9　慈善意愿各维度的占比情况

单位：%

指　标	1 非常不愿意	2 不愿意	3 不太愿意	4 中立	5 有点愿意	6 愿意	7 非常愿意
扶贫济困	1.0	1.2	2.3	33.2	12.8	37.1	12.5
应急救难	0.7	0.7	1.2	29.0	13.4	39.8	15.2
场馆硬件建设	0.8	0.9	1.9	36.9	14.6	32.6	12.2
社会化服务	0.9	1.1	1.9	41.8	12.7	30.6	10.9
科学研究	0.6	1.2	1.4	40.6	11.7	31.1	13.5
传统文化	0.1	0.2	0.4	29.3	9.4	36.1	24.4

整体来看，居民总体慈善意愿处于中等偏高水平（M＝5.21，SD＝1.03）。各个维度中，传统文化维度（M＝5.54，SD＝1.18）最高，随后依次是应急救难维度（M＝5.34，SD＝1.18）、扶贫济困维度（M＝5.17，SD＝1.24）、场馆硬件建设维度（M＝5.11，SD＝1.21）、科学研究维度（M＝5.09，SD＝1.22）、社会化服务维度（M＝5.00，SD＝1.22）（见图10）。

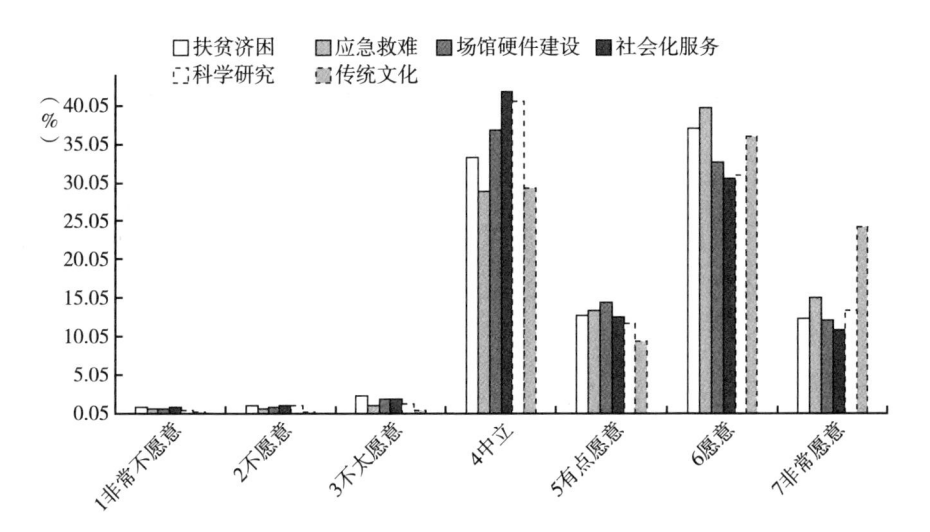

图9 慈善意愿各维度的占比情况

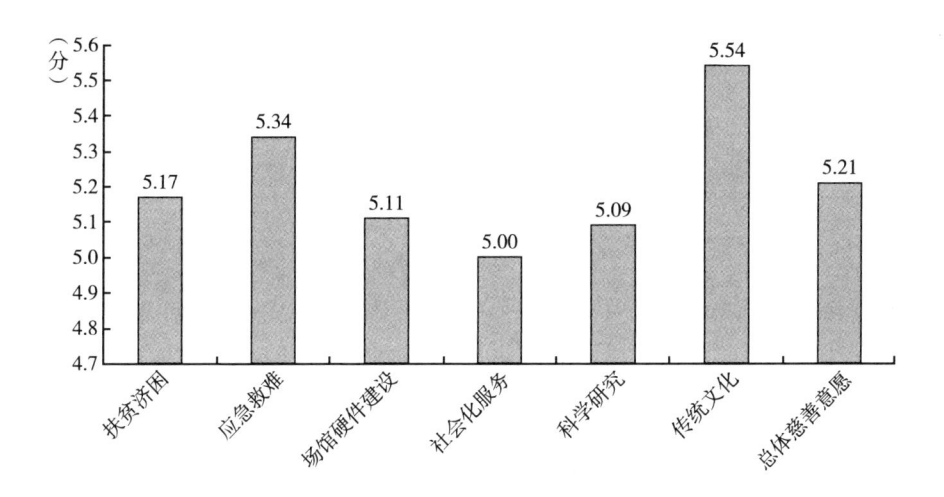

图10 民众慈善意愿及其各维度得分

2. 慈善意愿及其各维度在年龄阶段上的差异性

对慈善意愿及其各维度在年龄阶段上的差异进行单因素方差分析。结果表明，扶贫济困（$F=17.99$，$p<0.001$）、应急救难（$F=17.05$，$p<0.001$）、场馆硬件建设（$F=14.25$，$p<0.001$）、社会化服务（$F=12.22$，$p<0.001$）、

科学研究（F=11.75，p<0.001）、传统文化（F=11.23，p<0.001）六个慈善意愿维度在年龄阶段上都存在显著差异。18~29岁的群体在各个维度的慈善意愿均较低，在扶贫济困、社会化服务、应急救难、科学研究、传统文化维度的慈善意愿均显著低于30~39岁（p<0.05）、40~49岁（p<0.01）和50~59岁（p<0.01）的群体，在场馆硬件建设维度显著低于40~49岁（p<0.01）、50~59岁（p<0.01）的群体；50~59岁的群体在各个维度的慈善意愿均较高，在传统文化维度（p<0.05）的得分显著高于其他年龄群体，在扶贫济困（p<0.05）、应急救难（p<0.05）、场馆硬件建设（p<0.05）、社会化服务（p<0.05）、科学研究（p<0.05）维度都显著高于18~29岁、30~39岁、60岁及以上的群体；在传统文化维度（p<0.05），各年龄阶段的慈善意愿得分都较高且存在显著差异；总体慈善意愿中50~59岁和40~49岁的群体得分较高，18~29岁、30~39岁和60岁及以上的群体得分较低，整体呈倒U形分布（见表10和图11）。

表10 慈善意愿及其各维度在年龄阶段上的差异

单位：人，分

年龄阶段	样本量	扶贫济困	应急救难	场馆硬件建设	社会化服务	科学研究	传统文化	总体慈善意愿
18~29岁	348	4.84±1.35	5.05±1.26	4.86±1.26	4.75±1.30	4.85±1.25	5.28±1.21	4.94±1.10
30~39岁	821	5.08±1.21	5.25±1.18	5.00±1.18	4.92±1.18	5.01±1.20	5.50±1.18	5.13±1.01
40~49岁	419	5.44±1.18	5.63±1.10	5.36±1.18	5.27±1.17	5.34±1.21	5.68±1.15	5.45±0.96
50~59岁	171	5.59±1.03	5.69±1.02	5.48±1.09	5.26±1.17	5.40±1.18	5.94±1.08	5.56±0.88
60岁及以上	46	5.07±1.20	5.24±1.14	5.02±1.15	4.85±1.25	5.00±1.17	5.35±1.12	5.09±0.96
F	—	17.99***	17.05***	14.25***	12.22***	11.75***	11.23***	19.18***

注：*** p<0.001。

3. 慈善意愿及其各维度在户口类型上的差异性

对慈善意愿及其各维度在户口类型上的差异进行单因素方差分析。通过结果（见表11、图12）可知，扶贫济困（F=2.84，p<0.05）、应急救难（F=3.64，p<0.01）、场馆硬件建设（F=3.78，p<0.01）、社会化服务（F=

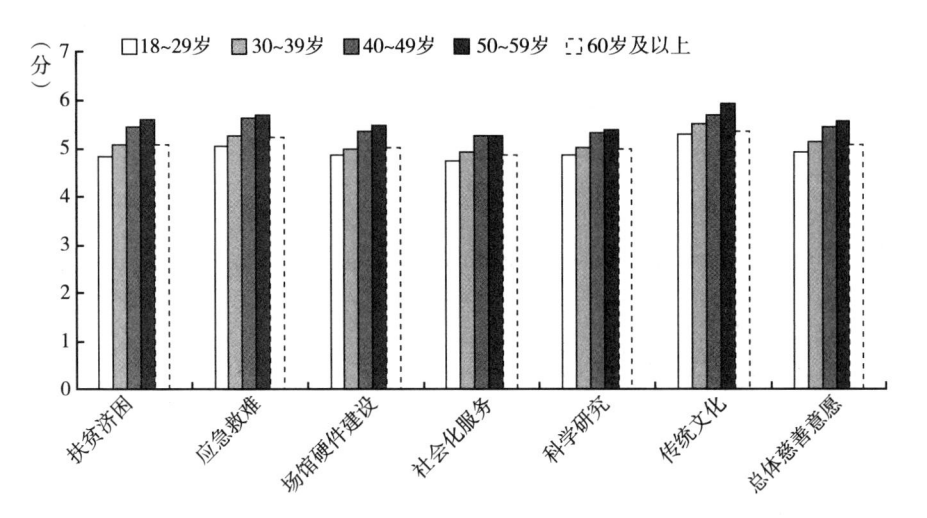

图 11　慈善意愿及其各维度在年龄阶段上的差异

4.19，p<0.01)、科学研究（F=5.45，p<0.001）、传统文化（F=3.63，p<0.01）六个慈善意愿维度在户口类型上都存在显著差异。在应急救难、社会化服务、科学研究、传统文化维度外地城市户口人群的慈善意愿都较高，且在科学研究维度显著高于本地城市户口（p<0.01）和本地农村户口（p<0.05）人群。在场馆硬件建设维度，外地农村户口人群的慈善意愿显著高于本地城市户口（p<0.01）和本地农村户口（p<0.05）人群。在社会化服务维度，本地农村户口和外地农村户口人群的慈善意愿显著高于本地城市户口人群（p<0.05）。

表 11　慈善意愿及其各维度在户口类型上的差异

单位：人，分

户口类型	样本量	扶贫济困	应急救难	场馆硬件建设	社会化服务	科学研究	传统文化	总体慈善意愿
本地城市户口	515	5.16±1.21	5.28±1.17	5.00±1.19	4.88±1.21	4.96±1.23	5.51±1.17	5.13±1.00
本地农村户口	1120	5.18±1.24	5.37±1.19	5.13±1.21	5.03±1.22	5.14±1.22	5.54±1.20	5.23±1.04

续表

户口类型	样本量	扶贫济困	应急救难	场馆硬件建设	社会化服务	科学研究	传统文化	总体慈善意愿
外地城市户口	23	5.22±1.20	5.65±0.94	5.26±1.18	5.26±1.05	5.65±1.15	5.91±0.95	5.49±0.87
外地农村户口	127	5.20±1.35	5.43±1.20	5.35±1.19	5.23±1.19	5.22±1.23	5.72±1.10	5.36±1.04
其他	20	4.25±0.79	4.50±1.00	4.50±1.00	4.40±0.94	5.23±1.19	4.75±1.12	4.46±0.85
F	—	2.84*	3.64**	3.78**	4.19**	5.45***	3.63**	4.73***

注：* $p<0.05$，** $p<0.01$，*** $p<0.001$。

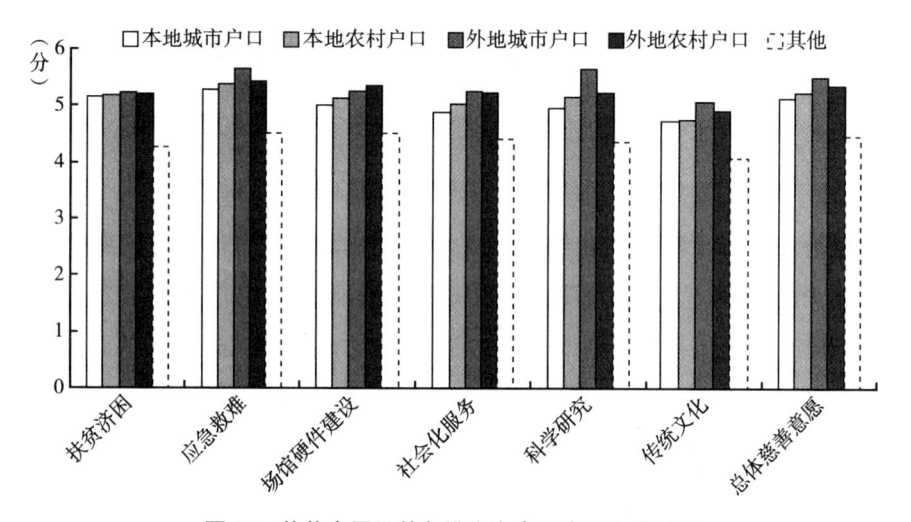

图12 慈善意愿及其各维度在户口类型上的差异

4. 慈善意愿及其各维度在婚姻状况上的差异性

对慈善意愿及其各维度在婚姻状况上的差异进行单因素方差分析。通过结果（表12、图13）可知，扶贫济困（$F=4.11$，$p<0.001$）、应急救难（$F=4.42$，$p<0.001$）、场馆硬件建设（$F=2.63$，$p<0.05$）、社会化服务（$F=2.46$，$p<0.05$）、科学研究（$F=2.71$，$p<0.05$）、传统文化（$F=2.99$，$p<0.05$）六个慈善意愿维度在婚姻状况上都存在显著差异。在扶贫济困、

应急救难、场馆硬件建设、社会化服务、科学研究五个维度，初婚有配偶人群的慈善意愿都显著高于未婚人群（p<0.01）。

表 12 慈善意愿及其各维度在婚姻状况上的差异

单位：人，分

婚姻状况	样本量	扶贫济困	应急救难	场馆硬件建设	社会化服务	科学研究	传统文化	总体慈善意愿
未婚	384	4.9±1.31	5.08±1.24	4.9±1.24	4.8±1.28	4.89±1.27	5.36±1.23	4.99±1.08
初婚有配偶	1221	5.24±1.21	5.4±1.17	5.15±1.19	5.04±1.20	5.13±1.21	5.57±1.17	5.25±1.00
再婚有配偶	40	5.13±1.34	5.3±1.11	5.23±1.17	5.1±1.15	5.33±1.14	5.45±1.32	5.25±1.11
离婚	51	5.27±1.42	5.55±1.17	5.12±1.40	5.18±1.20	5.08±1.28	5.65±1.11	5.31±1.07
丧偶	17	5.06±1.03	5.53±1.01	5.24±1.15	4.88±1.22	5±1.28	5.59±1.46	5.22±0.99
同居	29	5.38±1.15	5.52±1.12	5.17±1.29	5.03±1.43	5.21±1.40	5.66±1.20	5.33±1.09
其他	63	5.33±1.11	5.57±1.04	5.33±1.03	5.17±1.07	5.35±1.10	5.95±0.91	5.45±0.83
F	—	4.11***	4.42***	2.63*	2.46*	2.71*	2.99*	4.11***

注：* p<0.05，*** p<0.001。

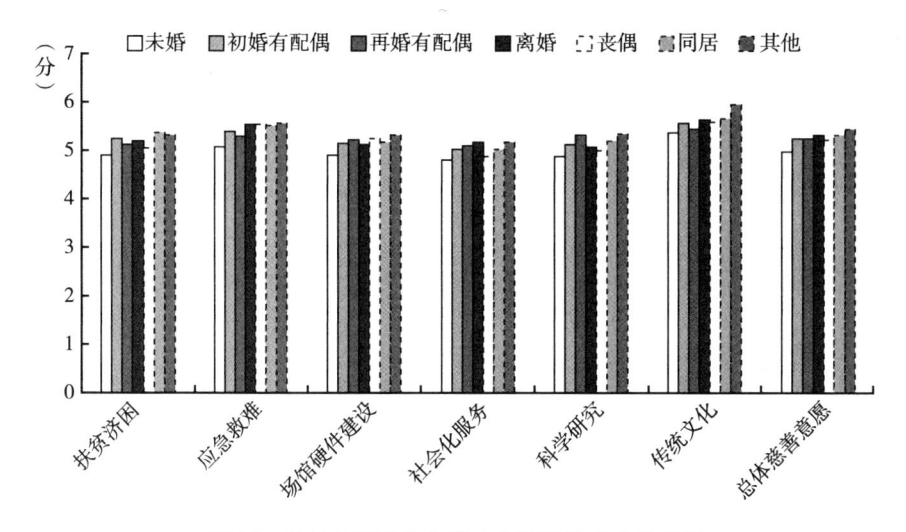

图 13 慈善意愿及其各维度在婚姻状况上的差异

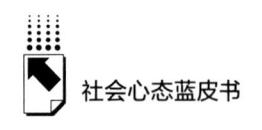

5. 慈善意愿及其各维度在子女数量上的差异性

对慈善意愿及其各维度在子女数量上的差异进行单因素方差分析。通过结果（表13、图14）可知，扶贫济困（$F=8.23$，$p<0.001$）、应急救难（$F=5.94$，$p<0.001$）、场馆硬件建设（$F=4.38$，$p<0.001$）、社会化服务（$F=4.20$，$p<0.001$）、科学研究（$F=3.38$，$p<0.01$）、传统文化（$F=3.14$，$p<0.001$）六个慈善意愿维度在子女数量上都存在显著差异。在扶贫济困、场馆硬件建设维度，有一个子女、两个子女及三个或以上子女的人群慈善意愿显著高于无子女的人群（$p<0.01$）；在应急救难、社会化服务、科学研究维度，有一个子女及两个子女的人群慈善意愿显著高于无子女的人群（$p<0.01$）；在传统文化维度，有一个子女的人群慈善意愿显著高于无子女人群（$p<0.01$）。

表13 慈善意愿及其各维度在子女数量上的差异

单位：人，分

子女数量	样本量	扶贫济困	应急救难	场馆硬件建设	社会化服务	科学研究	传统文化	总体慈善意愿
无子女	426	4.88±1.32	5.08±1.24	4.89±1.25	4.79±1.28	4.88±1.27	5.36±1.24	4.98±1.07
怀孕中	10	4.60±1.27	5.20±1.03	4.70±1.49	4.40±1.58	4.90±1.10	5.40±1.08	4.87±1.07
有一个子女	590	5.35±1.19	5.47±1.15	5.15±1.22	5.07±1.18	5.15±1.22	5.65±1.15	5.31±1.01
有两个子女	680	5.18±1.20	5.38±1.16	5.17±1.17	5.05±1.19	5.14±1.20	5.54±1.19	5.24±1.00
有三个或以上子女	83	5.34±1.11	5.45±1.09	5.33±1.06	5.11±1.19	5.27±1.19	5.64±1.08	5.35±0.95
其他	16	5.38±1.09	5.50±0.97	5.50±1.03	5.38±1.15	5.19±0.98	5.75±0.93	5.45±0.90
F	—	8.23***	5.94***	4.38***	4.20***	3.38**	3.14**	6.248***

注：** $p<0.01$，*** $p<0.001$。

6. 慈善意愿及其各维度在赡养老人数量上的差异性

对慈善意愿及其各维度在赡养老人数量上的差异进行单因素方差分析。通过结果（表14、图15）可知，扶贫济困（$F=2.22$，$p<0.05$）、应急救难

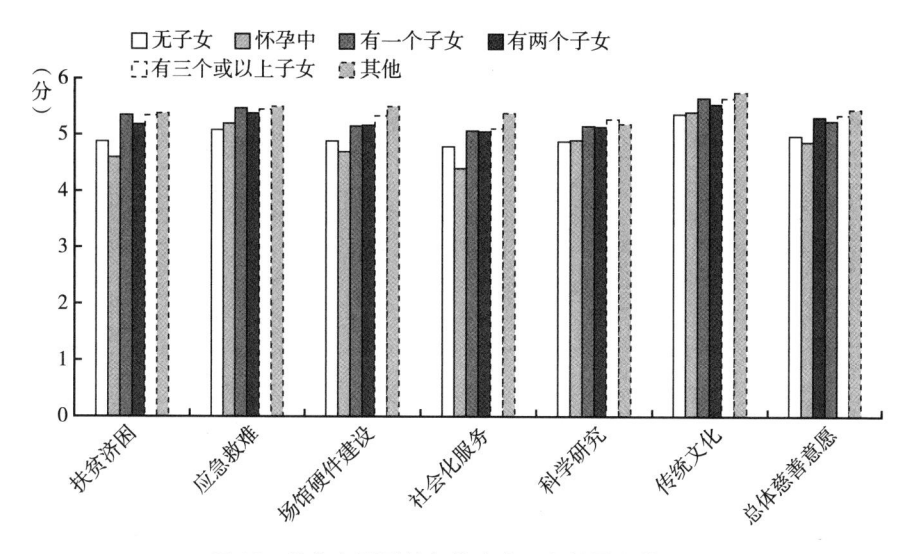

图 14 慈善意愿及其各维度在子女数量上的差异

（F=4.81，p<0.001）、场馆硬件建设（F=2.73，p<0.05）、社会化服务（F=2.32，p<0.05）及传统文化（F=2.38，p<0.05）五个慈善意愿维度在赡养老人数量上都存在显著差异。在扶贫济困和科学研究维度，有一个老人需要赡养的人群慈善意愿高于无老人需要赡养的人群（p<0.05）；在应急救难维度，有一个老人、两个老人、三个老人和四个老人需要赡养的人群慈善意愿高于无老人需要赡养的人群（p<0.05）；在场馆硬件建设和社会化服务维度，有一个老人和三个老人需要赡养的人群慈善意愿高于无老人需要赡养的人群（p<0.05）；在传统文化维度，有一个老人和四个老人需要赡养的人群慈善意愿高于无老人需要赡养的人群（p<0.05）。

7. 慈善意愿及其各维度在受教育程度上的差异性

对慈善意愿及其各维度在受教育程度上的差异进行单因素方差分析。通过结果（表15、图16）可知，在慈善意愿各维度，只有应急救难维度（p<0.05）在受教育程度上存在显著差异。其中，高中（中专、职高和技校）受教育程度的民众慈善意愿显著高于小学及以下的民众（p<0.01）和其他民众（p<0.05），大学本科及以上的民众慈善意愿显著高于小学及以下的民众（p<0.05）。

表14 慈善意愿及其各维度在赡养老人数量上的差异

单位：人，分

赡养老人情况	样本量	扶贫济困	应急救难	场馆硬件建设	社会化服务	科学研究	传统文化	总体慈善意愿
无老人需要赡养	196	4.92±1.23	5.02±1.23	4.88±1.23	4.79±1.23	4.86±1.23	5.3±1.23	4.96±1.03
有一个老人需要赡养	296	5.28±1.26	5.49±1.20	5.21±1.23	5.12±1.25	5.19±1.30	5.62±1.17	5.32±1.05
有两个老人需要赡养	652	5.17±1.22	5.33±1.18	5.09±1.21	4.98±1.21	5.09±1.20	5.52±1.20	5.19±1.02
有三个老人需要赡养	230	5.21±1.23	5.39±1.17	5.26±1.14	5.12±1.14	5.15±1.17	5.55±1.20	5.28±1.00
有四个老人需要赡养	378	5.19±1.26	5.42±1.12	5.11±1.20	4.98±1.23	5.11±1.21	5.63±1.12	5.24±1.00
有五个或以上老人需要赡养	53	5.04±1.22	5.11±1.14	4.96±1.19	4.96±1.19	5.02±1.32	5.49±1.22	5.09±1.09
F	—	2.22*	4.81***	2.73*	2.32*	1.98	2.38*	3.437**

注：* $p<0.05$，** $p<0.01$，*** $p<0.001$。

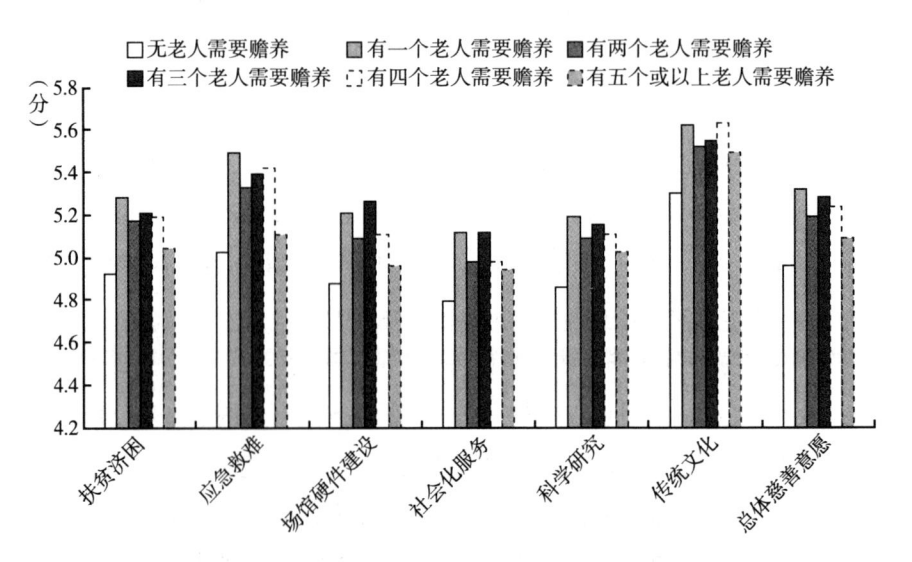

图15 慈善意愿及其各维度在赡养老人数量上的差异

县域民众共同富裕信心与慈善意愿的特征及关系

表15 慈善意愿及其各维度在受教育程度上的差异

单位：人，分

受教育程度	扶贫济困	应急救难	场馆硬件建设	社会化服务	科学研究	传统文化	总体慈善意愿
小学及以下	5.01±1.23	5.04±1.32	4.97±1.14	4.88±1.21	4.93±1.22	5.28±1.22	5.02±1.03
初中	5.05±1.24	5.28±1.16	5.09±1.17	4.92±1.15	5.02±1.15	5.43±1.17	5.13±1.00
高中(中专、职高和技校)	5.20±1.24	5.45±1.15	5.14±1.23	5.01±1.20	5.18±1.25	5.54±1.15	5.25±1.00
大学专科	5.16±1.30	5.33±1.25	5.16±1.23	5.10±1.24	5.01±1.20	5.60±1.20	5.25±1.07
大学本科及以上	5.22±1.20	5.36±1.14	5.08±1.21	4.97±1.23	5.06±1.22	5.57±1.19	5.21±1.01
其他	4.60±0.89	4.40±0.90	4.40±0.90	4.40±0.90	4.40±0.90	4.80±1.10	4.50±0.87
F	1.16	2.26*	0.8	1.26	1.37	1.9	1.5

注：* $p<0.05$。

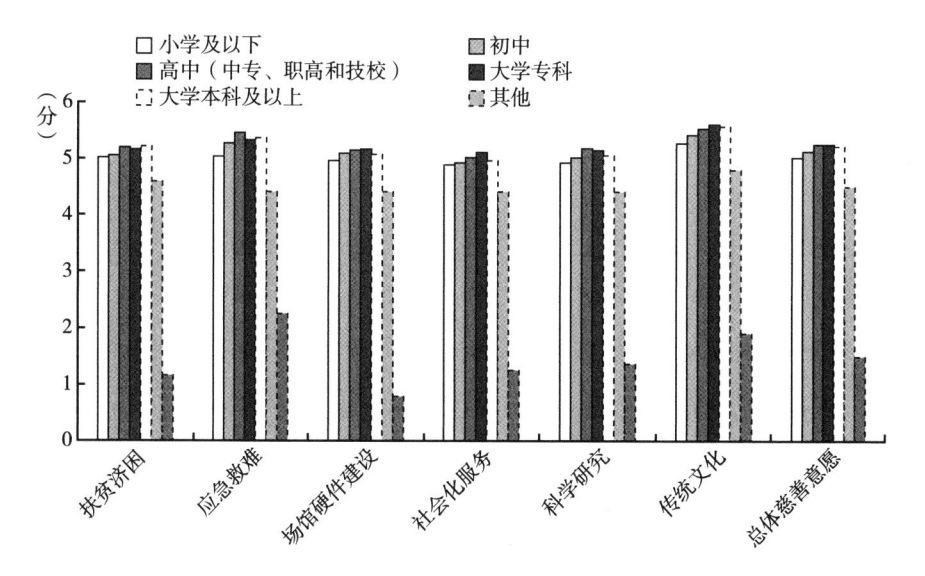

图16 慈善意愿及其各维度在受教育程度上的差异

8. 慈善意愿及其各维度在家庭月收入上的差异性

对慈善意愿及其各维度在家庭月收入上的差异进行单因素方差分析。通

241

过结果（表16、图17）可知，扶贫济困（F=6.44，p<0.001）、应急救难（F=6.71，p<0.001）、场馆硬件建设（F=5.44，p<0.001）、社会化服务（F=6.66，p<0.001）、科学研究（F=4.82，p<0.001）、传统文化（F=5.13，p<0.001）六个慈善意愿维度在家庭月收入上均存在显著差异。月收入1万~2万元、2万~4.5万元和10万元及以上的人群在各维度的慈善意愿均较高，且不存在显著差异。月收入1万~2万元的群体在扶贫济困、应急救难和场馆硬件建设维度的慈善意愿显著高于1000元及以下、1001~5000元及5001~10000元的群体（p<0.05），在社会化服务、科学研究及传统文化维度的慈善意愿显著高于1000元及以下和1001~5000元的群体（p<0.01）；月收入1000元及以下的群体在各维度的慈善意愿均显著低于其他群体（p<0.05）。

表16 慈善意愿及其各维度在家庭月收入上的差异

单位：人，分

月收入	样本量	扶贫济困	应急救难	场馆硬件建设	社会化服务	科学研究	传统文化	总体慈善意愿
1000元及以下	42	4.57±1.31	4.74±1.33	4.45±1.38	4.12±1.31	4.40±1.11	4.95±1.27	4.54±0.97
1001~5000元	563	5.00±1.25	5.17±1.22	4.98±1.20	4.90±1.20	4.99±1.22	5.40±1.21	5.07±1.02
5001~10000元	587	5.16±1.25	5.36±1.16	5.10±1.19	4.98±1.19	5.10±1.18	5.56±1.15	5.21±1.01
1万~2万元	337	5.39±1.09	5.55±1.05	5.28±1.17	5.15±1.19	5.17±1.24	5.71±1.11	5.37±0.96
2万~4.5万元	95	5.37±1.31	5.63±1.19	5.33±1.24	5.23±1.30	5.42±1.25	5.64±1.21	5.44±1.08
4.5万~10万元	102	5.23±1.28	5.38±1.17	5.15±1.13	5.09±1.20	5.10±1.29	5.54±1.17	5.25±0.99
10万元及以上	79	5.43±1.28	5.44±1.24	5.34±1.33	5.28±1.28	5.33±1.27	5.81±1.26	5.44±1.14
F	—	6.44***	6.71***	5.44***	6.66***	4.82***	5.13***	7.77***

注：*** p<0.001。

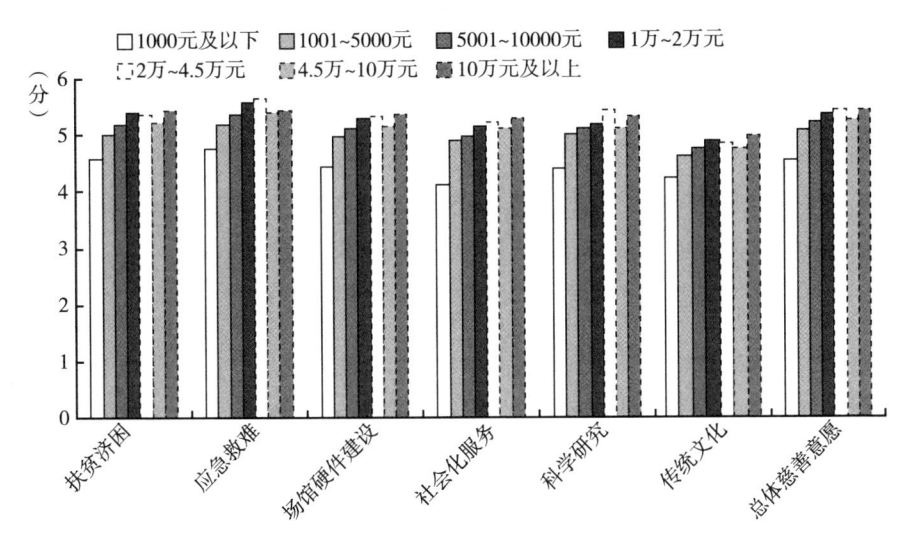

图17 慈善意愿及其各维度在家庭月收入上的差异

(三) 共同富裕信心和慈善意愿的相关分析

根据表17可知，总体慈善意愿和各变量之间的关系：慈善意愿和居民的年龄、婚姻状况、子女数量、家庭月收入、主观社会地位、社会安全感、生活满意度、社会公平感和共同富裕信心均呈现显著正相关（$p<0.001$）。其中，和社会安全感的相关度最高，生活满意度、社会公平感和共同富裕信心次之。

(四) 慈善意愿的分层线性回归分析

对共同富裕信心对慈善意愿的影响作用进行分层线性回归分析。首先，将年龄、户口类型、婚姻状况、子女数量、赡养老人数量等人口学特征变量纳入模型1；接着，将受教育程度、家庭月收入、主观社会地位纳入模型2；然后，将社会安全感、生活满意度、社会公平感纳入模型3；最后，将共同富裕信心纳入模型4（见表18）。

社会心态蓝皮书

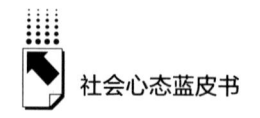

表 17 共同富裕信心和慈善意愿及各变量的相关分析

变量	年龄	户口类型	婚姻状况	子女数量	赡养老人数量	受教育程度	家庭月收入	主观社会地位	社会安全感	生活满意度	社会公平感	共同富裕信心	慈善意愿
年龄	1												
户口类型	-0.074**	1											
婚姻状况	0.373***	0.038	1										
子女数量	0.453***	-0.013	0.401***	1									
赡养老人数量	-0.193***	0.000	-0.023	0.076***	1								
受教育程度	-0.350***	-0.157***	-0.266***	-0.317***	0.203***	1							
家庭月收入	-0.036	-0.021	-0.024	0.010	0.045	0.170***	1						
主观社会地位	0.152***	-0.120***	0.059***	0.075***	-0.043	0.100***	0.192***	1					
社会安全感	0.079***	-0.018	0.075***	0.069**	-0.051*	-0.015	0.051**	0.200***	1				
生活满意度	0.165***	-0.041	0.110***	0.091**	-0.011	0.037	0.071**	0.306***	0.622***	1			
社会公平感	0.095***	0.005	0.053**	0.060**	-0.035	-0.009	0.042	0.223***	0.688***	0.603***	1		
共同富裕信心	0.058*	-0.005	0.018	0.037	-0.025	0.042	0.060*	0.234***	0.409***	0.388***	0.433***	1	
慈善意愿	0.168***	0.026	0.082***	0.110***	0.036	0.025	0.124***	0.140***	0.321***	0.313***	0.304***	0.287***	1

注：*p<0.05，**p<0.01，***p<0.001。

表 18 慈善意愿与各变量的回归分析

变 量	第一层标准化系数 β	第二层标准化系数 β	第三层标准化系数 β	第四层标准化系数 β
年 龄	0.169 ***	0.175 ***	0.155 ***	0.155 ***
户口类型	0.038	0.064 **	0.059 **	0.055 **
婚姻状况	0.008	0.017	0.002	0.005
子女数量	0.025	0.037	0.027	0.025
赡养老人数量	0.067 **	0.051 *	0.059 **	0.061 **
受教育程度		0.077 **	0.068 **	0.063 *
家庭月收入		0.098 ***	0.094 ***	0.093 ***
主观社会地位		0.093 ***	0.009	-0.007
社会安全感			0.165 ***	0.142 ***
生活满意度			0.110 ***	0.092 **
社会公平感			0.104 ***	0.070 *
共同富裕信心				0.147 ***
R^2	0.035	0.065	0.166	0.183
ΔR^2	0.035	0.030	0.101	0.017
F	13.099 ***	15.734 ***	32.554 ***	33.452 ***

注：* $p<0.05$，** $p<0.01$，*** $p<0.001$。

从表 18 可以看出，模型 1 解释慈善意愿 3.5%的变异，且模型显著（F 值为 13.099，p 值小于 0.001）；年龄（回归系数为 0.169，p 值小于 0.001）、赡养老人数量（回归系数为 0.067，p 值小于 0.01）均对慈善意愿具有显著正向预测作用。

模型 2 加入了受教育程度、家庭月收入、主观社会地位。与模型 1 相比增加了 3.0%的解释力度，且模型显著（F 值为 15.734，p 值小于 0.001）。在模型 2 中，受教育程度（回归系数为 0.077，p 值小于 0.01）、家庭月收入（回归系数为 0.098，p 值小于 0.001）、主观社会地位（回归系数为 0.093，p 值小于 0.001）均对慈善意愿有显著正向预测作用。

模型 3 加入了社会安全感、生活满意度、社会公平感。与模型 2 相比，增加了 10.1%的解释力度，且模型显著（F 值为 32.554，p 值小于 0.001）。在模型 3 中，社会安全感（回归系数为 0.165，p 值小于 0.001）、生活满意

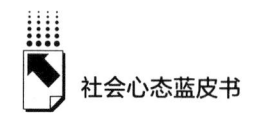

度（回归系数为0.110，p值小于0.001）、社会公平感（回归系数为0.104，p值小于0.001）均对慈善意愿具有显著正向预测作用。

模型4加入了共同富裕信心。累计解释慈善意愿18.3%的变异，且模型显著（F值为33.452，p值小于0.001）。共同富裕信心对慈善意愿具有显著正向作用（回归系数为0.147，p值小于0.001）。这表明，共同富裕信心越强，慈善意愿也越强。

四 讨论

（一）晋江民众共同富裕信心与慈善意愿的特征及关系

多数民众对我国实现共同富裕持乐观积极态度，各年龄段、不同婚姻状态、不同子女数量、不同赡养老人数量、不同受教育程度的民众均具有较高的共同富裕信心。多数民众持乐观积极的态度，反映出我国近年来在减少贫困、提高民生福祉等方面取得了显著成果，增强了民众对共同富裕的信心，同时，我国政府积极推动公平、共享的社会主义核心价值观，也使得民众对共同富裕的信念更加坚定。这显示出我国在推动共同富裕过程中，已经初步形成了全社会的共识和参与，各个社会群体都看到了实现共同富裕的可能和希望。然而，报告表明，月收入1000元及以下的民众共同富裕信心最低。这主要是因为他们当前的生活状况较为困难，认为未来的生活改善和财富累积存在较大的不确定性，故而对共同富裕的信心相对较低。我们应关注这些月收入较低的民众，通过提供更多的就业机会、提高最低工资标准、完善社会保障体系等方式，提高他们的生活水平，增强他们对共同富裕的信心。同时，继续完善社会治理体系，建立更为科学公平的财富分配机制，使所有民众都能在社会发展中获得相应回报，形成全社会共同推动共同富裕的强大动力。

半数以上的民众愿意参与扶贫济困、应急救难、场馆硬件建设、社会化服务、科学研究和传统文化等慈善活动。这一数据反映出我国居民的总体慈善意愿处于中等偏高水平。这是我国社会公民意识增强和社会和谐稳定的直观反映，体现出社会主义核心价值观在广大民众中的深入人心。然而，我们也发现，不同年龄阶段、户口类型、婚姻状况、子女数量、赡养老人数量、受教育程度和家庭月收入等因素，都会对民众的慈善意愿产生显著影响。在年龄阶段上，18~29的群体在各个维度的慈善意愿均较低，而50~59岁和40~49岁的群体慈善意愿较高，可能是因为30岁以下年龄段的人群正处于事业发展和家庭建设的关键阶段，经济和时间压力较大。而随着年龄和资历的增加，经济条件和生活稳定性逐渐向好，更有余力参与慈善活动。在户口类型上，外地城市户口的群体慈善意愿较高，可能是因为他们更倾向于通过慈善活动来融入新的生活环境。相对而言，本地城市户口的群体慈善意愿最低，需要进一步提升本地民众对社区的归属感和责任感，以及进一步强化其慈善参与意愿和方式。在婚姻状况、子女数量和赡养老人数量上，已婚人群、有子女人群和需要赡养老人的人群慈善意愿都相对较高。这可能是因为他们通过家庭生活体验到了互助和关爱的重要性，因此更愿意参与慈善活动。

调研结果显示，年龄、赡养老人数量、受教育程度、主观社会地位和家庭月收入等因素对增强民众的慈善意愿有显著影响。同时，社会安全感、生活满意度、社会公平感以及共同富裕信心等社会心理因素也对慈善意愿起到了积极的推动作用。年龄提升和赡养老人数量增加均会提升民众的慈善意愿。这可能是因为随着年龄的增长，人们对生活的理解和体验更深，对社会的责任感也更强。赡养老人的经历使人们更加理解和体验到弱势群体的困难，因此更愿意参与慈善活动。受教育程度、主观社会地位和家庭月收入的提高，可以提升民众的道德素养和社会责任感，并使人们有更多的资源和能力去帮助他人。社会安全感、生活满意度和社会公平感均对慈善意愿起正向提升作用。在安全、满意和公平的社会环境中，人们更愿意分享和帮助他人，慈善意愿更强。

当人们对共同富裕的信心增强时，他们更可能认同并积极参与到社会公益和慈善事业中去，因为这既是他们对社会公正的追求，也是他们对个人利益和社会利益相统一的理解。共同富裕的实现需要社会各界的共同努力，包

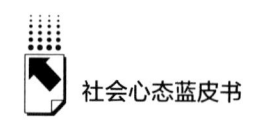

括政府、企业和个人，在共同努力的过程中，人们的慈善意愿也会得到提升。共同富裕理念强调的是大家一起富裕，而非个别人富裕，这种对集体富裕感的信心会让人们愿意将自己的一部分财富用于慈善事业，帮助那些需要帮助的人。

（二）晋江市培育民众慈善心态促进共同富裕的具体实践与启示

晋江历史悠久，文化厚重，从古到今汇聚了佛教文化、穆斯林文化、道教文化、妈祖文化、民间信仰文化、海洋文化、华侨文化等多元文化。源于中原的儒家文化与来自海洋的拼搏精神、多元宗教和侨乡风土相结合，孕育了兼爱怀仁、崇德尚义的慈善传统。传统意义上的慈善公益更具有道德意义，主要是对社会中的弱势群体、困难阶层以及特殊群体的社会救济与社会帮扶，慈善主体也主要是社会中的富人阶层，而且具有较强的宗族色彩。现代慈善公益的概念谱系中，公益慈善不仅仅是传统道德意义上的社会捐赠或社会救助，更是一种社会分配方式，其在实施主体层面包括政府、企业、社会组织、社会公众等，对象层面扩展到整个社会群体中。近年来，晋江市按照"政府引导、乡贤主导、各方配合、全民动员"的慈善事业发展理念，努力推进慈善事业社会化发展，着力打造民间慈善事业推动共同富裕的"晋江样本"。

1. 政府引导和搭建多元共参慈善新平台

2002年，由党政领导、乡贤发起、社会襄助，成立全国首家县级民间慈善机构晋江市慈善总会。2003年，市人大常委会审议通过每年的12月18日为"晋江慈善日"。2012年，晋江市首次将创建"中国爱心城市"写进市委、市政府工作报告，正式纳入城市发展战略，并坚持将以人民为中心作为创建工作的出发点和落脚点。近些年来，晋江市始终把发展慈善事业、传播慈善文化、普及慈善意识作为提升市民素质的一个重要内容，不断加大对慈善事业的宣传力度，广泛宣传慈善之举、慈爱之心、慈善项目。20余年间晋江市从培育慈善组织、搭建慈善参与平台，到创新综合监督体制、弘扬慈善文化，始终把"人人慈善为人人"贯穿全领域、全过程，让人人可慈善、人人能慈善、人人共享慈善成为城市的基因和品质。

2. 资金管理规范化，促进慈善公信力稳步提升

晋江市慈善信息公开渠道主要依托晋江市人民政府网站和晋江市民政局微信公众号，及时将与慈善工作有关的信息向社会公众公布。同时，综合运用晋江市政府门户网站、"晋江民政"微信公众号、晋江市民政局党（政）务公开栏等平台，及时更新民政工作动态及政策动向，定期发布社会救助、社会保障、慈善公益、老区扶贫等工作信息，及时解答群众网上咨询事宜，充分保障群众知情权、参与权、监督权。加强与各级新闻媒体、新闻网站的沟通协调，不定期在报刊媒体发布民政业务信息，扩大政务公开受众面和影响力。具有典型传统文化特点的晋江慈善事业的规范化、法治化、现代化也在一系列慈善发展规划的制定出台中不断推进。

3. 泽被桑梓、特色鲜明的华侨慈善、企业慈善

晋江改革开放成就的取得，可谓"始于侨，成于侨"，每一步都离不开海外晋江人的大力支持，无论是招商引资、兴办实业、捐资助学、修路铺桥，还是捐建各种公益事业，处处都有华侨的身影。时至今日，晋江华侨、华人的移民慈善已经涉及晋江生活的各个方面，华侨捐赠日益增多，慈善方式开始专业化运作，并向公共治理等议题延伸。与此同时，改革开放以来，晋江企业在"晋江经验"指引下，始终以市场为导向，顽强拼搏，创新发展。为了大力激发和充分调动民营企业家参与慈善的积极性和主动性，晋江市委、市政府以提升企业家社会责任感为己任，以促进社会公平正义为目标，积极搭建感恩国家、回报社会、参与现代化发展的平台，通过建立组织、布局网络和彰扬典型等办法，使之形成风气，直接促成企业家集体行善的"晋江现象"。

4. 守成创新、化风成俗引领慈善新风

晋江人有"输人不输阵"的面子情结，又有扶贫济困、乐善好施的优良传统。面对一些"炫富""夸富""讲排场"的不良风气，晋江市因势利导，采取了多种方式把大操大办、铺张浪费等陋习的转变与发展慈善公益事业结合起来，推动移风易俗与公益发展同频共振，努力将"互助共赢"的

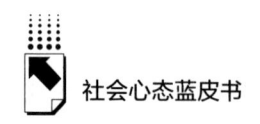

文化传统发扬光大。在市委、市政府的大力倡导下，政府相关部门及市慈善总会与全市各镇（街道）和村（社区）均大力推行移风易俗、婚丧喜庆简办节约和村规民约等文明工作制度。如今，全市397个村（社区）都通过公议、公订、公示制定了移风易俗的村规民约，旗帜鲜明地提倡崇尚勤俭、简办婚丧、乐善好施的新风气，移风易俗激活了社区慈善公益事业机制，越来越多的乡贤将简办婚丧喜庆节省下的钱财捐赠给社区慈善公益事业，很多人利用父母生日、子女结婚的时机捐助礼金设立慈善基金，支持社会公益事业发展。

5.培育现代慈善理念，拓展慈善资金应用领域

当前，我国正处在经济社会转型的重要战略机遇期，慈善事业在参与民生保障、调节收入分配、弥合贫富差距等方面具有不可替代的作用。在扶贫济困等传统慈善项目基础上，晋江市进一步切实发挥慈善资金在基本民生保障工作中的作用。鼓励通过慈善捐赠、设立社区慈善微基金、培育发展社区慈善组织等方式，引导慈善资金投向医疗卫生、教育发展、养老服务等民生事业的短板领域。在创造共建共享共治的多元社会治理环境下，慈善组织深度参与社会治理同样具有重要意义。从2018年起，晋江便在全国率先推出"平安+法治+慈善"理念，由晋江市委政法委牵头政法各单位整合当前政法各部门的相关基金项目，探索设立"平安行公益慈善基金会"，主要包括司法公益修复专项基金、智慧政法专项基金、政法人才专项基金、执行+慈善专项基金、未检+慈善专项基金、警务+慈善专项基金等六大项目，坚持"平安+法治+慈善"理念，成为晋江构建大平安慈善体系的平台载体。

参考文献

朱颖：《生活满意度与个人捐赠行为研究——基于上海大都市调查数据的实证分析》，《山东社会科学》2020年第7期。

南方、罗微：《社会资本视角下城市居民捐款行为的影响因素分析》，《北京师范大学学报》（社会科学版）2013年第3期。

张奇林：《共同富裕目标下慈善事业的使命担当与发展路径》，《社会保障评论》2023年第3期。

张奇林：《慈善事业可持续发展论纲》，《社会保障评论》2017年第1期。

李实：《共同富裕的目标和实现路径选择》，《经济研究》2021年第11期。

刘一伟、和宇航：《共同富裕背景下个体禀赋如何影响慈善捐赠》，《山西财经大学学报》2023年第6期。

袁佳黎、张文宏、刘飞：《收入不平等、家庭收入与中国民众的慈善捐赠——从绝对地位到相对地位》，《济南大学学报》（社会科学版）2023年第2期。

张乐、李森林：《民生风险感知如何影响捐赠行为？——基于CFPS数据的实证分析》，《山东大学学报》（哲学社会科学版）2023年第4期。

Korndörfer, M., Egloff, B., & Schmukle, C. S., "Large Scale Test of the Effect of Social Class on Prosocial Behavior", *PLoS ONE*, 7 (2017).

Piff, P. K., Kraus, M. W., Côté, S., Cheng, B. H., & Keltner, D., "Having less, Giving more: the Influence of Social Class on Prosocial Behavior", *Journal of Personality and Social Psychology*, 5 (2015).

Abstract

This book is the twelfth annual report of the Blue Book of Social Mentality, issued by Center for Social Psychological Studies (CSPS), Institute of Sociology, Chinese Academy of Social Science (CASS). The book delves into the societal attitudes of young people, exploring the emerging social mentalities of youth facing unprecedented societal changes and their attitudes towards achieving common prosperity.

This book finds that young people's needs and experiences of better life are in the upper-middle range, and that the overall needs for the better life have yet to be met: Individuals born after 2000, those with family monthly incomes below 5000, and youth in lower subjective social classes demand attention. Individual material disorder exert the most significant influence on the societal mindset of young people, whereas familial disorder's impact is gradually diminishing. Expectations and experiences of upward mobility still dominate among the youth; however, forty percent of them exhibit imbalances or experience a deficiency in their aspirations and actual mobility. Aspirations and experiences of social mobility effectively enhance the subjective sense of well-being and the spirit of endeavor among young people, with this positive impact being more substantial among youths from lower socioeconomic strata and rural areas.

The sources of pressure on young people are diverse, prominently manifesting in issues related to prices, healthcare, and transportation. The populace's consumption structure is reasonably sound, with education and training costs generally being high. Housing expenditure among the youth is notably elevated, while there are considerable disparities in consumption activity and confidence among different demographic groups. The sense of fairness among young people is higher, with relatively minor cognitive differences in the understanding of the connotations of common prosperity. However, they are more inclined towards recognizing the roles of secondary and tertiary distributions, exhibiting varied confidence levels in achieving common prosperity.

Young people display a relatively high inclination towards charitable activities, particularly in cultural innovation categories. While the overall score for charitable and philanthropic behaviors is moderate, societal psychological factors such as social security, life satisfaction, perceptions of social fairness, and confidence in achieving common prosperity positively predict charitable intentions.

In response to these findings, this book proposes corresponding policy suggestions. These include adjusting the youth's expectations regarding economic and social development, fostering rational public perceptions of common prosperity, deepening young people's understanding of modern charitable and philanthropic concepts, creating a conducive societal development environment that promotes positive social mentality, optimizing consumption structures, enhancing the quality of life among the populace, and consequently, augmenting overall happiness.

Keywords: Societal Attitudes of Young People; Perceptions of Common Prosperity; Values; Social Partiapation

Contents

I General Report

B.1 The Characteristics and Cultivation of the Social Mentality of Young People in the New Journey of Modernization

Wang Junxiu, Wu Yun, Zhang Yue and Tan Xuyun / 001

Abstract: As future leaders and builders, young people are the greatest agents and driving force of the Chinese path to modernization and the pioneering force to realize the great rejuvenation of the Chinese nation. A complete understanding of the current youth's social mentality is of great significance for more targeted solutions to the problems and challenges young people face in the new era. By comparing the data of the Chinese Social Mentality Survey in 2019, 2020, and 2022, the current report first investigated the basic characteristics and changing trends of Chinese youth in three aspects: social needs, social cognition, and social behavior, and conducted a comparative analysis of the social mentality of youth against the overall social mentality of Chinese people. In addition, this report undertakes a multifaceted dissection of the prevailing social mentality of the youth cohort, aiming to unveil the underpinnings essential for cultivating a more proactive and capable younger generation. Finally, upon summarizing the extant social mentality and the associated predicaments young people face, corresponding guiding suggestions are put forward.

Keywords: Social Mentality; Young People; Social Need; Social Cognition; Social Behavior

Contents

Ⅱ Societal Attitudes of Young People

B.2 Impact of the Satisfaction of Better Iife among Youth
on Social Mentality *Chen Manqi, Zhang Lanqing* / 039

Abstract: The satisfaction of the better life among youth groups include three dimensions: personal material, family and interpersonal relationships, and national and social environment, and how the satisfaction of these three domains affects the social mentality of youth groups is a question worth exploring. Using the data from the 2022 Chinese Social Mentality Survey to describe the current situation of better life in youth groups and their impacts on social mentality. It is found that youth's needs and experiences of better life are at the middle to upper level, and the overall needs of a better life are yet to be satisfied; individuals in the post-00 generation, those with monthly family incomes of less than 5,000 yuan, and those with a low subjective social class are the targets of attention; The low material satisfaction of individuals has the greatest impact on social mentality of youth groups; The influence of family and social relationship satisfaction on the social mentality of young people is weakening. On these basis, the paper puts forward corresponding policy recommendations.

Keywords: Youth; The Need for a Better Life; Satisfaction; Personal Material; Family and Relationships

B.3 Cultivating Social Mentality and Motivating Youth to Struggle:
the Functions and Mechanisms of Social Mobility
Expectation and Experience *Zhang Yue* / 059

Abstract: Based on the China Social Mentality Survey in 2022, the current research examined the current state of social mobility in the youth population and the

255

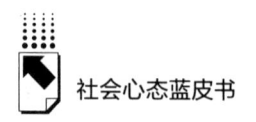

positive functions and mechanisms of social mobility expectation and experiences. The results showed that upward mobility expectation and experience still occupy the mainstream of young people, but 40% of young people's mobility expectation and experience were unbalanced (i.e., high expectation and low experience, or low expectation and high experience) or double low (i.e., low expectation and low experience). In the future, it is necessary to pay attention to the social mobility expectation and experiences of female youth and rural youth and focus on improving the social mobility expectation of low-income and low-education youth. In addition, the expectation and experience of social mobility can effectively improve the subjective well-being and struggle beliefs of young people. The positive effect is more important for lower-class young people and rural young people. The class system justification belief and the sense of meaning in life were important psychological mechanisms for understanding the positive function of social mobility. The research shows that the expectation and experience of social mobility are important psychological resources to cultivate the social mentality and motivate the youth to struggle.

Keywords: Social Mobility Expectation; Social Mobility Experience; Youth; Social Mentality; Belief in Struggle

B.4 Consumer Behavior, Consumer Confidence and the Basis of Social Mentality　　*Yun Qing* / 085

Abstract: Consumption is an effective way to enhance people's sense of gain and happiness, and an important way to build a new development pattern and achieve common prosperity. Based on the China Social Mentality Survey 2022, this study analyzed Chinese people's consumer behavior and consumer confidence. Consumer behavior measures people's consumption type and consumption activity. The measurement of consumer confidence is to extract people's subjective evaluation of the status quo and expectations of income, quality of life, leisure consumption and other aspects. This study combined with better life needs, better life experiences, well-being, future expectations, general life pressure, economic pressure, confidence in common prosperity, to explore the basis of social mentality of consumption. The results show that the main consumption types of people are relatively rich and the consumption structure is basically reasonable. The main consumption types of urban and rural residents are mainly different in culture, entertainment and tourism. The housing consumption, education and training consumption of the youth group is significantly higher than the general population; There are significant differences in consumption activity and consumption confidence among people of different subjective social strata, different monthly household income and different house ownership. The consumption confidence of youth group is higher than that of the general public. Different social mentality factors have different influence directions on consumer behavior and consumer confidence. It is suggested to pay attention to the consumption structure of young people and rural people, and to cultivate a good social mentality as a path to enhance people's consumption activity and consumer confidence.

Keywords: Consumption Structure; Consumption Activity; Consumer Confidence; Social Mentality

B.5 The Social Psychological Basis of Young People's Coping with Life Stress *Ma Molin, Gao Wenjun* / 106

Abstract: The ideological trends and mental states of the youth group are related to the future and destiny of the Party and the country. This study analyzes the main sources of pressure in the current life of the 18-44 years old youth group, as well as the social psychological factors that help them cope with various pressures. Analysis of the data from 6,288 respondents in the 2022 Social Mentality Survey found that: (1) The sources of pressure for Chinese youth are extensive, concentrated most prominently on prices, medical care and transportation issues. Sources of stress differ in terms of gender, urban and rural areas, educational level, and generational dimensions. (2) The youth group's overall sense of security, social trust, social support, social fairness, perception of class mobility, and struggle evaluation are relatively good, and the above factors have a significant positive effect on alleviating the life pressure of the youth group.

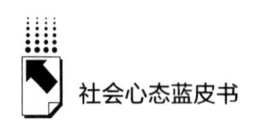

Keywords: Youth; Pressure; Sense of Trust; Sense of Fairness; Class Mobility

B.6 Characteristics and Influencing Factors of the
Public's Positive Social Mentality *Gao Wenjun / 128*

Abstract: Happiness, belief in struggle and sense of meaning in life can constitute a positive social mentality, which is a positive psychological quality that can promote people's active participation in the socialist modernization consturction. Based on the data analysis of 10071 residents of the 2022Social Mentality Survey, the current study analyzed the current situation, characteristics and influencing factors of people's positive social mentality. The results showed that the positive social mentality of the public is at the upper middle level, while the sense of meaning in life is relatively weak. There are differences in the level of positive social mentality among different groups, with lower levels of positive social mentality among young people born in the 1990s and 2000s, those with lower levels of education, and those with lower subjective social classes. At the individual level, growth mindset is conducive to the formation of positive social mentality; At the level of social development environment, the improvement of social security, social justice and social mobility perception can promote the formation of positive social mentality.

Keywords: Positive Social Mentality; Happiness; Belief in Struggle; Sense of Meaning in Life

III Common Prosperity Cognition of Young People

B.7 The Sense of Fairness and Perception of Common
Prosperity among the Young people *Zhang Yan / 148*

Abstract: Young people are the future of the motherland. Understanding their sense of fairness and perception of common prosperity is more important for realizing common prosperity and social governance. This study analyzed the sense of fairness and perception of common prosperity of young people aged 18-44 years old by using the full sample of Chinese Social Mentality Survey in 2022, and compared it with the middle-aged and elderly people aged 45-70 years old. At the same time, the differences in sense of fairness and perception of common prosperity among young people were also analyzed. This study also analyzed the relationship between the sense of fairness and the perception of common prosperity. The results showed that, compared with the middle-aged and elderly groups, the young people had a higher sense of fairness; but there were no differences on the connotation of common prosperity. Young people were more agree on the role of the second and third distributions on common prosperity, and their confidence in common prosperity was more divided. Unemployed young people had a lower sense of fairness and lower confidence in common prosperity. Middle-income young people were less confident of common prosperity. Therefore, attention should be paid to improving the sense of fairness of the unemployed young people; and while expanding the middle-income group, attention should also be paid to improving the confidence of the middle-income group in common prosperity. Finally, we should continue to build the public's reasonable cognition of common prosperity through publicity, education and other means. The more reasonable the cognition of young people, the higher the sense of fairness, also the higher the confidence in achieving common prosperity.

Keywords: Young People; Sense of Fairness; Common Prosperity Cognition; Common Prosperity Confidence

B.8 Features and Influencing Factors of Young People's
Charity Willingness and Behavior *Liu Yaxuan, Tan Xuyun* / 171

Abstract: As the third mode of distribution, charity is an important way to promote social development and realize the goal of common prosperity. The youth is the leading force in the development of the field of charity and public welfare in China, and since the reform and opening up, the public welfare carried out by the youth has also produced diversified development. Based on the 2023 China Social Mentality Survey database, this report analyzes the current basic situation of young people's willingness and behavior in charitable public welfare and their influencing factors. The results found that young people's overall philanthropic public welfare willingness is high, with particularly outstanding scores in the type of cultural innovation; the overall score of philanthropic public welfare behavior is medium, and is at a low level in donations and contributions. Overall charitable public welfare willingness is higher among young people with higher education, lower income, and higher class identity; and the frequency of charitable public welfare participation behavior is higher among young people with higher age, higher education, and higher income. In the future, it is necessary for the government, society, schools and young people to work together to further improve the platform of youth charity and public welfare, deepen young people's understanding of the concept of modern charity and public welfare, and give full play to young people's philanthropic enthusiasm, so as to promote the transformation and development of China's modern philanthropy.

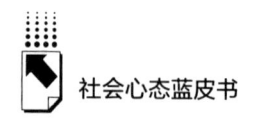

Keywords: Charity Philanthropy; Youth; Charity Willingness; Charity Behavior; Volunteerism

B.9 Common Prosperity and Social Participation

Ying Xiaoping, Peng Yuting / 196

Abstract: From the perspective of social mentality, the study on social participation focuses on prosocial behavior and rights protection. The study on common prosperity focuses on how to achieve poverty alleviation, how to solve poor-rich gap, how to allocate and how to achieve common prosperity. Social participation is highly related with the belief and understanding of common prosperity. Based on the analysis of data from Social Mentality Survey (2022), the report found that the higher belief in common prosperity, the higher frequency on social participation. It also showed that the relationship between the understanding of common prosperity and social participation is different in young, middle and old age groups.

Keywords: Social Participation; Common Prosperity Confidence; Common Prosperity Cognition

B.10 Characteristics and Relationship of Shared Prosperity Confidence and Philanthropic Willingness among the People of Jinjiang *Lv Miao, Tan Xuyun* / 218

Abstract: Jinjiang philanthropy is an important part of Chinese philanthropy, which has significant reference significance for the development of county-level philanthropy, modernization of social governance, and shared prosperity nationwide. This study is based on the social mentality survey data of Jinjiang city residents initiated by the Chinese Academy of Social Sciences, measuring the confidence in shared prosperity, philanthropic willingness, and related variables, and analyzing the characteristics and specific relationship between the confidence in shared prosperity and philanthropic willingness of the Jinjiang people. The study found that most people have an optimistic and positive attitude towards the realization of shared prosperity in our country, and their willingness to do charity is high. Regression analysis shows that factors such as age, number of elderly people supported, education level, subjective social status, and monthly family income have a significant positive impact on the willingness to do charity. At the same time, social psychological factors such as social security, life satisfaction, social fairness, and confidence in shared prosperity also play a positive predictive role in the willingness to do charity.

Keywords: Jinjiang Philanthropy; Confidence in Shared Prosperity; Philanthropic Willingness; Social Security; Social Fairness

社会科学文献出版社

皮 书
智库成果出版与传播平台

✦ 皮书定义 ✦

皮书是对中国与世界发展状况和热点问题进行年度监测,以专业的角度、专家的视野和实证研究方法,针对某一领域或区域现状与发展态势展开分析和预测,具备前沿性、原创性、实证性、连续性、时效性等特点的公开出版物,由一系列权威研究报告组成。

✦ 皮书作者 ✦

皮书系列报告作者以国内外一流研究机构、知名高校等重点智库的研究人员为主,多为相关领域一流专家学者,他们的观点代表了当下学界对中国与世界的现实和未来最高水平的解读与分析。

✦ 皮书荣誉 ✦

皮书作为中国社会科学院基础理论研究与应用对策研究融合发展的代表性成果,不仅是哲学社会科学工作者服务中国特色社会主义现代化建设的重要成果,更是助力中国特色新型智库建设、构建中国特色哲学社会科学"三大体系"的重要平台。皮书系列先后被列入"十二五""十三五""十四五"时期国家重点出版物出版专项规划项目;自2013年起,重点皮书被列入中国社会科学院国家哲学社会科学创新工程项目。

权威报告·连续出版·独家资源

皮书数据库
ANNUAL REPORT(YEARBOOK) DATABASE

分析解读当下中国发展变迁的高端智库平台

所获荣誉
- 2022年,入选技术赋能"新闻+"推荐案例
- 2020年,入选全国新闻出版深度融合发展创新案例
- 2019年,入选国家新闻出版署数字出版精品遴选推荐计划
- 2016年,入选"十三五"国家重点电子出版物出版规划骨干工程
- 2013年,荣获"中国出版政府奖·网络出版物奖"提名奖

皮书数据库　　"社科数托邦"微信公众号

成为用户
登录网址www.pishu.com.cn访问皮书数据库网站或下载皮书数据库APP,通过手机号码验证或邮箱验证即可成为皮书数据库用户。

用户福利
- 已注册用户购书后可免费获赠100元皮书数据库充值卡。刮开充值卡涂层获取充值密码,登录并进入"会员中心"—"在线充值"—"充值卡充值",充值成功即可购买和查看数据库内容。
- 用户福利最终解释权归社会科学文献出版社所有。

数据库服务热线:010-59367265
数据库服务QQ:2475522410
数据库服务邮箱:database@ssap.cn
图书销售热线:010-59367070/7028
图书服务QQ:1265056568
图书服务邮箱:duzhe@ssap.cn

社会科学文献出版社 皮书系列
卡号:136139627593
密码:

基本子库
SUB DATABASE

中国社会发展数据库（下设12个专题子库）

紧扣人口、政治、外交、法律、教育、医疗卫生、资源环境等12个社会发展领域的前沿和热点，全面整合专业著作、智库报告、学术资讯、调研数据等类型资源，帮助用户追踪中国社会发展动态、研究社会发展战略与政策、了解社会热点问题、分析社会发展趋势。

中国经济发展数据库（下设12专题子库）

内容涵盖宏观经济、产业经济、工业经济、农业经济、财政金融、房地产经济、城市经济、商业贸易等12个重点经济领域，为把握经济运行态势、洞察经济发展规律、研判经济发展趋势、进行经济调控决策提供参考和依据。

中国行业发展数据库（下设17个专题子库）

以中国国民经济行业分类为依据，覆盖金融业、旅游业、交通运输业、能源矿产业、制造业等100多个行业，跟踪分析国民经济相关行业市场运行状况和政策导向，汇集行业发展前沿资讯，为投资、从业及各种经济决策提供理论支撑和实践指导。

中国区域发展数据库（下设4个专题子库）

对中国特定区域内的经济、社会、文化等领域现状与发展情况进行深度分析和预测，涉及省级行政区、城市群、城市、农村等不同维度，研究层级至县及县以下行政区，为学者研究地方经济社会宏观态势、经验模式、发展案例提供支撑，为地方政府决策提供参考。

中国文化传媒数据库（下设18个专题子库）

内容覆盖文化产业、新闻传播、电影娱乐、文学艺术、群众文化、图书情报等18个重点研究领域，聚焦文化传媒领域发展前沿、热点话题、行业实践，服务用户的教学科研、文化投资、企业规划等需要。

世界经济与国际关系数据库（下设6个专题子库）

整合世界经济、国际政治、世界文化与科技、全球性问题、国际组织与国际法、区域研究6大领域研究成果，对世界经济形势、国际形势进行连续性深度分析，对年度热点问题进行专题解读，为研判全球发展趋势提供事实和数据支持。

法律声明

"皮书系列"(含蓝皮书、绿皮书、黄皮书)之品牌由社会科学文献出版社最早使用并持续至今,现已被中国图书行业所熟知。"皮书系列"的相关商标已在国家商标管理部门商标局注册,包括但不限于LOGO( )、皮书、Pishu、经济蓝皮书、社会蓝皮书等。"皮书系列"图书的注册商标专用权及封面设计、版式设计的著作权均为社会科学文献出版社所有。未经社会科学文献出版社书面授权许可,任何使用与"皮书系列"图书注册商标、封面设计、版式设计相同或者近似的文字、图形或其组合的行为均系侵权行为。

经作者授权,本书的专有出版权及信息网络传播权等为社会科学文献出版社享有。未经社会科学文献出版社书面授权许可,任何就本书内容的复制、发行或以数字形式进行网络传播的行为均系侵权行为。

社会科学文献出版社将通过法律途径追究上述侵权行为的法律责任,维护自身合法权益。

欢迎社会各界人士对侵犯社会科学文献出版社上述权利的侵权行为进行举报。电话:010-59367121,电子邮箱:fawubu@ssap.cn。

社会科学文献出版社